Inhalt

Vorwort von Horst Marquardt   7

Mit Werten in Führung gehen

Siegfried Buchholz
Mit Werten in Führung gehen   9

Jörg Knoblauch
Schritt für Schritt zur unternehmerischen Fitness   22

Hans Raffée
Glaube und Führung – eine fruchtbare Wechselbeziehung   31

Leo A. Nefiodow
Wirtschaft, Ethik und Glauben – auf dem Weg
zum sechsten Kondratieff   41

Christa Meves
Familie und Werteerziehung im Medienzeitalter   60

Klaus Dieter Trayser
Bewusst verzichten, gelassen gewinnen –
Verantwortung im Berufsalltag   71

Klaus-Dieter Rumpel
Die Zukunft planen – mit Gewinn?   81

Helmut Matthies
„Worauf Sie sich verlassen können!"   92

Grundwerte der Bibel

Wolfram Kopfermann
Gottes Willen erkennen und leben   103

Horst Marquardt
Zukunft gewinnen – der wahre Wert der Dinge   111

Ehrlich und wahrhaftig auf Erfolgskurs

Friedbert Gay
Ehrlich währt am längsten – Langfristiger Unternehmenserfolg
durch christliche Werteorientierung   123

Helmut Großkopf
Wie kann ich Krisen erfolgreich meistern?   133

Ingo Resch
Managemententscheidungen treffen im Vertrauen auf
Gottes Führung   146

Führen heißt Beziehungen leben

Michael Hübner
Miteinander reden – miteinander gewinnen   156

Fritz Schroth
Christliche Erziehung als Basis für Führungskräfte   162

Volker Steinhoff
Leitung als praktisch-theologische Aufgabe   172

Mitarbeiter – das Potenzial eines Unternehmens

Eberhard Jung
Mitarbeiter werte- und zielorientiert führen –
Personalführung mit Zielvereinbarungen und Total-Quality-
Management-Prinzipien   180

Martin L. Landmesser
Mitarbeiter in Zeiten schneller Veränderungen
authentisch führen   189

Joachim Loh
Der Umgang mit Betriebsräten in schwierigen Situationen   201

Petra Pientka
Wertvolle Mitarbeiter sind (k)ein Zufall   211

Barbara Freifrau von Schnurbein
Lebenslanges Lernen – Lust an Leistung und Kompetenz   217

Werner Then
Der Mitarbeiter als Mitunternehmer –
eine neue Kulturstufe der Arbeit   228

Mut zur Verantwortung

Volker Diehl
Verantwortung tragen –
Aspekte aus Sicht eines Arztes   240

Volker Kreß
Verantwortung aus kirchlicher Perspektive   243

Joachim Loh
Verantwortung tragen – 16 Stichworte aus Unternehmersicht   246

Mechthild Löhr
Wofür verantwortlich?   251

Als Führungskraft die Zukunft gestalten

Paul Ch. Donders/Michaela Kast
Stärke ist kein Zufall – Entwickeln Sie Ihre Persönlichkeit!   254

Thorsten Leiner
Wertvolle Ziele entwickeln, Prioritäten richtig setzen,
mehr Effektivität erlangen   268

Claus Philippin
Alles oder nichts – Vom Gewinn des Verlusts   276

Werner Then
Ist jeder seines Glückes Schmied? –
Durch Eigenverantwortung Lebensunternehmer werden   283

Die Autoren   291

Vorwort

1997 überlegten vier evangelikale Christen, ob es sinnvoll sein könnte, einen Kongress für Christen in verantwortlicher Position anzubieten. Es gibt zahlreiche christliche Konferenzen, aber für Verantwortliche in Wirtschaft, Kultur und Kirchen gab es so etwas noch nicht. Die vier fragten sich, ob ein solches Vorhaben tatsächlich „dran" sei, oder ob der Wunsch, mit einem solchen Treffen Orientierung und Hilfe zu bieten, nur der Wunsch weniger war.

Zaghaft wurde begonnen, für einen dreitägigen Kongress christlicher Führungskräfte Anfang Februar 1999 in Fellbach bei Stuttgart zu werben. Keiner dachte damals daran, dass es noch einen zweiten geben könnte, so unsicher war man, ob der geplante überhaupt erfolgreich zustande kommen würde.

Es kamen 1.200 Teilnehmer!

Bei einer Auswertung, die jedem Teilnehmer vorlag, kreuzten 99 Prozent den Wunsch an, einen zweiten Kongress durchzuführen. Mit diesem Echo hatten die Verantwortlichen nicht gerechnet. So wagten es die Veranstalter erneut, einen Kongress durchzuführen – ohne einen hauptamtlich tätigen Vorbereitungskreis und immer in dem Wissen, dass sich das Ganze finanziell selbst tragen müsse.

Um besonders auch Christen aus den neuen Bundesländern und dem Norden eine Teilnahme zu ermöglichen, wurde als Tagungsort Kassel gewählt. Und obwohl die Stadt kein „frommes Hinterland" hat, kamen sogar noch mehr Teilnehmer als beim ersten Kongress: 1400 trafen sich vom 4. bis 6. Januar in der nordhessischen Großstadt.

Das Besondere der beiden Kongresse ist nicht nur, dass christliche Führungskräfte in großem Stil zusammengeführt wurden, sondern auch, dass theologisch und kirchlich ganz unterschiedliche Organisationen kooperierten: vom kirchlichen *Arbeitskreis Evangelischer Unternehmer* (AEU) über den pietistischen Verband *Christen in der Wirtschaft*, die mehr pfingstkirchlich geprägte Bewegung *Christen im Beruf* bis hin zum *Bund Katholischer Unternehmer* (BKU).

Dieses Buch versammelt eine Auswahl der in Kassel gehaltenen Vorträge, Seminare und Podiumsdiskussionen. Die Herausgeber wünschen sich, dass auch das zweite Kongressbuch seine Leser in Beruf und Gemeindealltag inspiriert und ermutigt.

Horst Marquardt

Mit Werten in Führung gehen

Siegfried Buchholz

Mit Werten in Führung gehen

Kennen Sie jenen mutigen Mann in Brüssel, der als Buchhalter für die Europäische Kommission arbeitete und durch die Aufdeckung von Korruptionsskandalen die gesamte erste Europaregierung kippte? Hier haben Sie ein großartiges Beispiel dafür, wie jemand mit Werten in Führung ging. In diesem Fall mit den Werten Wahrheit und Zivilcourage.

Studieren Sie einmal anhand Paul van Buitenens persönlichem Lebensbericht „Unbestechlich für Europa" (Brunnen Verlag Gießen und Basel 1999), wie ein Mensch, der sein Leben an Gott gebunden hat, von diesem Gott die Kraft, den Mut, das Stehvermögen und die Unerschrockenheit erhält, in einem brutalen Krieg, den die EU-Regierung gegen ihn entfesselte, nicht zu verzagen. Können Sie sich an das letzte Mal erinnern, wo jemand sagte: Was kann ich als Einzelner in dieser Welt schon ausrichten? Wenn Sie wieder einmal einen derartigen Ausspruch hören, dann erinnern Sie sich an Paul von Buitenen, der in Brüssel mit Werten in Führung ging.

Ich habe das, was ich in diesem Beitrag durchdenken möchte, in drei Fragenkomplexe gegliedert:

1. Was sind Werte?
2. Welche Rolle spielen Werte?
3. Wie führt man Menschen erfolgreich mit Werten?

1. Was sind eigentlich Werte?

Während meiner Zeit als Vorstandsvorsitzender einer größeren Industriegruppe in Wien bekam ich eines Tages den Anruf eines jungen Mannes, der mir sagte: „Ich bin Christ. Ich habe ein Tonband von Ihnen gehört, auf dem Sie erzählen, wie man als Christ im Beruf erfolgreich sein kann. Ich habe so gearbeitet, wie Sie es gesagt haben und bin gefeuert worden."

„Dann müssen wir darüber reden", lud ich ihn ein. Er war in einem der bekanntesten österreichischen Unternehmen beschäftigt und wurde zu einer Arbeitsweise aufgefordert, die er mit seinen ethischen Maßstäben nicht in Einklang bringen konnte. In seinen nachfolgenden Bewerbungen verschwieg er den Grund seines Berufsausstieges nicht. Seine Standhaftigkeit wurde schließlich belohnt: der junge Manager fand eine neue Anstellung zu sogar verbesserten Konditionen. Da hatte jemand seinen von Gott geschenkten Selbstwert über seinen Marktwert gestellt. Und Gott hatte das honoriert.

Dass Selbstwert vor Marktwert kommt, sehen natürlich nicht alle Manager so. Im Sommer letzten Jahres wechselte ein erfolgreicher amerikanischer Topmanager seinen Job. Der Chef von GE Capital, der Bank von General Electric, konnte dem sehr großzügigen Angebot des in Schwierigkeiten geratenen Versicherungsunternehmens Conseco nicht widerstehen. Da der Börsenwert des zu rettenden Versicherers ein drastisches Tief erreicht hatte, stieg der Marktwert des eingekauften Sanierers in schwindelnde Höhe. Das ihm angebotene Paket aus Gehalt und weiteren finanziellen Vergütungen entsprach dem zweihundertfachen seines Körpergewichts in Gold. Das war selbst für die Financial Times genug Grund für eine größere Story. Auch hier ist jemand mit Werten in Führung gegangen: Mit seinem Marktwert.

Wenn wir unser Thema umkreisen, fällt auf: Der wichtigste Wertebegriff siedelt sich immer wieder am Menschen an. Wenn ich jedoch über den Menschen und seinen Wert rede, dann muss ich aber auch über den reden, der ihn gemacht hat.

Ich weiß sehr wohl, dass es einigen Menschen schwer fällt, sich selbst als Schöpfung Gottes zu betrachten. Aber die vor kurzer Zeit veröffentlichten wissenschaftlichen Arbeiten über die Entschlüsselung der menschlichen Erbsubstanz machen die bisherige Annahme der Entstehung des Menschen im Verlauf einer ungesteuerten Evolution eigentlich restlos zunichte. Es ist naiv, abwegig und fast schon unwissenschaftlich zu glauben, dass alles, was wir bisher gefunden haben, ohne sorgfältige zentrale Steuerung eines Schöpfers entstand: 23 Chromosomenpaare mit 3,1 Milliarden chemischen Informationen, von denen jeder von uns in seinen Zellen Hundertmilliarden Kopien herumträgt und damit ein Informationspaket besitzt, das der Nachrichtenmenge von ca. 800 Bibeln entspricht. Das kann ungesteuerte Evolution nicht leisten. Das kann nur ein gezielter, geplanter Schöpfungsakt leisten.

Wenn aber der Mensch das Produkt eines Schöpfungsprozesses ist, dann bestimmt der Schöpfer auch dessen Wert. Ich persönlich empfinde es als bemerkenswert interessant und sogar faszinierend, dass wir in einer Periode menschlicher Geschichte leben, in der der Wert eines Menschen zur selben Zeit auf ganz verschiedene Art und Weise und völlig neu verstanden und herausgestellt wird. Die Gentechnologie hat uns den Zugang eröffnet zum Menschen als hoch komplexes und höchst leistungsfähiges System, will sich Teile davon patentieren lassen und hofft auf Milliardengewinne. Die moderne Unternehmungsführung arbeitet mit Begriffen wie *Intelligenzkapital*, *Humankapital*, *Brainpower* und ist auf der Suche nach den so genannten *High Potentials* längst in einen *war of talents* eingetreten, in einen scharfen Wettbewerb um diese höchst qualifizierten Mitarbeiter mit einem außerordentlich hohen Marktwert. Der immer wieder zitierte Slogan heißt: Der wahre Konkurrenzkampf der Zukunft wird sich nicht um wichtige Kunden, sondern um außergewöhnliche Menschen abspielen!

Wenn wir aber dieses Statement ernst nehmen (und es sieht so aus, als sollten wir es ernst nehmen!), dann müssen wir genau analysieren, was diese Leute auszeichnet. Die so genannten außergewöhnlichen Menschen, die heute von Headhuntern überall gesucht werden und Spitzengehälter erhalten, zeichnen sich durch eine Kombination verschiedener Qualitäten aus – plakativ formuliert durch eine Kombination von Kompetenz, Energie und Integrität, d. h. durch überdurchschnittliche Intelligenz, durch hohe Belastungsfähigkeit und durch hohe Wertmaßstäbe. Wichtig ist, dass alle drei Qualitäten gebraucht werden. Zwei reichen nicht. Wenn Kompetenz fehlt, ist keine Karriere möglich. Wenn Energie fehlt, wird es keine Ergebnisse geben, weil es kein Durchhaltevermögen gibt. Und wenn Integrität fehlt, dann ist auf Dauer keine gute Zusammenarbeit möglich mit diesen Mitarbeitern, weil das Abrutschen in die Korruption dann meist nur noch eine Frage der Attraktion der möglichen persönlichen Vorteile ist.

Wir müssen davon ausgehen, dass von den drei genannten Qualitäten Integrität die heute eher seltene Qualität ist. Sie ist ein Persönlichkeitsmerkmal und entsteht nicht durch Studium. Integrität heißt: Bewusste Wertmaßstäbe haben. In diesem Konkurrenzkampf der Zukunft, der längst angefangen hat, haben Christen neue große Chancen. Aber Kämpfe werden in einer Arena ausgetragen und Christen müssen in diese Arena gehen wie der junge Manager im ersten Beispielsfall.

Was Christen in ihrem Beruf zu außergewöhnlichen Menschen macht, ist die Tatsache, dass sie mehr Ressourcen zu ihrer Verfügung haben als andere Menschen. Welche Ressourcen sind gemeint?

1. Christen haben sich freiwillig an eine höchste Autorität gebunden und können erst dadurch Autorität für andere sein. Sie manipulieren nicht mehr.
2. Christen ist ihre persönliche Schuld vergeben worden. Sie haben dadurch zu einem echten persönlichen Frieden gefunden. Sie können deshalb produktiver sein, weil sie sich nicht mehr so intensiv mit sich selbst beschäftigen wie die meisten ihrer Kollegen.
3. Christen können sich persönlich als wertvoll akzeptieren und müssen sich nicht mehr fortlaufend vor anderen beweisen. Sie können Kritik annehmen, ohne zurückzuschlagen.
4. Christen wurden befähigt zu wahrer Nächstenliebe und haben erst dadurch Zugang zur wichtigsten Befähigung für Menschenführung gefunden. Liebe gibt ihnen zusätzliche Führungsenergie. Wer Menschen nicht lieben kann, wird sie letzten Endes manipulieren. Das ist nur eine Frage der Langmut und der Geduld.
5. Christen haben keine Zukunftsangst und damit mehr Kraft und mehr Energie zur Gestaltung von Gegenwart und Zukunft.

Das sind vorzeigbare Führungsqualitäten, die jeden Personalchef eigentlich begeistern sollten. Aber wussten Sie, dass viele Personalchefs Wirklichkeitsdefizite haben? Einige glauben z. B. allen Ernstes, dass sie Mitarbeiter beschäftigen können, die mit ihren Werten schizophren umgehen, indem sie ihre Kunden belügen und ihrem Vorgesetzten die Wahrheit sagen. Wirklich gute Leute lassen sich auf derartige Verhaltensweisen nicht ein. Wer Menschen dieser hohen

Qualitätskategorie für das eigene Unternehmen gewinnen und behalten will, wird eine besonders gute Unternehmenskultur anbieten müssen. Ohne diese Prämisse können solche *High Potentials* nicht dauerhaft an das Unternehmen gebunden werden. Außergewöhnliche Menschen können nur mit Werten geführt werden. Kommandieren kann man sie auch nicht. Sie leisten viel und sie fordern viel.

Wer aber andere mit Werten führen will, der muss selbst auch mit Werten leben. Denn man kann nur geben, was man selbst hat. Das ist eine sehr simple Regel. Darum ist das so genannte Führen mit Werten ein besonderes, nicht von vielen Menschen beherrschtes Geschäft.

Die Grundregel von Führung heißt nach wie vor: Wer sich selbst nicht führen kann, kann auch andere nicht führen. Dass es trotzdem viele diesbezüglich ungeeignete Führungskräfte gibt, kann man an der ungewöhnlich hohen Zahl von Führungspleiten in Wirtschaft, Politik und leider auch in der Kirche ablesen.

2. Welche Rolle spielen Werte?

Wenn wir von Werten sprechen, müssen wir dies immer im Zusammenhang mit der Frage tun, welche Rolle Werte in unserem Leben spielen. Sie haben eine prägende, normative Kraft. Sie stellen ein übergeordnetes, lenkendes Element unseres Lebens dar. Werte sind aber noch viel mehr. Sie sind Wurzeln, die uns Stehvermögen in Konfliktsituationen wie dem am Anfang erwähnten jungen Mann geben. Sie sind Motor und Energielieferant. Sie sind Orientierung – auch Ethik basiert auf Werten.

Sie sind ferner Basis für Visionen und Ziele: Ich werde nur dort hinzielen, wo ich meine Werte verwirklichen kann. Werte sind Entscheidungshilfen. Sie sind oft das wichtigste Kriterium für langfristigen Erfolg.

Mit Menschen ohne feste persönliche Werte kann man in der Regel alles machen, weil sie bindungslos und damit basislos sind.

Unser wichtigster Wert ist die Unantastbarkeit der Menschenwürde, die Orientierungsnorm moderner Verfassungen. Wichtig in diesem Zusammenhang ist jedoch Folgendes: Verfassungsjuristen machen uns auf einen bedeutsamen Zusammenhang aufmerksam. Sie sagen: Der Ursprungsgedanke, der Artikel 1 des Grundgesetzes zugrunde liegt, ist ein höchst Besonderer. Der Wert und die Würde des Menschen werden hier objektiv vorgegeben, d. h. sie werden ihm nicht vom Staatsrecht zuerteilt. Die Rechtserkenntnis für Wert und Würde des Menschen ist also nicht staatlicher, sondern religiöser Natur. Das wiederum bedeutet, dass die religiös neutrale Staatsverfassung eine religiöse Fundierung besitzt. Deshalb ist z. B. die Vertreibung des christlichen Gedankengutes aus dem öffentlichen Leben ein Widerspruch zu dem verfassungsrechtlichen Gebot der Religionsfreiheit, das ja wohl davon ausgeht, dass dieses Angebot auch angenommen wird.

Derzeit erarbeitet die Europäische Union eine europäische Grundrechte-Charta, eine Grundlage gemeinsamer europäischer Werte. Eben hieß es, dass die allgemeine Rechtserkenntnisquelle für Wert und Würde des Menschen außerhalb des staatlichen Zugriffs liegt. Diesen Grundsatz scheint die Europäische Union jedoch nicht zu akzeptieren. Mir zugeleitete Kopien der Arbeitspapiere derjenigen Expertengruppe, die diese Charta der Grundrechte erarbeitet, beinhalten im Protokoll vom 21. September 2000, dass die Würde des Menschen auf dem „religiösen Erbe" der Union basiert. Im Protokoll vom 28. September, eine Woche später, ist dann vom „sittlichen Erbe" der Union die Rede.

Was war inzwischen geschehen?

Frankreich hatte darauf bestanden, als Basis für Wert und Würde des Menschen nicht mehr Gott mit einzubeziehen. Damit war über 200 Jahre später noch einmal der Geist der Französischen Revolution beschworen worden, der damals schon Gott aus Europa entfernt hatte. Die Absicht ist deutlich: Europa soll mit humanistischen Werten geführt werden, die kein religiöses Erbe enthalten. Die Bedingung der Verfassungsjuristen wurde vom Tisch gefegt. Wir sollten in Zukunft sehr sorgfältig darauf achten, wie, wo und wo nicht Werte eine Rolle spielen, wenn Führung ausgeübt wird. Hier geht es um die Qualität und um die Humanität unserer gemeinsamen Zukunft!

Für die Führungspraxis im Beruf ist es wichtig, dass Wissen auch durch charakterlose Menschen vermittelt werden kann, Werte jedoch nur durch charakterlich einwandfreie Vorbilder. Das stellt an

Menschenführung höchste Ansprüche. Und alle Führung ist schließlich Menschenführung. Mit Werten führen heißt Menschen Wert geben. Menschen Wert geben kann ich aber nur, wenn ich über einen intakten Selbstwert verfüge. Es ist eminent wichtig, woher ich meinen Selbstwert beziehe. Nicht aus meiner Leistung. Hier entsteht mein Nutzen, aber nicht mein Wert.

Wenn Sie mich fragen würden: „Wer oder was bestimmt den Wert von Siegfried Buchholz?", dann kann ich dazu nur zweierlei sagen. Erstens: Der Wert meines Lebens besteht zunächst darin, dass ich beabsichtigt war, dass ich gewollt war. Ich bin kein wertloses Zufallsprodukt einer sinnlosen Evolution. Ich wurde geschaffen von einem guten Gott, der mich wollte. Das ist für mich umwerfend.

Und das Zweite: Ich bin wertvoll, weil ich teuer erkauft wurde. Gott selbst hat mich als schuldigen Menschen akzeptiert, weil ein Schuldloser für mich mit dem Leben bezahlt hat – Christus.

Für mich ist es sehr wichtig, dass mein Wert feststeht und ich einen begründeten Selbstwert habe. Denn nur das gibt mir die Freiheit, Führung mit Werten auszuführen. Es gibt mir auch die Freiheit, Widerstand zu leisten, wenn ich mit Werten konfrontiert werde, die ich nicht akzeptiere. Denn es gibt viele falsche Werte, die ich nicht hinnehmen sollte.

Welche Rolle spielen heute Werte in der Führungspraxis? In den Unternehmen, in der Politik oder in der Kirche? Es gibt ein einfaches Schema, das uns daran erinnern sollte, wie erwünschte und geplante Resultate entstehen. Es beginnt alles damit, dass ich suche und bestimme, was für mich wertvoll, also erstrebenswert und damit sinnvoll ist. Erst wenn ich hier Klarheit erzielt habe, baue ich mir Entwürfe zur Verwirklichung meiner Werte, die ich Visionen nenne. Anschließend stelle ich mir Wegmarken zum Erreichen meiner Visionen auf, das sind Ziele. Hier beginnt dann jene Orientierungs-phase, durch die ich Wege zum Erreichen meiner Ziele finde, die ich wiederum als Strategien bezeichne. Und erst dann beschaffe ich mir Mittel, um auf meinen Wegen meine Ziele zu erreichen: Das sind Ressourcen.

Wenn ich alle diese Schritte, die mit einer Wertebestimmung beginnen, richtig und sorgfältig aneinander reihe, erreiche ich die von mir erwünschten und geplanten Ergebnisse. Von großer

Bedeutung ist dabei die Kraft meiner Werte, mit denen ich die Qualität meiner Visionen, Ziele und die Auswahl meiner Wege festlege. Daraus erwächst meine Entscheidungskraft in Führungspositionen.

Der Erfolgsautor Steven Covey spricht in diesem Zusammenhang einmal von so genannten *governing values*, d. h. von mich bestimmenden Werten. Er sagt: Wenn ich nicht die mich bestimmenden, d. h. die mein Verhalten regierenden Werte kenne, werde ich nie ein persönliches *mission statement* – eine Art Lebensfahrplan – aufsetzen können. Denn nur dann, wenn ich meine mich regierenden Werte kenne, kann ich eine richtige, persönliche Lebenssteuerung vornehmen. Auch nur dann kann ich wirklich produktiv sein. Und nur dann kann ich wirklich auch im Frieden mit mir selbst sein. Erst dann wird es mir gelingen zu unterscheiden, was im Verlauf eines Tages wichtig und was nur eilig ist. Denn es gibt da eine seltsame Regel: Das meiste Eilige ist nicht wichtig und das meiste Wichtige ist nicht eilig. Und den Umgang mit dieser Regel erreichen wir nur, wenn wir unsere wichtigsten Werte erkannt und bestimmt haben.

Ich möchte Ihnen noch ein Bild geben. Meine Werte sind eine Art Scanner, mit dem ich über den Strichcode meines Lebens fahre und herausfinde, wo bei mir Werteverwirklichung stattfindet. Das ist vergleichbar mit dem Vorgang an der Ladenkasse, wo eine Verkäuferin auf diese Weise den Wert einer Ware herausfindet. Dort, wo meine Werte angesiedelt sind, werde ich mir Ziele setzen. Dort setzt meine Lernbereitschaft ein. Dort setzen meine Bemühungen ein. Dort finde ich Kraft, Zeit und Geduld. Dort bin ich bereit, Entbehrungen auf mich zu nehmen. Und dort suche ich Sinn zu finden.

Wir müssen davon ausgehen, dass immer dann, wenn ein Mensch Christ wird, sich gleichzeitig auch seine bestimmenden Werte ändern. Nachdem ich Christus in mein Leben aufgenommen hatte, wurden sein Wort und seine Maßstäbe für mich zu den bestimmenden Werten meines Lebens. Das hat dann natürlich auch meinem Beruf und meiner Karriere eine ganz neue Ausprägung gegeben. Gott hat mir unter anderem die Freiheit geschenkt, auch in meinem Leben als Topmanager für das einzustehen, was mir wertvoll und wichtig ist. Das war nicht immer leicht. Ich habe entdeckt, dass man als Führungskraft auch in schwierigen Situationen den Raum seiner zuerteilten Gestaltungsfreiheit ausweiten kann, wenn man gute Ergebnisse abliefert.

Das oft zu schnelle Lamentieren über so genannte „Sachzwänge" geht in der Mehrzahl aller Fälle auf Angst und Fantasielosigkeit zurück. Gehen Sie davon aus, dass schwache Manager den ihnen zugestandenen Gestaltungsraum in der Mehrzahl aller Fälle nicht einmal zur Hälfte ausfüllen. Wenn Sie die große, bunte, aufregende Welt von Management und Führung etwas intensiver studieren, finden Sie dort viele Beispiele für die hohe Bedeutung von Werten bei erfolgreicher Führungsarbeit. Es gibt eine direkte Korrelation zwischen Wertesetzung einerseits und langfristigem Erfolg andererseits. Schnelle, nicht wiederholbare finanzielle Erfolge gelingen auch Abenteurern, Amateuren und Gangstern.

3. Wie führt man Menschen erfolgreich mit Werten?

Alle gute Führung beginnt damit, dass Menschen *bewertet* werden. Wer *bewertet*, kann auch begeistern. Wer begeistert, kann bewegen, und zielgerichtete Bewegung führt zu den gewünschten Ergebnissen.

Zu keiner anderen Zeit wurde dieser Zusammenhang zwischen Bewertung, Begeisterung und Bewegung in Richtung außergewöhnlicher Ergebnisse so deutlich und nachhaltig illustriert wie damals, als in jener abgelegenen römischen Provinz im östlichen Mittelmeer Jesus Christus auftrat. Das war Führen mit Werten in höchster Vollendung. Ein Blick ins Neue Testament zeigt uns, dass Jesus damals seltsam unbefangen mit traditionellen Werten umging. Nun kommt das Wort „Wert" in der Bibel überhaupt nicht vor. Aber natürlich gab es damals Werte. Die Werte des religiösen Establishment nahm Jesus kaum zur Kenntnis. Am Sabbat nicht heilen – das beachtete er nicht. Mit zwielichtigen Geschäftsleuten sich nicht zusammensetzen, zu essen und zu trinken – auch das beachtete er nicht. Die Vermittlung seiner Werte erfolgte auf gänzlich andere Weise, als dies heute die Mehrzahl der Führungskräfte mit ihren Werten praktiziert.

Wie gehen wir heute mit Werten um? Zunächst einmal bejammern wir den Wertverfall und kritisieren permanent die Werte anderer. Das ist weder originell noch aufbauend. Heere von Managern sind Tag für Tag damit beschäftigt, Mitarbeiter zu ändern, sie zu „besseren" Menschen zu machen, obwohl das überhaupt gar nicht ihre Aufgabe ist. Doch weil sie selbst keine Vorbilder sind, hat ihr Bemühen natürlich keinen Erfolg. In der Regel *ent*werten wir Menschen, wenn wir sie managen, kritisieren, kommandieren.

Jesus hat nie Menschen entwertet. Er hat sie nie abgewertet. Jesus hat immer nur aufgewertet. Das war sein Geheimnis. Er hat nie einem einzelnen Sünder öffentlich den Kopf gewaschen. Er ging liebend gerne mit denjenigen Menschen um, die von der so genannten Gesellschaft als wertlos an den Rand gedrängt waren. Bis zu seinem Tod. Bei seiner Kreuzigung bot er einem namenlosen Ganoven an, ihn in den Himmel begleiten zu dürfen. Und die sich selbst hoch einschätzenden Umherstehenden hörten zu und schäumten vor Wut. – Das ist Führung mit Werten. Bis zum allerletzten Augenblick.

Diese für mich bewegendste Situation der Weltgeschichte, als Menschen Gott exekutierten, hat unser aller Leben verändert. Bis heute, bis zum Jahr 2001 nach Christus. Ich weiß natürlich nicht, was damals im Himmel passierte, als Jesus dort wieder eintraf und einen seiner beiden Mitgekreuzigten mitbrachte. Vielleicht hat sein Vater ihn gefragt: „Warum bringst du ausgerechnet den mit?" Und Jesus sagte: „Er hat mich gefragt, ob ich ihn mitnehmen würde."

Dass es einen Gott gibt, den ich bitten kann, mich mitzunehmen, das ist für mich beglückend. Jesus hat sein Leben lang Menschen mitgenommen. Jesus hat nie anderen Menschen seine Werte moralisch empfohlen oder aufgezwungen. Menschen fanden ihn und seine Werte so faszinierend, dass sie ihre eigenen Werte gegen seine Werte tauschten und Christen wurden. Wenn wir irgendetwas von Jesus lernen können für unser Leben und für unseren Beruf, insbesondere für unsre Führungsberufe, dann ist es das: Menschen bewerten, Menschen aufwerten, Menschen Wert geben. Das kann auf vielerlei Weise geschehen.

Der Chef einer der größten amerikanischen Fluglinien hat sein Unternehmen auf eine bemerkenswerte Weise bewertet und auf einen erfolgreichen Kurs gesteuert. Er hat durch Führung mit Werten sein Unternehmen zum erfolgreichsten Flugunternehmen Amerikas gemacht: Jeden Monat zog er an einem Tag seinen dunklen Anzug aus, zog einen Overall an und arbeitete den Tag lang zusammen mit seinem Bodenpersonal – Gepäck ausladen, Tickets verkaufen und anderes mehr. Können Sie sich vorstellen, dass seine Mitarbeiter für ihn durchs Feuer gingen und Höchstleistungen erbrachten? North West Airlines wurde zum erfolgreichsten Carrier der Vereinigten Staaten.

Ich wollte einmal etwas Ähnliches ausprobieren, um Mitarbeitern zu zeigen, dass sie für mich wertvoll und wichtig waren. Während meiner Zeit als Chef der BASF Österreich habe ich während eines Jahres alle Mitarbeiter nacheinander in unser festliches Gästecasino eingeladen. Im Anschluss daran waren nicht nur meine Beziehungen zu den Mitarbeitern persönlicher und besser, ich kannte auch mein Geschäft besser als zuvor.

Die besondere Rolle, die Werte in unser aller Leben spielen, wird besonders deutlich, wenn wir Jesus anschauen. Obwohl er selbst den Begriff „Wert" nie in den Mund nahm, bekommen die wichtigsten Werte unseres Lebens bei ihm eine besondere Art von Leuchtkraft. Niemand konnte Wahrheit so überzeugend in die Mitte stellen wie er – da wurde nicht mehr debattiert.

Niemand konnte Liebe zu Menschen so überzeugend vorzeigen wie er. Und die von ihm damals in die Welt gebrachte Liebe hat noch heute eine bemerkenswerte Überzeugungskraft.

Wenn ich vor Studenten oder Managern über Menschenführung rede, ziehe ich oft den Paulustext über Liebe heran, den ich in eine Art Business-Deutsch übertragen habe. Immer wieder werde ich um eine Kopie des Textes im Anschluss an die Veranstaltungen gebeten, weil dieses so genannte „Hohelied der Liebe" des Apostels Paulus auf die innere Sehnsucht der Menschen trifft: So möchten sie gerne, dass Menschen mit ihnen umgehen. Und so möchten sie gerne mit anderen umgehen können. Es ist folgender Text, der ihre Aufmerksamkeit erregt:

„Wenn ich alle Sprachen sprechen könnte und ein perfekter Kommunikator wäre, ich aber Menschen nicht lieben könnte, dann würde ich letztlich doch nur Geräusch erzeugen und würde andere nicht erreichen. Wer Menschen lieben kann, der hat Geduld mit ihnen, der behandelt sie auch fair. Er stellt nicht immer wieder seine eigenen Vorzüge heraus. Er redet nicht zu ihnen herunter. Er spricht *mit* ihnen, nicht *zu* ihnen. Wer Menschen liebt, kann deren Gefühle verstehen. Er sucht nicht immer wieder seinen eigenen Vorteil. Er kann sein Ego kontrollieren und lässt seinen Ärger nicht an anderen aus. Wer Menschen liebt, der ist nicht nachtragend und hält den anderen nicht immer wieder ihre Fehler vor. Er freut sich nicht insgeheim, wenn andere ausrutschen, sondern er freut sich, wenn dem andern Gutes gelingt. Wer Menschen liebt, der wird sie nicht aufgeben. Er vertraut ihnen und er traut ihnen etwas zu. Er gibt ihnen Hoffnung und Ermutigung."

1989 gab es in Armenien ein vierminütiges Erdbeben, das 30.000 Menschen sterben ließ. In einer armenischen Stadt hatte das Erdbeben u.a. auch eine Grundschule einstürzen lassen und alle Schüler unter den Trümmern begraben. Minuten, nachdem das Beben vorbei war, rannte der Vater eines Schülers zum Schulgebäude und sah, dass es vollkommen in sich zusammengestürzt war. Als er fassungslos vor den Trümmern stand, erinnerte er sich an ein Versprechen, das er seinem Sohn gegeben hatte. Er hatte ihm gesagt: „Was auch passieren wird, ich werde immer für dich da sein!" Der Vater ging zu der Stelle des Trümmerhaufens, an der sich das Klassenzimmer seines Sohnes befunden hatte. Dort begann er mit seiner Arbeit. Er trug Steine, Balken und Mauerstücke ab. Andere Eltern sagten ihm: „Es hat keinen Zweck! Unsere Kinder sind tot. Hör auf!"

Aber der Vater ließ sich nicht beirren. Er erinnerte sich an sein Versprechen. Sein Sohn war für ihn wertvoll. Und er arbeitete Stunde für Stunde, Tag und Nacht. Seine Hände waren blutig, seine Muskeln schmerzten. Und dann plötzlich, nach 38 Stunden härtester Arbeit, hörte er die Stimme seines Sohnes: „Vater, ich bin hier." Und dann sagte der kleine Junge noch etwas: „Vater, ich habe den anderen gesagt: Macht euch keine Sorgen, mein Vater hat mir versprochen, was immer sein wird, er wird für mich da sein. Habt keine Angst, mein Vater holt uns hier raus." In einer ziemlich ausweglosen Situation war dieser Junge für die anderen seiner Schulklasse mit Werten in Führung gegangen.

Glaubensgewissheit ist ein hoher Wert. Er verleiht Geborgenheit selbst angesichts des Todes. Erinnert Sie diese wahre Begebenheit aus Armenien an eine ebenso wahre Begebenheit aus dem Neuen Testament? Auch hier hatte ein Vater einen Stein weggeschafft, um seinen Sohn herauszuholen. Dieser Sohn hieß Jesus. Genauso wie dieser armenische Vater nicht nur seinen eigenen Sohn, sondern auch alle seine Freunde aus den Trümmern barg, will auch unser himmlischer Vater, der damals seinen Sohn Jesus aus dem Grab in Jerusalem hervorholte, nicht nur seinen Sohn, sondern auch alle anderen retten, die zu Jesus gehören. Das hat er versprochen.

Es wäre naiv anzunehmen, dass wir eine Zukunft ohne Erdbeben vor uns hätten. Wenn aber eine Zeit kommt, in der Chaos und Verunsicherung herrschen, werde ich diese kostbare Gewissheit mit beiden Händen festhalten: Mein Vater holt mich hier raus! Und es ist mein höchstes Lebensziel, bis zu diesem Augenblick noch möglichst viele Menschen zur Annahme dieser gleichen Gewissheit hinzuführen, damit auch sie bewusst sagen können: Mein Vater wird mich hier herausholen!

Bei den Erdbeben, die wir vielleicht erleben, werden uns nicht unbedingt Balken oder Mauerreste auf den Kopf fallen. Es werden geistige Bauteile dieser Welt sein: Lügen, Bedrohung, Verfolgung, Bauteile der Dunkelheit. Und dann kann Gott erwarten, dass wir die Rolle des kleinen armenischen Jungen übernehmen, mit Werten in Führung gehen und anderen Menschen zusprechen: Habt keine Angst, der Vater holt uns hier raus. Er hat es versprochen, wenn wir uns an Jesus halten!

Wir sollten uns nicht wünschen, dass uns eine solche Rolle einmal zufällt, aber vorbereiten sollten wir uns schon darauf. Ich glaube, dass der Herr dabei sogar mit uns rechnet. Lassen Sie uns diese mögliche Führungsrolle der Zukunft innerlich annehmen. Es könnte ja sein, dass dies die wichtigste Führungsrolle ist, die wir jemals ausüben werden.

Jörg Knoblauch

Schritt für Schritt zur unternehmerischen Fitness

„Manche meiner Unternehmerkollegen kommen mir vor wie derjenige, der aus dem 98. Stockwerk fiel und beim 5. Stockwerk konstatierte, dass bisher alles ganz gut gelaufen sei."

Aus der Chefetage

Die Schonfrist ist vorbei

Die Zeiten sind unbarmherzig: Wer zu lange braucht, wer zu langsam wächst oder wer gar Fehler macht, ist weg vom Fenster. Dem drehen die Kapitalgeber in der zweiten Finanzierungsrunde den Geldhahn zu. Gestern hieß es noch „Time to market". Heute ist es bereits „Time to profit", was zählt. Ein Topmanager gesteht: „Du kämpfst ohne Ende. Du musst kämpfen wie ein junger Baum im Dschungel, der so schnell wie möglich hoch zum Licht will." (Der Spiegel 31/2000).

Vermutlich haben Sie in den letzten sechs Monaten keine Zeit mehr gefunden, um über die Strategie Ihres Unternehmens nachzudenken.

Wichtige Gespräche mit Mitarbeitern, das Treffen langfristiger Vereinbarungen usw. wurden mehrfach zugunsten von Dingen wie Reklamationen verschoben. Sie kämpfen wie gegen Windmühlenflügel. Die Welt ändert sich in einem dramatischen Tempo. Vor dem Hintergrund, dass jedes Jahr 30000 Unternehmen Pleite gehen, heisst Ihre Aufgabe ganz einfach: „Überlebe!"

Die Fitnessfaktoren

In den 60er-Jahren hieß es: „Groß frisst klein." Heute gibt es nur noch einen Trend: „Schnell gegen langsam."

Der amerikanische Brillenhersteller Lenscraft hat den Anspruch, jedes Brillenglas in jeder Stärke in nur 1,5 Stunden zu liefern. In der Praxis sieht das dann so aus: Der Kunde kommt, macht einen Augentest, isst anschließend gegenüber eine Pizza und holt gleich nach dem Espresso seine fertig gestellte Brille ab.

Schritt für Schritt zur Weltklasse

In diesem Beitrag lade ich Sie dazu ein, sich mit mir auf den Weg zu machen: Schritt für Schritt zur Weltklasse. Eine anspruchsvolle Aufgabe. Die Abbildung zeigt, wie dieser Weg aussieht.

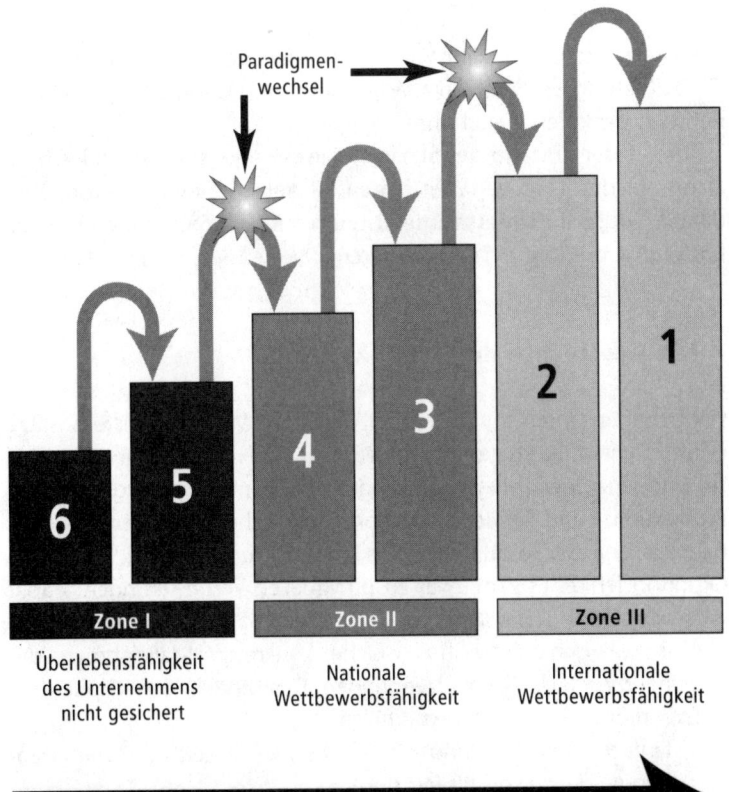

Wie in der Schule können Sie Noten von 1 bis 6 für die Fitness Ihres Unternehmens vergeben. Gehen Sie davon aus, dass Sie in einem Jahr um etwa eine halbe Note besser werden können. Wenn Sie sich also beispielsweise von der Note 5 auf die Note 3 verbessern wollen, brauchen Sie dafür vier Jahre. Und wer sich von der Note 5 auf die Note 1 verbessern möchte, muss mit acht Jahren rechnen.

Dazu reicht es aber nicht aus, dass Sie als Chef beschließen, diesen Weg zu gehen. Nein, es geht nur, wenn Sie alle Mitarbeiter gewinnen.

Was bedeutet das für Sie? Der Guru unter den Managementberatern, Peter Drucker, fragt in diesem Zusammenhang:

1. Wie ist die Wettervorhersage?
2. Wie ist der Zustand des Schiffes?

Die Wettervorhersage klingt nicht besonders gut. Die weitergehende Globalisierung verheißt orkanartige Stürme. Davon ist jedes Unternehmen betroffen – auch Ihres.

Wie ist der Zustand des Schiffes? Diese Frage ist genauso wichtig. Denn auf den Lauf der Welt haben Sie keinen Einfluss – wohl aber darauf, wie fit Ihr Unternehmen ist, um auf die kommenden Herausforderungen erfolgreich zu reagieren.

Die Geschichte der TEMP-Methode®

Wir haben in unserem Hause über viele Jahre verschiedenste Ansätze getestet wie z. B. Prozess-Optimierungen, Zielvereinbarungs-Prozesse, Kundenzufriedenheits-Messungen, Konzepte zur Steigerung der Produktions- und Serviceinnovation, japanische Methoden wie Kanban, Kaizen usw. So gut allerdings jedes Instrument für sich war: Die Ordnung fehlte. Es kam zwar zu punktuellen Verbesserungen – aber wir hatten keine „Landkarte", die uns gezeigt hätte, wo wir stehen und die uns klargemacht hätte, welche konkreten Maßnahmen das Unternehmen tatsächlich voranbringen. Das Modell, das wir suchten, musste drei wichtige Kriterien erfüllen:

1. Einfach (denn Führungskräfte haben keine Zeit für Zusammenhänge, die zu kompliziert sind).
2. Ganzheitlich (das Unternehmen ist wie ein Organismus. Nur wenn alle Organe gesund sind, ist das Ganze gesund).

3. Praxiserprobt und konkret umsetzbar (die Methode muss für kleine und mittelständische Firmen anwendbar sein).

Trotz eifriger Suche fanden wir keine Methode, die diesen Ansprüchen gerecht wurde.

Die vier Erfolgsfaktoren der TEMP-Methode®

Die TEMP-Methode® arbeitet mit den vier Erfolgsfaktoren, die für eine ganzheitliche Unternehmensentwicklung entscheidend sind.

Die TEMP-Methode® leistet dabei zweierlei:

1. Sie dient als grundlegendes Analyseinstrument und zeigt die Stärken und Schwächen Ihres Unternehmens auf.
2. Sie zeigt, wie Sie die Schwächen überwinden können.

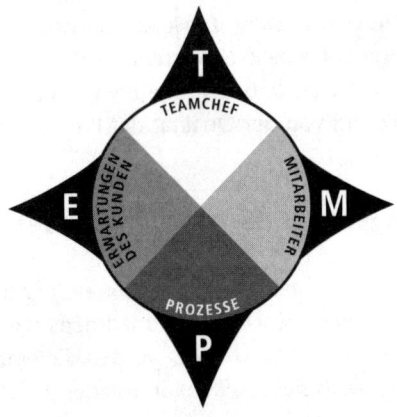

Die vier Erfolgsfaktoren „Teamchef", „Erwartungen des Kunden", „Mitarbeiter" und „Prozesse" umfassen alle wichtigen Punkte, die den Erfolg eines Unternehmens bestimmen.

Erfolgsfaktor I: Teamchef

Kleinen und mittelständischen Unternehmen stehen zumeist eine oder mehrere Unternehmerpersönlichkeiten vor, die das Unternehmen gegründet oder aber entscheidend geprägt haben. Wie im Sport leitet der Unternehmer als „Chef" ein „Team", das er personell zusammenstellen und führen muss.

Erfolgsfaktor II: Erwartungen des Kunden

Der Kunde – und nur der Kunde – bestimmt, ob das Unternehmen langfristig am Markt eine Daseinsberechtigung hat oder nicht. Deshalb muss alles getan werden, um den Kunden zufrieden zu stellen, oder noch besser, um ihn zu einem „Fan" des Unternehmens zu machen.

Erfolgsfaktor III: Mitarbeiter

Um die ständig wachsenden Wünsche der Kunden befriedigen zu können, brauchen Sie engagierte Mitarbeiter, die hoch qualifiziert und flexibel auf diese Wünsche eingehen können. Neben den (externen) Kunden sind die Mitarbeiter Ihre internen Kunden, die eigene Bedürfnisse haben.

Erfolgsfaktor IV: Prozesse

Bis an den Kunden geliefert werden kann, durchläuft jedes Produkt und jede Dienstleistung bestimmte Herstellungsprozesse. Diese Prozesse müssen möglichst fehlerfrei, kostengünstig und ohne Verzögerungen ablaufen. Ob Deckungsbeiträge erwirtschaftet werden oder nicht, ist entscheidend von der Qualität der Prozesse abhängig.

Die Handlungsfelder der TEMP-Methode®

Jeder der vier Bausteine stellt einen der zentralen Erfolgsfaktoren eines kleinen und mittelständischen Unternehmens dar. Um Hinweise auf konkretes Handeln zu bekommen, wurden die einzelnen Erfolgsfaktoren weiter in jeweils sieben Handlungsfelder untergliedert (siehe Abbildung S. 27).

Die Handlungsfelder helfen Ihnen zu entscheiden, auf welche Aspekte – beispielsweise in der Kundenorientierung – Sie sich konzentrieren müssen. Dies führt zu konzeptioneller Klarheit im Unternehmensalltag und verringert die Gefahr, wertvolle Kraft auf „Nebenschauplätzen" zu verlieren.

Die vorangegangenen Komponenten der TEMP-Methode® werden zu einem Unternehmenstest zusammengefasst. Dieser Test enthält zu jedem der vier Erfolgsfaktoren die sieben Handlungsfelder, die jeweils in die drei Zonen unternehmerischer Fitness unterteilt sind.

Erfolgsfaktor I	Teamchef
Handlungsfeld 1	Unternehmerpersönlichkeit entwickeln
Handlungsfeld 2	Unternehmensleitbild finden
Handlungsfeld 3	Strategisch planen
Handlungsfeld 4	Mitarbeiter auswählen
Handlungsfeld 5	Kommunikation gestalten
Handlungsfeld 6	Erfolg vereinbaren
Handlungsfeld 7	Profitabel wirtschaften

Erfolgsfaktor II	Erwartungen des Kunden
Handlungsfeld 1	Kernkompetenzen entwickeln
Handlungsfeld 2	Zielgruppe fokussieren
Handlungsfeld 3	Servicequalität schaffen
Handlungsfeld 4	Innovationen erhalten
Handlungsfeld 5	Kundenzufriedenheit ermitteln
Handlungsfeld 6	Verkauf stärken
Handlungsfeld 7	Kundenbeziehungen pflegen

Erfolgsfaktor III	Mitarbeiter
Handlungsfeld 1	Offen kommunizieren
Handlungsfeld 2	Mitdenker gewinnen
Handlungsfeld 3	Weiterbildung fördern
Handlungsfeld 4	Jobrotation entwickeln
Handlungsfeld 5	Arbeitszeiten flexibilisieren
Handlungsfeld 6	Mitgenießen und mitbesitzen
Handlungsfeld 7	Mitarbeiter wertschätzen

Erfolgsfaktor IV	Prozesse
Handlungsfeld 1	Ordnung halten
Handlungsfeld 2	Arbeitseffizienz messen
Handlungsfeld 3	Produktqualität sichern
Handlungsfeld 4	Abläufe rationalisieren
Handlungsfeld 5	Liefertreue steigern
Handlungsfeld 6	Lieferanten entwickeln
Handlungsfeld 7	Bestände reduzieren

Datum:	Note 6	Note 5	Note 4	Note 3	Note 2	Note 1
Handlungsfeld 1 **Unternehmerpersönlichkeit entwickeln**	Sie sind persönlich überfordert. Die Zuneigung von Ehepartner und Kindern ist längst verloren gegangen.	Vieles gelingt, und trotzdem bleibt vieles unerledigt nach dem Motto »keine Zeit«.	Ihre Rolle im Unternehmen und Privatleben ist geklärt. Sie können Fragen beantworten wie: »Wer bin ich heute?«, »Was kann ich?«, »Wohin will ich?«.	Die meisten Lebensbereiche sind in guter Balance. Zur Berufung als Unternehmer haben Sie ein klares »Ja«.	Ihre persönlichen Lebensziele und das Lebensmotto sind geklärt und existieren schriftlich.	Für jeden Bereich existieren Planungen, die aktiv umgesetzt werden.
Handlungsfeld 2 **Unternehmensleitbild finden**	Es gibt keine Zeit, um über das »Warum« nachzudenken. Das operative Geschäft dominiert.	Wichtige zukünftige Entwicklungen werden ungefiltert ins Tagesgeschäft einbezogen.	Es existiert ein vages Bild für eine wünschenswerte Zukunft des Unternehmens.	Eine schriftliche Fixierung des Unternehmensleitbildes liegt vor.	Das Unternehmensleitbild wird in der Praxis durchgehend gelebt.	Eine dynamische, wertorientierte Organisation entsteht.
Handlungsfeld 3 **Strategisch planen**	Das Tagesgeschäft dominiert. Es gibt keine Zeit, um am System zu arbeiten, sondern nur im System.	Kurzfristiges Handeln überdeckt langfristige Ansätze. Dringendes dominiert Wichtiges. Statt konkreter Ziele gibt es nur gut gemeinte Absichten.	Zielauswahl führt zu Prioritäten und damit zu strategischem Denken.	Eine mittelfristige Unternehmensplanung (zwei bis drei Jahre) existiert.	Eine langfristige Unternehmensplanung (über fünf Jahre hinaus) existiert.	Die Unternehmensstrategie wird den laufenden Änderungen angepasst: Repositionierung des Unternehmens.
Handlungsfeld 4 **Mitarbeiter auswählen**	Es wird genommen, was zur Verfügung steht. Wer zuerst kommt, wird eingestellt.	Bewerberauswahl nach ungeeigneten Kriterien (z. B. Gehalt). Das Anforderungsprofil ist ungeklärt.	Die Bewerberauswahl erfolgt nach Aufgabenbeschreibung und Anforderungsprofil.	Sowohl Bewerberauswahl als auch der Einsatz von Instrumenten (wie Assessmentcenter) und Beratern erfolgt sorgfältig.	Nicht die besten Bewerber werden genommen, sondern die Besten der Branche aktiv gesucht.	Nicht der Beste, sondern der Richtige wird eingestellt. Person und Aufgabe werden sorgfältig zusammengeführt.
Handlungsfeld 5 **Kommunikation gestalten**	Weder Öffentlichkeitsarbeit noch ein einheitliches Erscheinungsbild nach außen sind vorhanden.	Zu besonderen Anlässen wird versucht, die Presse anzusprechen. Ein Firmenlogo existiert, wird aber immer wieder verändert.	Zur sporadischen Pressearbeit werden externe Profis hinzugezogen. Die Notwendigkeit eines Corporate Design ist klar geworden.	Ein Jahresthemenplan für die Öffentlichkeitsarbeit liegt vor. Ein Corporate Design existiert.	Es werden gezielt Anlässe geschaffen, über die die Medien berichten. Das Corporate Design ist ausdifferenziert bis hin zu Feinheiten wie Corporate Wording.	Die Medienkontakte sind so entwickelt, dass die Presse auch von sich aus berichtet. Das Corporate Design-Konzept wird in allen Feinheiten gelebt.
Handlungsfeld 6 **Erfolg vereinbaren**	Das Unternehmen funktioniert mit Befehl und Gehorsam.	Die Kräfte werden durch ein Jahresmotto gebündelt.	Es gibt regelmäßige Treffen im Führungskreis.	Es gibt individuelle Zielvereinbarungen mit den Führungskräften durch Quartalsgespräche.	Alle Mitarbeiter sind in den Prozess der Zielfindung und -realisierung eingebunden.	Das Gehalt ist an die Zielerreichung gekoppelt. Die Mitarbeiter tragen das Unternehmensrisiko mit.
Handlungsfeld 7 **Profitabel wirtschaften**	Kontostände und jährliche Bilanzen stellen die Grundlage für anstehende Entscheidungen dar.	Es wird erkannt, dass außer dem Umsatz noch andere wichtige Kenngrößen existieren.	Monats- und Quartalsbilanzen werden erstellt.	Es gibt regelmäßige Plan-Ist-Vergleiche (monatlich und quartalsweise). Die vom Controlling gelieferten Zahlen werden aber nur vereinzelt genutzt.	Maßnahmen aus dem Plan-Ist-Vergleich werden umgesetzt. Die Wirksamkeit der Maßnahmen liegt bei 75 Prozent.	Der Plan-Ist-Vergleich ergibt eine Übereinstimmung von mehr als 95 Prozent.
© tempus	Zone I		Zone II		Zone III	

Mit diesem Unternehmenstest sind Sie nun in der Lage, Ihr Unternehmen selbst zu bewerten und darauf aufbauend Maßnahmen zur Weiterentwicklung zu bestimmen.

Schritt für Schritt zur Kingdom Company

Eine Unternehmung produziert einen „Shareholder Value", also einen Ertrag für ihre Geldgeber und Aktionäre. Eine Kingdom Company produziert nicht nur Shareholder Value, sondern „Eternal Values", also Ewigkeitswerte.

Wenn Christen eine Firma haben, werden sie also vor der Frage und Herausforderung stehen: Wie wird meine Firma zur Kingdom Company? Für einen Christen ist entscheidend, nicht nur das Rennen zu rennen, sondern auch das Ziel zu erreichen.

Wenn Christen eine Firma haben, werden sie sich in der Regel damit auseinander setzen, zehn Prozent des Einkommens oder des Gewinns zu spenden, möglicherweise auch zehn Prozent ihrer Zeit. Eine Kingdom Company hat einen anderen, viel höheren Anspruch. So wie Jesus den Esel losbindet, sich auf ihn setzt und nach Jerusalem hineinreitet, so ist die Frage, ob ich meine Firma zur Verfügung stelle, damit sie als Transportmittel für das Evangelium dienen kann. Die Frage ist also nicht, ob ich Zeit habe, wenn ein Mitarbeiter in Not kommt, ob ich bereit bin, hin und wieder zu spenden. Die Herausforderung ist sehr viel größer: So geplant und gezielt wie ich mein Geschäft betreibe, so geplant und gezielt bin ich auch bereit, die Sache des Evangeliums zu betreiben. Klar, dass wir eine Strategietagung machen, um zu klären, wie wir unsere Produkte und Dienstleistungen besser an den Markt bekommen. Warum nicht eine ebensolche Strategietagung mit der Fragestellung, wie das Evangelium vorangebracht werden kann, welche christlichen Beiräte unsere Arbeit begleiten, für welche Menschen wir in unserem Umfeld beten usw.? Die Organisation „Fellowship of Companies for Christ International" (FCCI) bringt es so auf den Punkt: „Every company a platform – every CEO (Geschäftsführer) a priest."

Literatur- und Internettipps
Jörg Knoblauch u.a.: Unternehmensfitness – Der Weg an die Spitze. Offenbach: Gabal-Verlag 2001. www.temp-methode.de
Fellowship of Companies for Christ International: www.FCCI.org

Hans Raffée

Glaube und Führung –
eine fruchtbare Wechselbeziehung

Einleitung

Der Zusammenhang zwischen Glaube und Führung ist vielschichtig. Das liegt zunächst in unserem Verständnis von christlichem Glauben begründet. Glauben – griechisch: pistis – meint vor allem Vertrauen, Vertrauen in den uns in unvorstellbarem Maß liebenden Gott, der in Christus Fleisch geworden ist. Christlicher Glaube zielt damit auf eine persönliche Beziehung zu diesem Gott ab. Im „credere" (glauben) stecken die Worte „cor dare": Wir sollen Christus unser Herz schenken. Und aus unserem Vertrauen zu Gott und aus unserer möglichst innigen Beziehung zu ihm resultiert die Gewissheit, dass Gott uns führt. Wir sind nicht einem blinden Schicksal ausgeliefert, sondern dürfen uns in dem Geführtsein durch den gütigen Gott geborgen wissen, auch als Führungskräfte in kommerziellen wie in nicht-kommerziellen Organisationen.

Ich werde mich auf die zwischenmenschliche Ebene der Führung konzentrieren und vor allem die Perspektive der Führungskräfte und der Unternehmensführung bzw. des Managements aufgreifen: Wie stellt sich die Wechselbeziehung zwischen Glauben und Führung unter Managementaspekten dar? Fest steht: Der Urgrund für die Wechselbeziehung zwischen Glauben und Unternehmensführung sollte die Gewissheit sein, dass auch in unsere Führungsentscheidungen das Geführtsein durch Gott hineinreicht und davon getragen ist.

I. Die Einwirkung des christlichen Glaubens auf Führungsverhalten

These 1: Glaube befruchtet und verbessert Führung
Dass Glaube Führung im Sinne von Menschenführung, Unternehmensführung, Management befruchten und verbessern kann, steht

für den Christen und vielleicht auch für den Nichtchristen außer
Frage:

- Zum einen ist es die *Orientierung an christlichen Werten,* die
christliche Ethik, die unternehmerisches Handeln und Menschenführung befruchtet und verbessert. Wer sich an christlichen Werten
orientiert, wird als Unternehmer nicht jede Möglichkeit der Gewinn-
erzielung wahrnehmen, sondern auch nach den Wirkungen auf den
Nächsten, auf die Gesellschaft und auf die Mitarbeiterinnen und
Mitarbeiter fragen. Christlicher Glaube und damit die Orientierung
an christlichen Werten zähmen das – in der Marktwirtschaft notwendige – Gewinnstreben durch das Prinzip Verantwortung. Stakeholder
Value statt Shareholder Value muss daher die Devise sein.

Im Bereich der *Mitarbeiterführung* strahlt christliche Wertorientie-
rung durch ihre vom Glauben her inspirierte Menschlichkeit auf Mitarbeiterinnen und Mitarbeiter aus. Sie sind das Ebenbild Gottes, in
ihnen begegnet uns Christus. Das bewahrt uns davor, sie im Interesse
des Gewinns zu instrumentalisieren und in ihnen lediglich Kosten-
faktoren zu sehen. All das, was wir heute durch eine konstruktive Unternehmenskultur, durch eine Unternehmensidentität (corporate
identity) zu erreichen suchen – das als Vorbild gelebte Christentum
trägt dazu Entscheidendes bei.

- Glaube ist vor allem *Vertrauen.* Das schafft eine völlig neue Basis
für unser Handeln und vermag auch Führungskräfte zu besseren
Problemlösungen zu verhelfen. Denn dieses Vertrauen schafft
Freiheit. Auf dem Boden der Freude an Gott vermag auch Risiko-
freude zu wachsen. Der vertrauende und befreite Christ möchte gestalten, Neues, Besseres schaffen – damit werden entscheidende
Merkmale des Unternehmerischen gefördert, gerade auch im Blick
auf die lebenswichtigen Innovationen.

Der Christ in seiner Freiheit ist zudem voller Gelassenheit: er weiß,
dass denen, die Gott lieben, alles zum Besten dienen wird – auch das
Scheitern. Deshalb ist vom christlichen Glauben inspirierte Führung
niemals eine vordergründige Erfolgsgarantie. Alles soll mir zum
Besten dienen, zum Heil, zur immer stärkeren Annäherung an Gott
bzw. Christus, zum Neugeborenwerden aus seinem Geist. Vielleicht
bedarf es dazu auch des unternehmerischen Scheiterns, der Misserfolge.

Vor allem zwei Problemfelder bleiben jedoch bestehen:

● Zum einen die Konfliktsituationen, denen wir uns bei Führungsentscheidungen nicht entziehen können. So etwa, wenn die Härte des
Wettbewerbs zu Entlassungen führt oder der Personalreferent dem
Bewerber die Übernahme in den Pfarrdienst verweigern muss, weil er
ihn nicht für ausreichend qualifiziert hält. Eine Hoffnung darf die vom
Glauben getragene Führungskraft allerdings haben: dass der Glaube
ein Kräftepotenzial eröffnet und ein Potenzial für verantwortliche
Problemlösungen, die die Konflikte mindestens handhabbarer machen. Eben hierin liegt meines Erachtens ein wesentlicher Unterschied
zwischen Führung, die christlich geprägt ist, und Führung, die sich
lediglich aus humanistischen Positionen speist.

● Das zweite Problemfeld ist noch gravierender: Wenn Führung
vom Glauben geprägt sein soll, stellt sich die Frage: Ist unser Glaube
stark genug, ist er frei von Verengungen, von Irrtümern, die ihn behindern?

**These 2: Damit Glaube auf Führung einwirkt, ist „Glauben-
lernen" unverzichtbar**
Vielleicht kann man sagen, dass der tiefe, rechte Glaube das Problem
unseres Lebens ist: „Was hülfe es dem Menschen, wenn er die ganze
Welt gewönne und nähme doch Schaden an sich selbst?"

Glaube ist ohne Zweifel Geschenk und Gnade. Aber er wird uns
nicht gewaltsam übergestülpt, wir müssen uns diesem Geschenk
öffnen, wir müssen die Tür auftun und Christus in uns und unser
Leben Eintritt gewähren. „Siehe, ich stehe vor der Tür und klopfe an.
Wenn jemand meine Stimme hören wird und die Tür auftun, zu dem
werde ich eingehen und das Abendmahl mit ihm halten und er mit
mir" (Offenbarung 3,20).

Und es geht ja nicht nur um die Frage: Glaube Ja oder Nein,
sondern der Gläubige ist durchdrungen und bewegt vom Problem
der Glaubensbewahrung und Glaubensvertiefung. Glaube ist zer-
brechlich. Stets gilt das „Herr, ich glaube, hilf meinem Unglauben".

Damit wird das „Glauben-lernen" zu einer ständigen Herausforderung für jeden Christen, für jede christliche Führungskraft. Ich
erinnere an die Episode, die Dietrich Bonhoeffer in seinem Buch
„Widerstand und Ergebung" schildert: Das Lebensziel seines katholischen Freundes lautet: „Ich möchte ein Heiliger werden." Darauf
antwortet Bonhoeffer: „Ich möchte Glauben lernen."

These 3: Das „Investment" in den Glauben ist oft quantitativ und qualitativ unzureichend

Ich meine damit nicht das Zuwenig, das Unzureichende, was allen unseren menschlichen Bemühungen anhaftet und Ausdruck unserer Unvollkommenheit und unserer Erlösungsbedürftigkeit ist. Ich meine vielmehr die Spielräume, über die jeder von uns, auch die Führungskraft, verfügt: die Entscheidung über unsere Ressourcen, über die wir so oder so verfügen können. Mit anderen Worten: es geht um die richtige Prioritätensetzung.

Hier lassen wir uns zu oft von anderen Dingen – gerade als Führungskräfte – okkupieren. Das auch durch den harten Wettbewerb bedingte starke berufliche Engagement behindert vielfach das „Glauben-lernen" – und damit wird es zunächst zur Frage eines richtigen Zeitmanagements. Nehmen wir uns ausreichend Zeit für Gottesdienste, christliche Tagungen, nicht zuletzt für Gebet und Meditation, denen als Schule des Glaubens entscheidende Bedeutung zukommt?

Das „Glauben-lernen" hat aber auch eine qualitative Dimension: Nutzen wir die richtigen Quellen für eine Vertiefung unseres Glaubens? Im Bereich des Management sprechen wir von Benchmarking, von Orientierung an den Klassenbesten. Tun wir das auch im Glaubensbereich ausreichend? Es heißt, wir sind „evangelisch aus gutem Grund". Aber bereits im evangelischen Raum gibt es viele Formen der Frömmigkeit, deren Kenntnis unseren Glauben vertiefen kann, etwa die meditativ geprägte Frömmigkeit von Taizé. Haben wir sie ausreichend für unseren Glauben fruchtbar gemacht?

Auch von dieser Seite her zeigt sich die Wichtigkeit der Ökumene vor allem im Blick auf unsere katholischen Brüder und Schwestern. Trotz „Dominus Jesus" ist sich die Mehrheit aller aufgeschlossenen evangelischen und katholischen Christen einig: An der Ökumene führt kein Weg vorbei. Sie ist nicht zuletzt auch unter dem Aspekt des wechselseitigen „Glauben-lernens" unverzichtbar.

Ich bin immer wieder überrascht und auch enttäuscht, wie wenig evangelische Christen katholische Frömmigkeitsformen und katholische Liturgie kennen (z. B. die Karfreitagsliturgie, hinter der sich manche unserer evangelischen Karfreitagsgottesdienste verstecken müssen). Dadurch entgeht uns eine Chance der Bereicherung unseres Glaubens und seiner Vertiefung.

These 4: Zum „Glauben-lernen" gehört auch theologische Orientierung

Theologie will zwischen Glauben und Intellekt eine Brücke schlagen und kann dadurch der Glaubenserweiterung und -vertiefung dienen. Natürlich kann man als Führungskraft in der Regel nicht auch noch Theologie treiben. Doch z. B. in unseren Gottesdiensten sollten die Predigten auf einem soliden theologischen Fundament stehen, und auch jede Führungskraft sollte für theologische Fragen offen sein. Zur theologischen Fundierung gehört auch die Auseinandersetzung mit anderen theologischen Auffassungen und mit wissenschaftlichen Positionen etwa der modernen Naturwissenschaften. Und im Zeitalter der Globalisierung sind wir gut beraten, uns auch für zentrale Inhalte anderer Religionen zu öffnen. Vielleicht können wir auch daraus etwas für unseren Glauben lernen, etwa im Bereich der Meditation. Vor allem werden wir im Dialog mit Nichtchristen sprachfähiger, um sie für unseren Glauben interessieren und vielleicht sogar gewinnen zu können. Auch bei der theologischen Orientierung spielen im Übrigen griffige und ergiebige Quellen eine Rolle. Insofern ist in meinen Augen z. B. das evangelische Wochenmagazin idea-Spektrum mit seinen vielen anregenden Informationen ein Glücksfall – auch weil das Heft manchmal Widerspruch provoziert.

II. Wirkungen von Führung auf Glauben

Es drängt sich die Frage auf: Was machen wir falsch, wo tun wir zu wenig, damit unser einmaliges „Produkt" ankommt? Kann Führung hier helfen? Kann Führung den Glauben fördern? Nahe liegend ist der Einfluss, der von der Führung der eigenen Person auf unseren Glauben ausgehen kann – Führung hier im Sinne planvollen Gestaltens von Prozessen.

These 5: Zur Führung gehört auch die Führung der eigenen Person

Die Führung der eigenen Person kann sich auch auf den eigenen Glauben positiv auswirken. Je mehr uns die Führung der eigenen Person gelingt – durch Selbstdisziplin, Planung und Zeitmanagement – umso mehr werden wir „die Zeit auskaufen" und damit auch die

Spielräume für Glaubensvertiefung und gelebten Glauben vergrößern.

These 6: Beim Einfluss von Führung auf den Glauben geht es vor allem um den Glauben der anderen, der Glaubensfernen, der Glaubensschwachen, der „Ungläubigen"
Damit kommen insbesondere auch die modernen Führungsinstrumente ins Spiel. Der Glaube bzw. Unglaube der anderen muss uns zutiefst bewegen. Es ist unser Auftrag, in alle Welt zu gehen und das Evangelium zu verkünden (Matthäus 28,19f.). Daher muss Kirche heute mehr denn je missionarische Kirche sein (vgl. etwa die EKD-Synode 1999 in Leipzig).

Für unser missionarisches, evangelisierendes Tun ist fraglos ein tiefer, lebendiger Glaube die entscheidende Grundlage. Doch wir können unser persönliches missionarisches und evangelisierendes Handeln noch wirksamer werden lassen, wenn wir das Gestaltungs- und Beeinflussungspotenzial moderner Führungskonzepte nutzen. Insofern kann und soll Kirche auch von Unternehmungen und ihren Managementkonzepten lernen.

These 7: Führung liefert ein enormes Potenzial, den Glauben der anderen zu fördern und zu korrigieren. Führungskonzepte verbessern unsere Chance der Mission und der Evangelisation
Natürlich können die Führungskonzepte und -methoden, wie sie in gewinn- und wachstumsorientierten Unternehmen Anwendung finden, nicht Eins-zu-Eins auf Gemeinden und Kirchen übertragen werden. Gemeinden und Kirchen weisen viele Besonderheiten auf, sodass vor allem die kommerziellen unternehmerischen Führungskonzepte einer spezifischen Anpassung bedürfen. Doch auch Gemeinden und Kirchen agieren auf ihre Weise auf Märkten, auf Personalmärkten, auf Märkten für Spenden und Sponsoring und in abgewandelter Form auch auf Absatzmärkten. Am nächstliegenden ist es, zunächst die für Unternehmen entwickelten Konzepte der Personalführung stärker in Gemeinden und Kirchen zu verankern. Personalplanung, Mitarbeitertraining, Mitarbeitermotivation, nicht zuletzt auch das wichtige Instrument der Mitarbeitergespräche sollten intensiviert werden, damit die Vermittlung des Evangeliums wirksamer erfolgen kann. Denn bei der Glaubensvermittlung spielen

nun einmal die Mitarbeiterinnen und Mitarbeiter eine zentrale Rolle – trotz der wachsenden Bedeutung der elektronischen Medien, insbesondere des Internet.

These 8: Führungskonzepte helfen mittels spezieller Instrumente
Führungskonzepte helfen vor allem durch
   a) Visionen, Ziele, Strategien;
   b) Erkennen, Erspüren und Eingehen auf die Bedürfnisse der Menschen;
   c) Förderung von Innovationen in Kirche bzw. Gemeinde;
   d) Qualitätsmanagement;
   e) Controlling.

a) Visionen, Ziele, Strategien
Erfolgreiche Unternehmungen haben eine Vision, und es macht Sinn, wenn Gemeinden bzw. Kirchen ebenfalls eine Vision formulieren und in Leitsätzen niederlegen. Der badische Landesbischof hat vor zwei Jahren auf dem Forum des Arbeitskreises Evangelischer Unternehmer (AEU) in Arnoldshain, das sich mit den Problemen des Kirchenmarketing befasste, Thesen zur Vision von Kirche vorgelegt. Diese Thesen basieren auf dem Evangelium und den Bekenntnisschriften; sie wollen sie für die heutige Situation von Gemeinden und Kirchen verdeutlichen und konkretisieren. Solche Thesen können sowohl eine fruchtbare Anregung für die Entwicklung von Leitsätzen bilden als auch Orientierungspunkte für die Einführung von Marketing-konzepten für die Kirche abgeben. In der badischen Landeskirche haben wir in mehrjähriger Arbeit Leitsätze entwickelt, von denen wir uns Erneuerungsimpulse für unsere Gemeinden erhoffen.

Ein besonders wichtiges Führungsinstrument in der Wirtschaft sind die – gemeinsam mit Mitarbeiterinnen und Mitarbeitern zu entwickelnden – Ziele, Strategien und die Messung der Zielerreichung. Dieser als „Management by objectives" bezeichnete Führungsstil wird in kommerziellen Unternehmungen seit Jahrzehnten praktiziert. Auch wenn man gegen das von McKinsey gesponserte Evangelische Münchenprogramm (EMP) durchaus Einwände erheben kann: Indem sowohl die Personalführung als auch das Setzen von Zielen und die Messung der Zielerreichung im Mittelpunkt des EMP stehen, bietet es eine wichtige Hilfe zur Gemeindeerneuerung.

Natürlich entzieht sich gerade im Bereich der Seelsorge vieles der Erfolgsmessung, und Effizienzgesichtspunkte haben hier zurückzutreten. Doch warum sollen wir nicht in den Gemeinden auf Erfolgsindikatoren zurückgreifen (z. B. Zahl der Besucher von Gottesdiensten, Gemeindeveranstaltungen und Konferenzen, die Zahl der Kircheneintritte, die Höhe der Spenden u. Ä.)? Hier sind viele Gemeinden noch recht hilflos und zögerlich, und auch in diesem Feld gilt es, Führungs-Know-how zu erwerben. Führungskräfte aus kommerziellen Unternehmen können auch hier als *Ehrenamtliche* wichtige Hilfestellung leisten.

b) Erkennen, Erspüren und Eingehen auf die Bedürfnisse der Menschen

Unternehmerische Führung ist nur dann erfolgreich, wenn sie an den Bedürfnissen der Menschen – Mitarbeiter wie „Nachfrager" der unternehmerischen Angebote – ausgerichtet ist. Das ist auch ein Hauptgrund, warum heute dem Marketing als Führungskonzeption von Unternehmen eine so große Bedeutung zukommt. Wenn Kirchen und Gemeinden die Bedürfnisse der Menschen ins Visier nehmen, so bedarf es hier allerdings einer grundlegenden Unterscheidung. Nicht allen Bedürfnissen unserer Ansprechpartner darf Rechnung getragen werden. In der Kirche gilt eben nicht der Satz: „Gebt dem Kunden, was der Kunde will."

Vielmehr muss im Raum der Gemeinden und Kirchen zwischen legitimen und nicht-legitimen Bedürfnissen unterschieden werden. Das Evangelium zeigt uns anschaulich sowohl die nicht-legitimen wie die legitimen Bedürfnisse, etwa Habgier, Ehrsucht, Geiz, Götzendienst auf der einen Seite, das Bedürfnis nach Trost, Geborgenheit, Nähe zu Gott auf der anderen. Kennen lernen müssen wir beide Arten von Bedürfnissen, und das erfordert eine kluge Bedürfnisforschung. Befriedigen und fördern dürfen wir vom Evangelium her nur die legitimen Bedürfnisse. Aber dies müssen wir auch tun – klug, sensibel und behutsam.

c) Förderung von Innovationen in Kirche bzw. Gemeinde

Die Gottesferne unserer Zeit, ihre Orientierungslosigkeit und Oberflächlichkeit, das Aufgehen in der egoistischen Lust- und Spaßgesellschaft – das ist die eine Seite der Welt, in der wir leben. Auf der anderen Seite finden sich die oft latenten Bedürfnisse nach Geborgenheit, Sinn, Orientierung, Befreiung – Befreiung von Angst, Leistungsdruck, Karrieredenken, persönlichen Abhängigkeiten. Ihnen müssen wir nachgehen. Haben wir solche Bedürfnisse mit Gründlichkeit aufgespürt und verständnisvoll freigelegt, so brauchen wir innovative und qualitativ überzeugende Angebote, die diesen Bedürfnissen Rechnung tragen. Auch hier sind die Kreativität und Innovationskraft der Führungskräfte gefordert. Denn unsere bisherigen Glaubensangebote in Gemeinde und Kirche verfehlen vielfach das, was gerade die jungen Menschen und die Kirchenfernen mit Recht von ihnen erwarten.

Damit es kein Missverständnis gibt: das Eingehen auf die Bedürfnisse der Menschen darf die christliche Botschaft nicht verwässern und verfälschen. Das Skandalon des Kreuzes darf nicht ins Kleingedruckte abrutschen. Aber es muss darum gehen, den Menschen auch dieses Skandalon des Kreuzes in einer ihnen verständlichen Weise nahe zu bringen. Dazu bedarf es z. B. einer Vielfalt von Angebotsformen, insbesondere auch bei Gottesdiensten, sowie Angebote, die gerade auch Jugendliche erreichen. Wie viel sich mit einem solchen differenzierten Angebot bewirken lässt, zeigen z. B. die Veranstaltungen von „GoSpecial" in Niederhöchstadt oder die Gottesdienste à la carte. Diesen beschrittenen Weg müssen wir engagiert fortsetzen, und dazu bedarf es gerade auch Ihrer Mitwirkung als Führungskräfte, nicht zuletzt als Ehrenamtliche.

d) Qualitätsmanagement

Eines scheint mir in diesem Zusammenhang zentral zu sein: Alles, was wir in den Gemeinden tun, gerade auch unser missionarisches Handeln, hat im Zeichen der Liebe zu geschehen. Ist das immer ausreichend der Fall? Ich meine eindeutig Nein. Denken wir etwa an Gottesdienste, deren qualitativ unzureichende Ausgestaltung (Beschallung, Liedauswahl, Liturgie, Predigt) oft ein Zeichen von Lieblosigkeit ist. Hier ist das, was seit längerem in der Wirtschaft als *Qualitätsmanagement* praktiziert wird, auch in den Gemeinden dringend geboten.

Aber auch manches, was aus großem christlichen Engagement in missionarischer Absicht geschieht, steht zu wenig unter dem Zeichen der Liebe. Ungeduld statt Verständnis, Überforderung statt eines

Eingehens auf die – oft unverschuldeten – Begrenzungen unseres Gegenübers; Härte statt Sanftmut. Oft ist die Art und Weise unserer missionarischen Verkündigung – auch in der Sprache – eher ausgrenzend statt gewinnend, manchmal sogar verbissen und ohne jeglichen Charme (erinnert sei daran, dass sich Charme von Charisma ableitet). Vergegenwärtigen wir uns immer wieder die Verse aus 1. Korinther 13: „Die Liebe ist langmütig und freundlich, die Liebe eifert nicht …; sie lässt sich nicht erbittern, sie rechnet das Böse nicht zu …; sie erträgt alles, sie glaubt alles, sie hofft alles, sie duldet alles."

e) Controlling

Manche Gläubige zucken dabei zusammen, weil sie an Leistungskontrollen denken, die für Gemeinden und Kirchen unangemessen sind. Controlling meint aber vielmehr *Steuerung*: Steuerung aufgrund von Zielerreichungen und Zielverfehlungen, Steuerung aber auch mit Blick auf einen wirksamen Ressourceneinsatz. Ein solches Controlling ist auch für Gemeinden und Kirchen unverzichtbar.

So weit einige Gedanken dazu, wie Führung und Führungsinstrumente auf Glauben einwirken und dazu beitragen können, dass Glaube wirksamer verkündet wird. Die Führungskonzepte, die uns heute zur Verfügung stehen, insbesondere das Marketing, können dabei als eine wichtige Hilfe dienen. Sie können eine Hilfe sein, nicht mehr. Führungsinstrumente können Glauben nicht „machen", selbst wenn die Führungskräfte, die sich ihrer bedienen, vom Glauben beseelt sind. Führung muss vom *Gebet* begleitet sein. Die Aktionsprogramme der Führung als Vita activa bedürfen ergänzend der Vita contemplativa: des Gebets und der Meditation. Die Vita contemplativa ist gerade für hochbeschäftigte Führungskräfte immer gefährdet und eine ständige Herausforderung. Doch es gilt: „Gebet verloren, alles verloren", wie es die große Therese von Avila einmal gesagt hat. Das aus tiefem Glauben erwachsende Gebet ist in der Tat der Weg, auf dem wir die Welt aus den Angeln heben können (Kierkegaard). Und allemal ist es die Basis, damit Glaube und Führung eine fruchtbare Wechselbeziehung eingehen können.

Leo A. Nefiodow

Wirtschaft, Ethik und Glauben – auf dem Wege zum sechsten Kondratieff

Einleitung

Die Marktwirtschaft kennt keinen gleichförmigen Verlauf, vielmehr wechseln sich Aufschwung und Abschwung, Konjunktur und Rezession regelmäßig ab. Kurze und mittlere Wirtschaftsschwankungen mit einer Dauer von drei bis elf Jahren sind aus der Erfahrung allgemein bekannt. In der Marktwirtschaft treten aber auch lange Schwankungen mit einer Periode von 40 bis 60 Jahren auf. Sie werden *Kondratieffzyklen* genannt (Abb. 1).

Der russische Wissenschaftler Nikolai D. Kondratieff (1892–1938) gilt als der Begründer der Theorie der langen Wellen. Bei seinen Konjunkturforschungen zwischen 1919 und 1921 fand er heraus, dass es außer kurzen, bis zu drei Jahre langen und mittleren, bis zu elf Jahre dauernden Zyklen auch lange Konjunkturwellen mit einer Dauer von 40 bis 60 Jahren gibt. 1926 veröffentlichte er – zu dieser Zeit war er Direktor des Moskauer Instituts für Konjunkturforschung – seine Erkenntnisse. Kondratieff zeigte auf, dass die wirtschaftliche Entwicklung in den Industrieländern seit Ende des 18. Jahrhunderts durch drei große Auf- und Abschwungwellen bestimmt wurde.

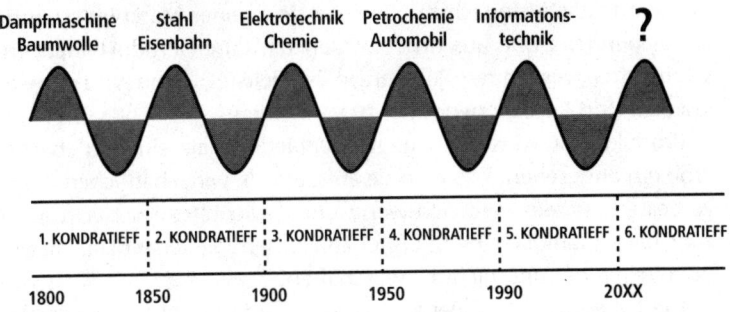

Abb. 1: Die langen Wellen der Konjunktur und ihre Basisinnovationen

Kondratieffzyklen sind Innovationsschübe, die von Basisinnovationen ausgelöst werden. Der erste Kondratieffzyklus wurde durch die Erfindung der Dampfmaschine und ihrer Anwendung in der Textilindustrie ausgelöst. Der zweite Kondratieffzyklus war die große Zeit des Stahls. Der dritte kam durch die elektrotechnische und chemische Industrie zustande. Es war der erste Langzyklus, der von der praktischen Anwendung wissenschaftlicher Erkenntnisse profitierte (Entdeckung des Elektrodynamo-Prinzips und neue quantentheoretische Erkenntnisse des Aufbaus der Materie). Basisinnovationen des vierten Kondratieff waren Petrochemie und Automobil. Sie brachten den Massenverkehr auf der Straße und in der Luft, was zugleich den Höhepunkt der Industriegesellschaft markierte. Derzeit befinden wir uns im fünften Kondratieffzyklus, der seine Antriebsenergie aus der Verwertung der Basisinnovation Informationstechnik bezieht.

Die Aufschwungsphase des fünften Kondratieff ist für einige Regionen der Welt (z. B. Japan) mit den 1990er-Jahren zu Ende gegangen. Die USA mit ihrer starken IT-Branche profitieren noch voll vom Restpotenzial dieses Langzyklus. Was lässt sich heute über den nächsten, den sechsten Kondratieff sagen? Durch welche Basisinnovationen wird er ausgelöst und getragen werden?

Das Problem: ausufernde gesellschaftliche Unordnung

Die wichtigste Quelle für Wirtschaftswachstum und Strukturwandel sind Produktivitätsfortschritte. Bleiben sie in einer Marktwirtschaft in ausreichender Höhe aus oder werden die durch Produktivitätsfortschritte frei werdenden Ressourcen fehlgeleitet, dann sind Arbeitslosigkeit und Rezessionen nicht zu vermeiden.

Produktivität wird auch heute vorwiegend als ein betriebliches Problem angesehen. Wie man sie auf der volkswirtschaftlichen Ebene verbessert, ist ein vergleichsweise unterbelichtetes Thema. Das ist zum Teil verständlich, denn bisher konkurrierten in erster Linie Betriebe miteinander und nicht Gesellschaften.

Die Lebensqualität einer Gesellschaft wird aber nicht von der betrieblichen, sondern von der volkswirtschaftlichen Produktivität bestimmt. Wie aus den folgenden Ausführungen hervorgeht, haben die inneren Störungen und Verluste moderner Gesellschaften inzwischen einen Umfang erreicht, der den Wachstumsprozess – und damit auch die Lebensqualität – erheblich beeinträchtigt. Die Abbildung 2 auf Seite 45 ist ein Versuch, die Verluste quantitativ zu erfassen.

Jeder vierte Deutsche betrügt seine Versicherung, im Einzelhandel wird acht Millionen Mal im Jahr geklaut. Jeder vierte Millionenbrand in Deutschland wird gelegt oder geht auf Sabotage zurück. Jedes Jahr wird in Deutschland etwa 200.000 Mal in Wohnungen und Häuser eingebrochen; mehr als achtzig Prozent der Opfer haben danach mit Angst, Albträumen und Nervosität zu kämpfen. Mobbing breitet sich aus und kostet die deutsche Wirtschaft 30 Milliarden DM pro Jahr, Angst verursacht jährliche Kosten von 100 Milliarden DM. Etwa 300.000 Unmündige werden jedes Jahr mit Gewalt zur Sexualität gezwungen mit unabsehbaren Störungen für ihr weiteres Leben.

Jede dritte Ehe geht in die Brüche, viele Familien sind in einer Krise. Vierzig Prozent der deutschen Arbeitnehmer haben innerlich gekündigt und machen nur noch Dienst nach Vorschrift. Sechzig Prozent der deutschen Führungskräfte leiden unter Neurosen, und jeder dritte Patient, der einen praktischen Arzt aufsucht, leidet an psychosomatischen Krankheiten (die der normale biologisch-chemisch-technisch ausgebildete Mediziner nicht heilen kann). Krankheiten und psychische Störungen nehmen trotz aller Reformen weiter zu.

In den USA gibt es ernst zu nehmende Prognosen, dass der Anteil der Gesundheitskosten in den nächsten zwanzig Jahren von derzeit 15 Prozent des Bruttoinlandsprodukts (BIP) auf bis zu 25 Prozent ansteigen wird, bedingt vor allem durch das höhere Alter der Menschen. Körperliche, soziale, seelische und ökologische Störungen und Erkrankungen behindern zunehmend die weitere Entfaltung von Wirtschaft und Gesellschaft. Gesundheit wird zu einem der wichtigsten Felder der Politik.

Krankheiten, Kriminalität und Destruktivität sind keine neuen Erscheinungen, sie gab es schon immer. Aber der Umfang, den sie inzwischen erreicht haben, ist neu. Das geht besonders deutlich aus folgenden Zahlen hervor: 1931 herrschte in Großbritannien die Weltwirtschaftskrise, die Arbeitslosigkeit betrug zwanzig Prozent und die Statistik registrierte 208 Gewaltdelikte. Im Jahre 1995 – vierundsechzig Jahre später – beträgt die Arbeitslosigkeit nur noch sieben Prozent, die Statistik registrierte aber mehr als 72.000 Gewaltdelikte.

Unter wesentlich günstigeren wirtschaftlichen Bedingungen herrscht eine Zunahme der Gewalt um den Faktor 360!

Was hat sich geändert? Nicht die biologischen Anlagen der Engländer, sondern ihr Bewusstsein, ihre innere Informationsverarbeitung und ihre Wertvorstellungen.

In hohem Maße zerrüttet sind die gesellschaftlichen Verhältnisse in den USA. Vierzehn Prozent der Erwachsenen gelten als psychisch schwer krank. Mehr als die Hälfte der Ehen geht in die Brüche. Sechsunddreißig Millionen US-Bürger leben in Armut, knapp fünfzig Millionen können sich keine Krankenversicherung erlauben, weitere fünfzig Millionen sind unterversichert. Fast jeder zehnte Jugendliche raucht Haschisch, viele von ihnen greifen regelmäßig oder sogar täglich zu einem Joint. Amerikanische Kinder unter fünfzehn Jahren tragen im Vergleich zu anderen industrialisierten Ländern das größte Risiko, Opfer von Mord, Schusswaffengebrauch oder Selbstmord zu werden (die Selbstmordrate unter den farbigen Jugendlichen hat in den letzten fünfzehn Jahren um 114 Prozent zugenommen, in den Südstaaten Amerikas sogar um mehr als 200 Prozent).

Im Jahre 1995 saßen mehr als zwei Prozent der männlichen US-Arbeitsbevölkerung im erwerbsfähigen Alter hinter Gittern, und fast sieben Prozent waren unter Bewährungsaufsicht. Das Wegsperren eines Kriminellen kostet die USA jährlich etwa so viel, wie jemanden zur Harvard Universität zu schicken. Mehrere Bundesstaaten der USA geben mehr Geld aus für Gefangene als für Studenten. Würde man die Gefängnisinsassen und die vielen, die ihr Brot außerhalb des regulären Beschäftigungssystems verdienen (weil sie sonst keine Erwerbsmöglichkeit finden), statistisch berücksichtigen, dann wäre die Arbeitslosenrate fast so hoch wie in Europa.

Addiert man die Kosten aller destruktiven Phänomene, dann kommt man auf einen Betrag von rund 10.000 Milliarden US-Dollar pro Jahr – das Weltsozialprodukt beträgt derzeit etwa 28.000 Milliarden US-Dollar. Dieser „entropische" Sektor – Entropie gilt in der Physik als ein Maß für die Unordnung eines Systems; in Abbildung 2 drückt der Begriff die Unordnung in der Welt aus – ist nicht nur eine unerwünschte Begleiterscheinung, gewissermaßen ein Schönheitsfehler des modernen Fortschritts: Er stellt inzwischen die größte Wachstums- und Innovationsbarriere in den entwickelten Gesellschaften dar.

Gewalt, Kriminalität, Drogen

- Kriminalität (Schäden weltweit mehr als 1.000 Mrd. US-Dollar p.a. Jeder 50. männliche US-Amerikaner im erwerbsfähigen Alter saß Mitte der 1990er-Jahre im Gefängnis).
- Drogen: mehr als 800 Mrd. US-$ Umsatz p.a.
- Schmiergelder und Korruption verursachen ca. 3-5 Prozent der Wirtschaftskosten (weltweit etwa 1000 Mrd. US-$). Alkoholmissbrauch (mehr als 600 Mrd. US-$ Umsatz p.a. Für Alkohol wird mehr ausgegeben als für die Forschung).

Umweltzerstörung und Energieverschwendung

- Umwelt: jährliche Zerstörung entspricht ca. 10% des Weltsozialprodukts (ca. 2.800 Mrd. US-$ p.a. in 1996). Verschwendung: 80 % aller fertigen Produkte werden nach elnmallger Benutzung weggeworfen, jährliche Rohstoff- und Energievergeudung weltweit mindest. 2500 Mrd. US-$.

Ausgaben für Militär, innere und private Sicherheit

- Militär: 1.000 Mrd. US-$ p.a. in den 1980er-Jahren. Seit 1990 ca. 800 Mrd. US-$ p.a.
- Kosten der inneren Sicherheit: 1200 Mrd. US-$ (Polizei, Gefängnisse, Gerichte, Sicherheitsanlagen). Geheimdienste kosten weltweit ca. 100 Mrd. US-$ p.a.
- Kosten der Kriege: Zweiter Weltkrieg: 4000 Mrd. $, Korea-Krieg: 340 Mrd. $, Vietnam-Krieg: 720 Mrd. $, Golfkrieg: 102 Mrd. $, Jugoslawien, Tschetschenien, Nordirland, Kosovo usw. = unbekannt

Soziale Kosten (Streiks, Arbeitslosigkeit)

- Streiks: in den 1980er-Jahren weltweit über 5 Millionen Streiktage p.a.
- Kosten der Arbeitslosigkeit: mehr als 300 Mrd. US-$ p.a. in den Industieländern.
- Zerfall der Familien: in den USA wird jede zweite Ehe geschieden, in Deutschland jede dritte.

Gesundheitsschäden

- Niedrige Produktivität im Gesundheitswesen: Informationsdefizite, fehlender Leistungswettbewerb, starke Partikularinteressen, Fehlentwicklungen (unzureichende Prävention und Gesundheitsförderung. Falsche Ernährung z.B. verursacht in Deutschland ca. 100 Mrd. DM Kosten, weltweit 600 Mrd. US-$). Jeder dritte Patient, der einen praktischen Arzt aufsucht, leidet vorwiegend an psychosomatischen Störungen und Erkrankungen.
- Jeder siebte Erwachsene in den ökonomisch entwickelten Ländern wird als psychisch schwer krank eingestuft. Angst verursacht in Deutschland jährliche Schäden von etwa 100 Mrd. DM (Mobbing 30 Mrd. DM), weltweit mehr als 1000 Mrd. $.

Sonstige unnötige Verluste/Kosten

- Umsatz der Schattenwirtschaft weltweit mindestens 4000 Mrd. $. Weltweiter Umsatz mit Glücksspielen: Mindestens 800 Mrd. US-$.
- Verkehr (Kosten durch Staus weltweit über 1000 Mrd. US-$. Deutschland: 200 Mrd. DM Schäden jährlich durch Verkehrsstaus).
- Informationsdefizite: Patentwesen (ca. 50% der F+E-Ausgaben - etwa 300 Mrd. US-$ - sind redundant und könnten eingespart werden).

Abb. 2: Der entropische Sektor der Gesellschaft

Die unterschätzte Wachstumsreserve: Gesundheit

Nimmt man die Kosten des derzeitigen Gesundheitswesens (weltweit ca. 5000 Milliarden US-Dollar) zu denen des entropischen Sektors hinzu, dann erreicht man ein Volumen von etwa 15.000 Milliarden US-Dollar. Mit anderen Worten: Körperliche, seelische, geistige, ökologische und soziale Schäden, Störungen und Erkrankungen sind mit Abstand der größte Einzelmarkt und – wegen der noch unerschlossenen Produktivitätspotenziale – die größte Wachstumsreserve der Welt.

Was soll unter Gesundheit verstanden werden? Die Weltgesundheitsorganisation definiert diesen Begriff über sieben Kriterien (Abb. 3).

① Stabiles Selbstwertgefühl

② Positives Verhältnis zum eigenen Körper

③ Freundschaft und soziale Beziehungen

④ Eine intakte Umwelt

⑤ Sinnvolle Arbeit und gesunde Arbeitsbedingungen

⑥ Gesundheitswissen und Zugang zur Gesundheitsversorgung

⑦ Lebenswerte Gegenwart und die begründete Hoffnung auf eine lebenswerte Zukunft

Abbildung 3

Gliedert man den so definierten Gesundheitsmarkt in seine Teilsegmente auf, dann erhält man die Abbildung 4. Der Abschnitt „herkömmlicher Gesundheitssektor" entspricht dem gegenwärtigen, von der (Schul-) Medizin beherrschten Gesundheitswesen. Die Vorgehensweise in diesem Sektor ist biologisch-chemisch-technisch orientiert, soziale und seelische Aspekte werden nicht oder nur marginal beachtet.

Das herkömmliche Gesundheitswesen befindet sich derzeit in einer Umstrukturierung, ist mit vielen internen Problemen belastet – völlig unzureichende Prävention, fehlende aktive Gesundheitsförderung, starke innovationshemmende Partikularinteressen – und auf die Erschließung systemisch-ganzheitlicher Gesundheit nicht gut vorbereitet. Die meisten Akteure dürften auch wenig Interesse an einer durchweg gesunden Bevölkerung haben, da sie davon leben, dass es Kranke und Krankheiten gibt.

Der herkömmliche Gesundheitssektor

- Medizintechnik
- Pharmaindustrie
- Ernährungsindustrie
- Krankendienste (Ärzte, Heilpraktiker, Krankenhäuser, Krankenkassen, Krankenversicherungen, Apotheker, öffentl. Gesundheitsdienst, Pflegeeinrichtungen)
- Kurbetriebe/Sanatorien
- Sonstiges (gesundheitsorientierte Sportartikel und -anlagen, Verlage mit Spezialsortiment, Spezial-Software)

Der neu aufkommende Gesundheitssektor

- Umwelttechnik (überwiegend)
- Biotechnologie (überwiegend)
- Naturheilverfahren, Naturwaren, Naturkost
- Religion/Glauben
- Psychologie, Psychosomatik, Psychiatrie
- Personal- und Managementberatung (zunehmend)
- Betriebsinterne Gesundheitsdienste (Aus- und Weiterbildung, Personalentwicklung, Gesundheitsmanagement, Betriebskrankenkassen, Trend zu Zuzahlungen)
- Wellness, Tourismus (teilweise) und Freizeit (teilweise)
- Beteiligung der Krankheitsverursacher an den Behandlungskosten (zunehmend)

Abbildung 4: Megamarkt Gesundheit

Vom Krankheitssystem zum Gesundheitssystem

Genau betrachtet müsste der herkömmliche Gesundheitssektor (Abb. 4) „Krankheitssektor" genannt werden, da es hier hauptsächlich um die Erkennung und Behandlung von Krankheiten geht. Die Geschichte der Medizin zeigt, dass eine solche Ausrichtung keinesfalls Pflicht sein muss.

Für Hippokrates war der Arzt in erster Linie nicht dafür da, um Krankheiten zu heilen, sondern um als Steuermann die Menschen in einer gesunden Lebensweise zu beraten und zu führen. Medizin war bis ins hohe Mittelalter die Kunst einer gesunden Lebensführung (noch deutlich bei der großen Ärztin Hildegard von Bingen nachzulesen). Und neben dem materiell-körperlichen Aspekt gehörte der Umgang mit Emotionen, Affekten und Gefühlen sowie eine geordnete Beziehung zum Herrgott dazu.

Da das herkömmliche Gesundheitswesen die ganzheitliche Sicht von Gesundheit aus den Augen verloren hat und sich kurzfristig auch nicht darauf einstellen kann, entsteht außerhalb des Gesundheitsestablishments ein Bereich, den man als „neu aufkommenden Gesundheitssektor" bezeichnen kann (Abb. 4).

Zu den neuen Akteuren gehören die *Umweltschützer*. Schlechte Luft, unsauberes Wasser, kontaminierte Böden, denaturierte Nahrung, verunstaltete Landschaften und andere Umwelt- und Naturschäden tragen zur Schwächung unseres Immunsystems und zur Ausbreitung von Krankheiten bei. Das Hauptmotiv des Umweltschutzes ist die Sorge um unsere Gesundheit.

Hinzu kommen die Firmen der *Biotechnologie*, mit der bessere Medikamente hergestellt werden können. Es bestehen reelle Aussichten, bisher nur begrenzt therapierbare Krankheiten wie Krebs, Rheuma, Asthma, Diabetes, Multiple Sklerose und Alzheimer zu heilen.

Zu den engagiertesten Promotern des neu aufkommenden Gesundheitsbewusstseins gehören die Vertreter der *Naturheilverfahren, Naturwaren* und *Naturkost*. Die Erfolge der Bewegung machen deutlich, wie weit wir uns von einer natürlichen Lebensweise entfernt hat, dafür inzwischen einen hohen Preis zahlt, und dass eine stärkere Berücksichtigung der Natur unausweichlich geworden ist. Auch in anderen Bereichen wie Kosmetik, Heilmittel oder Textilien wird zunehmend auf ökologische, schadstofffreie Qualität Wert gelegt.

Zu diesem neuen Sektor gehört der in den letzten Jahren stark zugenommene „*Psychomarkt*" (New Age, Esoterik, Scientology, Psychotherapien). Auf diesem Gebiet läuft vieles in die falsche Richtung. Die starke Nachfrage zeigt aber, dass die entwickelten Gesellschaften in eine Phase eingetreten sind, in der auf breiter Basis aktiv nach besserer seelischer Gesundheit gesucht wird.

Zu den neuen Akteuren gehört die *Privatwirtschaft.* Ihr Einstieg erfolgt relativ unauffällig, ist deshalb aber nicht minder bedeutsam, da sie dem Gesundheitssektor beträchtliche zusätzliche Finanzmittel zuführt:

- Für viele private Unternehmen sind die Gesundheitskosten zu einer schweren Belastung geworden. Beim Volkswagenwerk beispielsweise belastet jedes Prozent Krankenstand das Unternehmen im Jahr mit ca. 100 Millionen DM. Der Gesamtverlust, den die deutsche Wirtschaft aus krankheits- und unfallbedingter Abwesenheit sowie durch die vorgezogenen Renteneintritte aufgrund von Erwerbs- und Berufsunfähigkeit erleidet, belief sich 1994 auf über 400 Milliarden DM. Immer mehr Konzerne – vor allem amerikanische – fordern von ihren Mitarbeitern, dass sie mit dem Rauchen aufhören, auf Alkohol verzichten, abspecken, sich regelmäßigen Gesundheitstests unterziehen und sich um ihre Gesundheit konsequent kümmern. Wer bei den betrieblichen Gesundheitsprogrammen nicht mitmacht, wird mit Zuzahlungen für die Krankenkasse bestraft.

- Die private Wirtschaft wird sich in Zukunft in zunehmendem Maße an den Behandlungskosten jener Krankheiten beteiligen, die zweifelsfrei von ihren Produkten verursacht werden. Ein typisches Beispiel ist die US-Tabak- und Zigarettenindustrie. Nach den Vereinbarungen aus den Jahren 1997 und 1998 wird sich diese Branche in den nächsten 25 Jahren mit einem Betrag von über 200 Milliarden US-Dollar an den Behandlungskosten der durch Rauchen verursachten Krankheiten (Lungenkrebs, Herz- und Kreislauferkrankungen) beteiligen. Andere Branchen wie die chemische Industrie, die Energieerzeuger und die Automobilhersteller werden mit ähnlichen Vereinbarungen rechnen müssen.

Die Produktivitätsfaktoren verändern sich

Kann Gesundheit im ganzheitlichen Sinn die Rolle einer Lokomotive für Wachstum und Beschäftigung übernehmen? Auf den ersten Blick sieht es nicht so aus, denn lange Phasen der Prosperität wurden bisher von „harten" Innovationen wie Dampfmaschine, Automobil,

Computer getragen (Abb. 1). Wie kann ein „weicher", ein seelischer Faktor Träger eines neuen Wachstumszyklus werden?

Hier muss an die Ergebnisse der modernen Wachstumstheorien erinnert werden. Die wichtigsten Quellen des Wirtschaftswachstums sind nicht Maschinen, Waren, Technologien, Dienstleistungen, nicht Menschenmassen und auch nicht Kapital. Der wichtigste Faktor sind *Produktivitätsfortschritte.* Dieser dritte Faktor (neben Arbeit und Kapital) wird durch eine neue oder verbesserte Kompetenz bestimmt. Der erste Kondratieff wurde – genau genommen – nicht von der Dampfmaschine, sondern von der neuen Kompetenz in Bau und Anwendung von Dampfmaschinen getragen. Der fünfte Kondratieff wurde nicht von der Informationstechnik, sondern von der neuen Kompetenz in Entwicklung, Herstellung und Anwendung der Informationstechnik getragen. Wirtschaftswachstum wird in erster Linie durch neue und verbesserte Kompetenz im Umgang mit allen Produktivitätsfaktoren bestimmt: Ausrüstungen, Infrastruktur, Management, Forschung, Entwicklung, Ausbildung, Organisation, Motivation, Gesundheit, politische Rahmenbedingungen usw. In der Industriegesellschaft, wie auch noch zu Beginn des fünften Kondratieff, spielte *kognitive Kompetenz* (z. B. logisches Denken und eine gute Fachausbildung) eine zentrale Rolle.

Mit dem nächsten, dem sechsten Kondratieffzyklus wird es zu einer grundlegenden Veränderung in den produktivitätsbestimmenden Kompetenzen und Wettbewerbsfaktoren kommen. Technologie z. B. ist weltweit verfügbar und bringt in der Konkurrenz der ökonomisch entwickelten Länder keinen relevanten Vorsprung mehr (vereinfacht formuliert: Alle Firmen in Nordamerika, Europa und Südostasien verwenden die gleichen Computer, Satelliten und Internetanschlüsse). Auch der Zugriff auf Kapital schafft keine relevanten Vorteile mehr, da die Börsen der Welt jedermann zur Verfügung stehen. Und auch Forschung, Entwicklung, Fachwissen und Organisation – und das ist das Neue – bringen immer weniger komparative Vorteile, weil sie sich im Zuge der Globalisierung weltweit angleichen. Welche relevanten fachlichen Unterschiede bestehen noch zwischen einem amerikanischen, europäischen oder japanischen Informatiker?

Was die Unternehmen und Volkswirtschaften in Zukunft unterscheiden wird, ist die Qualität „weicher" Faktoren wie Zusammen-

arbeit, Einsatzbereitschaft, Kreativität, Angstfreiheit, Verantwortungsbewusstsein. Diese Faktoren sind keine kognitiven Qualitäten, sondern *psychosoziale*. Sie erscheinen in keiner Bilanz, in keiner Gewinn-
und Verlustrechnung und auch nicht in der volkswirtschaftlichen
Gesamtrechnung. Dennoch sind es die Faktoren, von denen die
Wettbewerbsfähigkeit von Unternehmen und Volkswirtschaften in
Zukunft bestimmt sein wird. Erste Ansätze, weiche Faktoren wie Kundenzufriedenheit und Arbeitsatmosphäre in die strategische Kenn-
zahlenanalyse zu integrieren, finden neuerdings statt (siehe z. B. das
Modell der „Balanced Scorecard").

Produktivität in der Informationsgesellschaft

Wie bereits oben erwähnt: Die wichtigste Quelle für Wirtschaftswachstum sind Produktivitätsfortschritte. Bleiben sie in ausreichender
Höhe aus, oder werden die durch Produktivitätsfortschritte frei werdenden Ressourcen fehlgeleitet, dann sind Rezessionen nicht zu vermeiden. Für Deutschland sind Produktivitätssteigerungen praktisch
die einzige Möglichkeit, um signifikantes Wirtschaftswachstum zu erreichen.

Viele Betriebe neigen immer noch dazu, Produktivität mit der
Brille der Industriegesellschaft zu betrachten und weiterhin auf die
herkömmlichen, überwiegend harten Faktoren zu setzen: Maschinen, Technologie, Bezahlung, Beförderung, Organisation, Entlassungen.

Im Gegensatz zur Industriegesellschaft wird Produktivität in der
Informationsgesellschaft zunehmend von der Gestaltung und Beherr-
schung von Informationsflüssen bestimmt. Da die wichtigsten In-
formationsströme in den Betrieben wie auch zu den Kunden,
Lieferanten und Partnern zwischen Menschen fließen, kommt den
sozialen und psychischen Faktoren eine entscheidende Bedeutung
zu. Wie können die Informationsbeziehungen im Betrieb produktiver
als bisher gestaltet werden? Welchen Fähigkeiten kommt bei der
Freisetzung des sozialen und psychischen Potenzials eine Schlüssel-
rolle zu?

Grundsätzlich betrachtet wird die Produktivität der menschlichen
Arbeit von drei – *und nur von drei* – Größen bestimmt (Abb. 5):

- *Arbeitsteilung* und die zugehörige *Fach- und Methodenkompetenz.* Arbeitsteilung ist unumgänglich, wenn eine Aufgabe nicht von einer Person bewältigt werden kann. Arbeitsteilung führt stets zur Spezialisierung. Spezialisierung bedeutet Aneignung der zur Durchführung der jeweiligen Teilaufgabe notwendigen Fach- und Methodenkompetenz.

- *Kooperationsfähigkeit.* Wird eine Aufgabe arbeitsteilig erledigt, dann müssen die Einzelbeiträge durch Kooperation zum gewünschten Gesamtwerk möglichst effektiv zusammengeführt werden.

- *Einsatzbereitschaft.* Um eine hohe Produktivität zu erreichen, genügt es aber nicht, dass die Arbeitsteilung gut organisiert ist, die Beschäftigten das notwendige Spezialwissen besitzen und auch kooperativ sind. Sie müssen auch willens sein, diese Fähigkeiten einzusetzen.

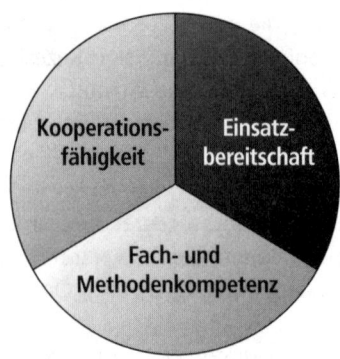

Abb 5: Die drei Bestimmungsgrößen der Arbeitsproduktivität

Um die Produktivität der menschlichen Arbeitskraft zu steigern, müssen diese drei Größen ineinander greifen und gleichzeitig optimiert werden.

Zwischen Fachkompetenz und den beiden anderen Produktivitätsfaktoren bestehen wesentliche Unterschiede: Fachkompetenz ist eine kognitive Fähigkeit, ist eine Leistung des Verstandes, bei der es vor allem auf logisches Denken ankommt. Fachkompetenz kann man über den Markt einkaufen. Kooperationsfähigkeit und Einsatzbereitschaft sind keine kognitiven Fähigkeiten, sondern psychosoziale. Bei beiden geht es nicht um logisches Denken, sondern um ein spezifisches Verhalten. Man kann sie außerdem nicht einkaufen, sie sind zentrale Bestandteile des Betriebsklimas. Jedes Unternehmen muss sie selbst entwickeln.

Aus Studien geht hervor, dass dreißig bis fünfzig Prozent der deutschen Arbeitnehmer „Dienst nach Vorschrift" machen, also de facto innerlich gekündigt haben. Diese Zahlen verdeutlichen, welche Produktivitätsreserven noch in der Einsatzbereitschaft schlummern.

Die Zukunft der Psychotherapie: Der Psychotherapeut als Mitarbeiter Gottes

Psychologie versteht sich als die Wissenschaft von den Erscheinungsweisen des bewussten und unbewussten Seelenlebens sowie des Verhaltens. Sie präsentiert sich meistens als weltanschaulich neutral und leugnet demzufolge – sieht man von einigen Ausnahmen ab – den Einfluss spiritueller Kräfte auf das Seelenleben.

Die Prämisse, Psychologie als Wissenschaft sei weltanschaulich neutral, ist eine Selbsttäuschung. Der Psychotherapeut kann bei existenziellen Fragen seiner Patienten gar nicht anders, als sie mit seinen Wertvorstellungen und seinem Menschen- und Weltbild zu konfrontieren. Psychologie ist keine ethisch und weltanschaulich neutrale Wissenschaft und wird es auch nie sein können.

Die scharfe Abgrenzung zur Religion, wie sie Siegmund Freud von Anfang an dezidiert betrieben hat und die von den meisten Psychologen und Psychotherapeuten übernommen wurde, war eine unglückliche Entscheidung. Sie hat dazu geführt, dass das breite Spektrum des Seelischen auf das schmale Band des Vitalen (Abb. 6) reduziert und die Psychologie in einen viel zu engen Raum eingesperrt wurde. Sie hat außerdem den Nachteil, dass die Sehnsucht des Menschen nach einer geordneten Beziehung zu Gott verbogen oder unterdrückt wird. Ohne das Ja zu seinem Schöpfer bleibt der Mensch unvollständig, und ohne Gott gibt es keine Kerngesundheit, sondern nur Symptom-Therapien *(Müller 1996 und 1998)*.

Sachlich betrachtet war die strenge Ablehnung der Religion durch Freud nicht gerechtfertigt. Zwischen der von ihm begründeten Psychoanalyse und den Sakramenten und Grundaussagen der katholischen Lehre bestehen enge Beziehungen. Was heute als eine große und originelle Leistung Freuds angesehen wird, seine Methode, dass der Patient auf der Couch in Anwesenheit des Psychotherapeuten offen über seine Probleme spricht, hat auffallende Ähnlichkeit mit der katholischen Beichte. Das dürfte kein Zufall sein. Im katholischen Wien dürfte jeder aufgeklärte Zeitgenosse gewusst haben, was eine gute Beichte ist und was sie bewirkt, auch Freud. Die Entdeckung des Unterbewusstseins – die zweite angeblich bahnbrechende Leistung Freuds – ist im Grunde nichts weiter als die säkular formulierte Tatsache, dass es eine für das normale Bewusstsein unzugängliche Wirklichkeit gibt, die Einfluss auf das Verhalten des Menschen hat. Die Existenz einer solchen immateriellen Wirklichkeit – Engel, Dämonen, die Seelen der Verstorbenen, Gott Vater, Heiliger Geist, Jesus, Maria – ist der rote Faden, der die Bibel und die ganze Geschichte von Judentum und Christentum durchzieht.

Das Christentum – wie alle anderen Hochreligionen – stellt sich auf den ersten Blick als eine Ansammlung von Ritualen, Geboten und Verboten dar. Aber das Christentum ist mehr als das. In seinen historisch gewachsenen Formen und Inhalten hat sich die Überlebenskompetenz der westlichen Völker verwirklicht, in verdichteter Form enthält es viele Lebensweisheiten der jüdischen und europäischen Kultur. Das Christentum war und ist die wichtigste Quelle der westlichen Moral, die wichtigste Quelle der marktwirtschaftlichen Ordnung (wie Max Weber und Alfred Müller-Armack gezeigt haben). Diese Quelle fördert wie keine andere Kraft das harmonische Zusammenwirken von Körper, Seele und Geist, von Individuum und Gemeinschaft.

Die gleichgültige, ablehnende oder feindselige Haltung gegenüber dem Christentum, die viele Psychologen, Psychotherapeuten und Wissenschaftler praktizieren, ist unter kulturellen Gesichtspunkten eine Verarmung und unter wissenschaftlichen Kriterien schädlich. Zahlreiche Studien in den USA belegen, dass religiöse Überzeugungen eine heilende Wirkung auf Körper, Seele und Geist haben. Forscher des National Institute for Healthcare Research haben alle Studien, die in den führenden Fachjournalen der USA zwischen 1967 und 1991 publiziert wurden (insgesamt 146 Studien), systematisch

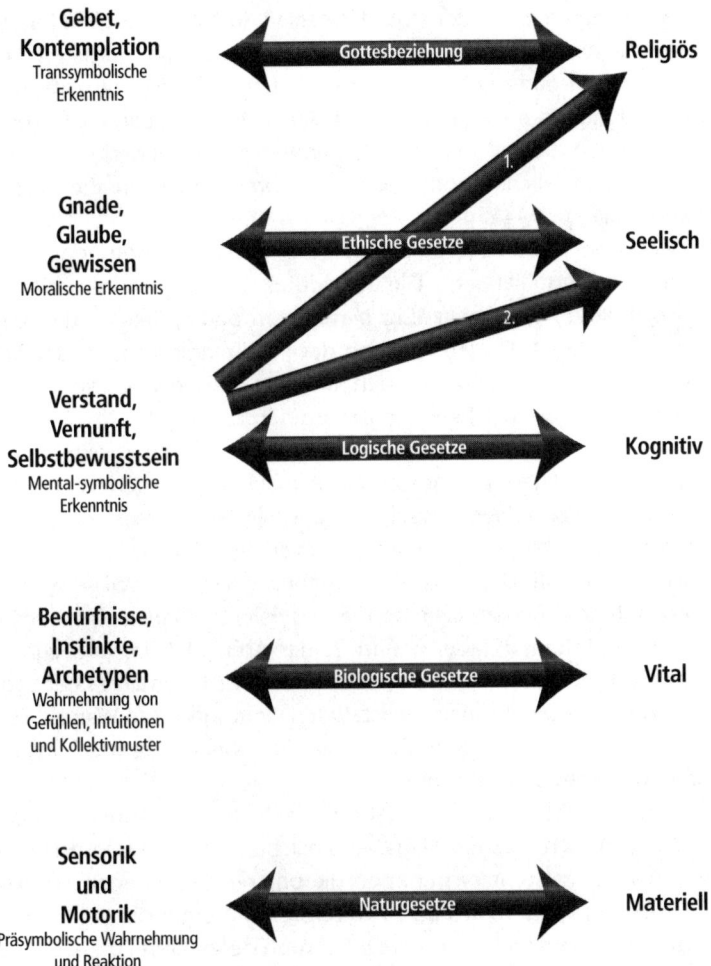

Abb. 6: Die fünf Ebenen der Wirklichkeit

auf Zusammenhänge zwischen Glauben und Gesundheit ausgewertet und kamen zu dem Ergebnis: Religiosität wirkt sich in 77 Prozent der Fälle positiv aus, in 17 Prozent neutral, und nur in 6 Prozent erwies sich Gläubigkeit als abträglich für die Gesundheit *(Matthews et al. 1993).*

Harold Koenig von der Duke Universität in North Carolina hat die heilende Wirkung des Glaubens bei Menschen im mittleren und hohen Alter untersucht und kommt zu dem Ergebnis, dass gläubige Christen nicht nur gesünder sind als Atheisten, sie leben auch länger und können besser mit Krankheiten umgehen. Atheisten neigen mehr zu körperlichen und seelischen Gebrechen bis hin zum Selbstmord *(Koenig 1994)*.

Viele andere Indikatoren belegen die soziale und gesundheitliche Bedeutung des Glaubens. Die Scheidungsrate katholischer Eheleute beispielsweise, die regelmäßig gemeinsam beten, liegt in den USA bei 0,07 Prozent. Die Abtrennung der Psychologie vom christlichen Glauben schadet nicht nur den Kranken, sie schadet auch dem Therapeuten und der Psychologie insgesamt.

Alle Versuche der modernen Psychologie und ihrer verwandten Nachbardisziplinen (Psychosomatik, Psychiatrie), mit den Mitteln des Vitalen und Kognitiven seelische Gesundheit (Ebene 4 der Abb. 6) zu verwirklichen, haben bisher nicht richtig funktioniert und werden auch in Zukunft keine stabilen Ergebnisse liefern, weil – systemtechnisch gesprochen – von den jeweils tieferen Ebenen eines hierarchischen Systems (Pfade 1. und 2. der Abb. 6) kein Weg zur Erschließung der höheren führt. Eine Amöbe wird niemals in der Lage sein, die Quantentheorie zu verstehen. Der umgekehrte Weg ist aber systemtechnisch möglich: Die höheren Ebenen können in die darunter liegenden eindringen.

Für die Psychologie bedeutet das: Seelische Gesundheit – Ebene vier – geht nicht aus der Selbstverwirklichung der unteren drei Ebenen hervor, entsteht nicht, wenn die unteren drei Ebenen zügellos dominieren, sondern aus deren Unterordnung unter die höheren. Es gibt keine wirkliche Heilung ohne Führung der oberen Ebenen, ohne Gottes Führung. *„Ich, der Herr, bin dein Arzt"*, sprach Gott zu Moses *(2. Mose 15,26)*.

Die Wiederentdeckung dieser Wahrheit durch die Psychotherapie steht noch aus. In ihrer bisherigen Ausrichtung sind die meisten Therapien noch ein Produkt aus dem reduktionistischen Wissenschaftsverständnis des 19. Jahrhunderts. Die moderne (Schul-) Medizin erkennt inzwischen immer deutlicher die Grenzen einer bloß biochemisch, technisch und kognitiv ausgerichteten Heilkunst. Auch die Psychotherapeuten werden einsehen, dass eine stabile Kern-Gesundheit ohne Religiosität, ohne ein geistliches Leben nicht zu verwirklichen ist *(Müller 1996)*. Die Psychotherapeuten könnten aber zu großer Wirksamkeit gelangen und den modernen Menschen zu wahrer seelischer Kern-Gesundheit verhelfen, wenn sie sich mit dem Christentum verbinden und sich seinen Wahrheiten öffnen würden. *„Das beste Lehrbuch in Psychologie"*, konstatiert die Psychotherapeutin Christa Meves, *„ist nach wie vor die Bibel."*

Der Psychotherapeut kann aber nur Mitarbeiter Gottes werden, wenn er auch selbst bereit ist, ein geistliches Leben zu führen. Gute Erfahrungen mit christlich basierten Psychotherapien liegen bereits vor. Zu den Vertretern im deutschsprachigen Raum zählen Franz Jalics SJ, Manfred Lütz, Christa Meves, Jörg Müller SAC, Erwin Scharrer und Balthasar Staehelin.

Ausblick auf den sechsten Kondratieffzyklus

Im Gesundheitssektor schlummern derzeit die größten Produktivitätsreserven. In den marktwirtschaftlich organisierten Ländern wird man deshalb früher oder später nicht daran vorbeikommen, diese Reserven durch eine gesamtgesellschaftliche Umorientierung zu erschließen.

Ein solches Ziel ist natürlich nicht leicht zu erreichen. Die Hauptursache für Krankheit liegt im modernen Lebensstil, und dieser lässt sich wohl kaum in wenigen Jahren grundlegend verändern. Auch wäre es eine Illusion zu glauben, man könnte alle ungesunden und destruktiven Verhaltensweisen aus der Welt verbannen, die gesamte soziale Entropie auflösen und totale Gesundheit für alle Menschen erreichen. Zwischen Illusion und Resignation besteht jedoch ein breites Spektrum an realistischen Optionen.

Sollte es gelingen, zehn bis fünfzehn Prozent der sozialen Entropie in den produktiven Bereich zu überführen und die technischen und organisatorischen Verbesserungen durchzusetzen, die bei den derzeitigen Gesundheitsdiensten sowie in Medizin, Biotechnologie, Ernährung, Prävention und Psychotherapie möglich sind, dann stünden genügend Ressourcen für den nächsten großen Innovationsschub zur Verfügung.

So gesehen kann der Leitsektor des nächsten, des sechsten Kondratieffzyklus bereits jetzt genannt werden: Gesundheit im ganzheitlichen

Sinn (körperlich, seelisch, geistig, ökologisch, sozial). Das Netz neuer Produkte, Verfahren, Dienstleistungen und Technologien, das den neuen Langzyklus tragen wird, wird aus den derzeitigen Branchen Information, Umwelt (einschließlich regenerierbare Energien), Biotechnologie, Ernährung, Psychologie und Medizin hervorgehen.

In den ersten vier Kondratieffzyklen kamen die materiellen Bedürfnisse der Menschen zum Zuge, im fünften Kondratieff das Bedürfnis nach Information, Kommunikation und Wissen. Im sechsten Kondratieff wird das Bedürfnis nach ganzheitlicher Gesundheit zum Zuge kommen (Abb. 7). So gesehen wird die erste Hälfte des 21. Jahrhunderts eine besonders aufregende Zeit sein: Erstmalig in der Geschichte wird im Zentrum des wirtschaftlichen und gesellschaftlichen Wandels nicht ein Rohstoff, nicht eine Maschine, sondern der Mensch mit seinen biologischen, seelischen und sozialen Bedürfnissen und Potenzialen stehen.

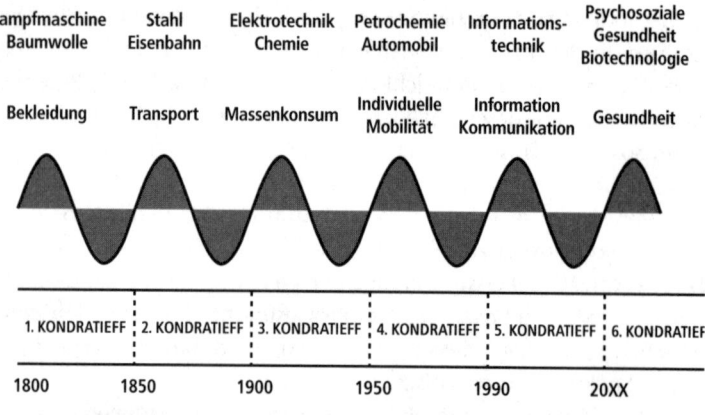

Abb. 7: Lange Wellen, Basisinnovationen und gesellschaftliche Bedarfsfelder

Westeuropa begibt sich in den sechsten Kondratieff mit einigen guten Voraussetzungen: hoher Stand der Medizin- und Umwelttechnik, gut ausgebaute Gesundheitsinfrastruktur (Kurbetriebe, Krankenhäuser, Sanatorien, Kliniken, öffentliche und private Forschungseinrichtungen), stark entwickelte privatwirtschaftliche Nachfrage nach sozialer Kompetenz, gut entwickelte Nachfrage nach natürlichen Produkten, vor allem aber eine bereits hoch entwickelte Sensibilität für seelische, ökologische und soziale Gesundheit.

Zitierte Literatur

Byrd, C. Randolph: Positive Therapeutic Effects of Intercessory Prayer in a Coronary Care Unit Population. In: Southern Medical Journal. Vol. 81, No. 7, July 1988. pp 826-829.

Grün, Anselm OSB und Dufner, Meinrad OSB: Gesundheit als geistliche Aufgabe. Münsterschwarzach 1989.

Hildebrandt, Helmut: Lust am Leben. Gesundheitsförderung mit Jugendlichen; ein Ideen- und Aktionshandbuch. Frankfurt/Main 1987.

Jalics, Franz SJ: Kontemplative Exerzitien. Eine Einführung in die kontemplative Lebenshaltung und in das Jesusgebet. Würzburg 1994.

Koenig, G. Harold: Aging and God. Spiritual Pathways to Mental Health in Midlife and Later Years. New York, 1994.

Kondratieff, D. Nikolai: Die langen Wellen der Konjunktur. Archiv für Sozialwissenschaft und Socialpolitik. Band 56, 1926. S. 573-609.

Lütz, Manfred: Der blockierte Riese. Psycho-Analyse der katholischen Kirche. Augsburg 1999.

Matthews, A. Dale; Larson, B. David und Barry, P. Constance: The Faith Factor. An Annotated Bibliography of Clinical Research on Spiritual Subjects. Volume One. National Institute for Healthcare Research. July 1993.

Meves, Christa: Wahrheit befreit. Argumente für den katholischen Glauben gegen die Anwürfe der Moderne aus psychologischer Sicht. Stein am Rhein 1995.

Müller-Armack, Alfred: Religion und Wirtschaft. Bern, Stuttgart 1981.

Müller, Jörg: Und heilt alle deine Gebrechen. Stuttgart, Kiel 1996.

Müller, Jörg: Verwünscht, verhext, verrückt oder was? Gibt es dämonisch bedingte Störungen? Was sagen Psychologie und Theologie dazu? Wer kann helfen? Stuttgart 1998.

Nefiodow, A. Leo: Der sechste Kondratieff. Wege zur Produktivität und Vollbeschäftigung im Zeitalter der Information. 4., aktual. Aufl. Sankt Augustin 2000.

Scharrer, Erwin: Jesus im Gespräch. Therapie und Seelsorge in den Dialogreden Jesu. Wuppertal 1987.

Staehelin, Balthasar und Schmucker von Koch, Joseph: Heilwerden von Grund auf. Psychotherapie aus dem Glauben. Grundlegung und Praxis. Freiburg i. Br., Basel, Wien 1990.

Weber, Max: Die protestantische Ethik und der Geist des Kapitalismus. Gesammelte Aufsätze zur Religionssoziologie. Band 1. Tübingen 1986.

Christa Meves

Familie und Werteerziehung im Medienzeitalter

Einleitung

Wenn ich als Psychotherapeutin für Kinder und Jugendliche, die seit vierzig Jahren praktiziert, vor dem Einschlafen am späten Abend auf das Szenario dieses Tages zurückblicke, so geht es mir in leichter Abwandlung wie Heinrich Heine: „Denk ich an die Familie in der Nacht – bin ich um meinen Schlaf gebracht!"

Nicht, dass bereits alles verloren wäre – es gibt viel guten, bemühten, tatkräftigen Willen unter den jungen Paaren. Aber sie haben heute Sisyphusarbeit zu leisten, sodass sich nach Jahren der Überforderung häufig doch eine bedenkliche Resignation einzustellen droht.

Ich will das zunächst in Form einer konkreten Fallschilderung anschaulich machen und danach versuchen, einige Anregungen zur Verbesserung dieser Situation zu geben.

Start unter besten Voraussetzungen

Denken Sie sich ein Ehepaar um die 50. Sie heiraten mit 30, nachdem beide ihre Berufsausbildung abgeschlossen haben, etwa um 1980 herum. Sie entstammen intakten Familien, ihre Eltern gehören zu den Überlebenden des Zweiten Weltkriegs, deren Kinder in der Nachkriegszeit aufwuchsen. Das junge Paar hat durch die eigenen Erfahrungen – besonders durch das Zusammenaufwachsen mit Geschwistern und durch das Vorbild der zusammenhaltenden Eltern – eine positive Einstellung zur Familie. Familie zu gründen und Kinder zu erziehen, scheint ihm eine erfüllende Zielsetzung seines Lebens zu sein.

Ohne dass das in dieser Familie umständlich reflektiert wird, fußt sie auf einem tradierten Wertesystem. Ihre Angehörigen sind im Allgemeinen noch Mitglieder einer kirchlichen Vereinigung; unser Paar lässt sich kirchlich trauen, ohne sich auf diesem Feld besonders zu engagieren. Man glaubt nicht gerade belangvoll an Gott und huldigt außer den Zehn Geboten einem Wertekanon etwa nach dem Motto: „Üb' immer Treu und Redlichkeit", und vielleicht zusätzlich nach dem klugen Spruch aus dem Volksmund: „Was du nicht willst, dass man dir tu, das füg auch keinem anderen zu!"

Liebe zu den Nächsten, den Familienangehörigen nämlich, ist den einstigen Kindern in karger Zeit von ihren Eltern unverkrampft vorgelebt worden. Sparsamkeit, Pflichtbewusstsein, Fleiß und Verantwortungsgefühl ergaben sich aus ihrer Situation von selbst. Ihre Ausbildung in einer Fachschule und ihre Berufsarbeit als Angestellte enthob sie einer direkten Konfrontation mit dem geistigen Umbruch der 70er-Jahre.

Der Ansatz dieses Paares im Hinblick auf die Erziehung der vier gemeinsamen Kinder ist also noch gut bürgerlich. Die Vorsätze und die finanzielle Basis mit noch rüstigen, hilfsbereiten Großeltern im Hintergrund sind außerordentlich positiv, Wohnraum ist mehr vorhanden als früher. Fernsehen, Rundfunk, ein Computer mit Internetzugang, eine lokale und eine Wochenzeitung bilden die Kommunikationsmittel zur Außenwelt.

Konfrontation mit dem Zeitgeist

Dieses Familienbild ist nicht unbedingt repräsentativ für den Durchschnitt der Lebensweise, mit der Kinder – viele bereits als Scheidungswaisen – in unserer Republik heute aufwachsen. Aber ich möchte auch gerade herausarbeiten, wie die Konfrontation mit dem Zeitgeist selbst unter guten Bedingungen und Vorsätzen bei der Erziehung von Kindern heute für bemühte Eltern aussieht. Bereits mit ihrem Wertepostulat getreulicher Liebe geraten diese Eltern in Konflikte mit ihrem Umfeld, mit Freunden und Nachbarn und Arbeitskollegen des Mannes: Mit unverhohlener Verachtung schaut man auf ihre „veralteten Familienvorstellungen" herab. „Wie vorgestrig, dieses Nur-Hausfrau-Dasein zwischen Kindern, Küche und Klavierspielen!"

Die junge Frau hält das nur bei den ersten beiden Kindern durch;

die beiden in den 90er-Jahren geborenen werden früh schon der Krippe des Werkes überlassen, in dem die Familienmutter wieder zu arbeiten begonnen hat. Die beiden Älteren besuchen Ganztagskindergärten und -schulen.

Diese Eltern denken zwar nicht aufwendig darüber nach, aber sie erleben bei ihren Kindern in zunehmendem Maße eine Reihe unangenehmer Eigenschaften: laut, unordentlich und frech. Die Eltern versuchen zwar, die Kinder zu ermahnen, z. B. Rücksicht aufeinander zu nehmen, aber sie erleben gleichzeitig, wie wenig dies bringt. Einen Zusammenhalt, wie sie ihn selbst erlebt hatten, findet bei ihren eigenen Kindern nicht mehr wirklich statt. Fernsehen, Computerspiele und Internet haben Vorrang, und jeder zieht sich mehr und mehr mit dem jeweiligen Medium zurück. Selten klappt es noch mit gemeinsamen Mahlzeiten – Fastfood und Selbstversorgung aus der Kühltruhe dominieren. Jeder denkt dabei vor allem zuerst an sich selbst. Jedes der Kinder boxt sich innerhalb der Familie mehr und mehr so durch. Gelegentlich unternehmen die Eltern Anstrengungen, dieses merkwürdige Auseinanderfließen in Einzelpersonen zu durchbrechen. Sie machen eine Hausordnung. Aber im Endeffekt wird dadurch nicht allzu viel Konstruktives erreicht.

Die Eltern erkennen bekümmert, dass fast nichts, was zum Stil der Jugendszene gehört, ihren Kindern bekommen kann: die breite anerkennende Darstellung jeglicher Perversionen, die Demonstration zerstörter Familien, das häufige Verächtlichmachen kirchlicher Bezüge. Informationen über schädliche Folgen von Zigaretten, Alkohol und Haschisch bleiben unzureichend und werden in den Medien manchmal sogar bagatellisiert. Weder vor Ecstasy, bei dem jede einzelne Pille bleibende Schäden im Gehirn hinterlässt, noch vor all den anderen grausamen Suchtfallen wird auch nur einigermaßen ausreichend gewarnt; aber ebenso wenig vor dem körperlich und seelisch krankmachenden Jugendsex. Stattdessen wird er geradezu verherrlicht. Seit der Ära von Rita Süßmuth als Familienministerin der CDU-Regierung war sogar diese mit millionenfach verbreiteten Schriften an Jugendliche in dieser verführerisch beschönigenden Weise mit von der Partie.

Hier lässt sich erfahren, wie die neue Moral aussieht: Abtreibung wird u. U. als ebenso möglich erachtet wie für Homosexualität als „normaler Spielart" geradezu geworben wird, nach dem Motto: „Macht, was euch Spaß macht!"

Wenn dann für unsere Jugendlichen als Alternative zu dieser „Brave New World" vornehmlich Leistungsstress und Computer-Autismus bereitstehen, so ist das wahrlich für sie nicht zum Höheren, Gesünderen, Wertvolleren motivierend, wenn der Wunsch danach – laut Shell-Studie – dennoch immerhin nicht gänzlich verflogen ist.

Die Eltern haben längst resigniert, irgendwelche Grenzen zu setzen. Ihre Vorsätze einer Erziehung zu „gutem Benehmen" sind besonders durch die gezielten Elternverunglimpfungen in den Medien ohnehin längst auf der Strecke geblieben. Die Jugendlichen denken gar nicht daran, sich danach zu richten – sie sind das Palaver leid.

Werteerziehung in der Familie? Wenn beide Eltern ganztägigen Berufen nachgehen müssen, um die Familie zu ernähren, haben sie keine Chance, die Kinder gegen die Schlammfluten von außen abzuschirmen. „In unserer Kindheit", sagt der heute 50-jährige Vater, „hatten unsere Eltern draußen drei Instanzen: die Schule, die Kirche und die Öffentlichkeit, die die Familie bei ihrer Werteerziehung unterstützten. Heute fällt das nicht nur aus, nein, sie lernen dort draußen geradezu fast planmäßig eher *Ent*staltung statt Motivation zur *Ge*staltung, Sinnfindung und Lebenszielsetzung."

Wie wahr! Denn multikulturelle Offenheit in der ganzen Überdehntheit dieses Begriffs bestimmt auch das Timbre der Schule, jedenfalls in Norddeutschland. Ja, sie enthält sich in einer Art Selbstbedienungsladen-Mentalität der Notwendigkeit von Orientierung der kleinen Wildlinge. Und den Tenor für diese Blockade geben die Trends in den elektronischen Medien vor. Nachweislich aber schaden Dauerfernsehen der seelisch-geistigen Entfaltung und ein Übermaß an „Dauerdezibel" aus dem Walkman den Ohren. Der klügste Oberschüler, so das Resümee einer Hamburger Universitätsstudie, sieht am wenigsten, der dümmste Sonderschüler am meisten fern. Aber der seelische Schaden übertrifft den physischen und den intellektuellen noch bei weitem. Bilanz: Es ist eine leichtfertige Fehleinschätzung, dem Elternhaus allein den schwarzen Peter einer unzureichenden Kultivierung unserer Jugend zuzuschieben.

Die epidemische Zunahme der Verwilderungserscheinungen bei der jungen Generation bewirkt, dass bereits zehn Prozent der Hauptschüler für eine Berufsausbildung gar nicht mehr vermittelbar sind. Die Kinderkriminalität mit Diebstahl, Raub und Gewalt boomt ebenso wie ein nie in diesem Ausmaß da gewesener sexueller Kindesmissbrauch. Es ist bereits eine kaum fassliche Minderung des geistigen und sittlichen Niveaus der Gesellschaft eingetreten.

Eine absehbare Entwicklung

Volle dreißig Jahre sind unsere Strukturen unter einer bombastischen Beteiligung der Medien nun permanent geschwächt worden. Die gesamte Intention meiner Öffentlichkeitsarbeit bestand darin, diese Gefahr mit abwenden zu helfen, zumal ich auf dem Boden meines Erfahrungswissens aus der Praxis bereits 1970 diese horrenden Zahlen für das Ende dieses Jahrhunderts voraussagen konnte; denn unser Zeitgeist schien vergessen zu haben, dass der Mensch nicht der alleinige Macher, dass er nicht im Mindesten ein Übermensch ist, sondern ein Geschöpf Gottes, mit bestimmten ihn eingrenzenden Vorgaben, bestimmten Naturgesetzen unterworfen, die sich nicht ohne Schaden willkürlich abändern lassen. Wir vergaßen das auf der ganzen Linie – bei der Schaffung der Atombomben, beim Klonen, bei der Freigabe der Abtreibung, beim wohlwollend begleiteten Geburtenschwund, vor allem bei der allgemeinen Entmutterung der Mütter. Ebenso waren wir leichtfertig beim Umgang mit den großen Lebenstrieben während des Entfaltungsprozesses unserer Kinder, und hier wie dort mussten wir deshalb überall, wo das geschah, erleben, dass die eigentlich dienstbare Natur dann zur bedrohlichen Macht wird, die die Menschen gefangen nimmt und sie ihrer Freiheit beraubt.

Mit Trieben verantwortlich umgehen

„Macht euch die Erde untertan", hat Gott am Beginn der Schöpfung dem Menschen, den er sich als Mitarbeiter geschaffen hat, zugerufen. Die Erde, die Natur draußen ist hier in pfleglicher Grenzsetzung ebenso gemeint wie die Natur in uns selbst. Lassen wir die natürlichen Antriebe bereits schon während der Kindheit wuchern, so gerät der Mensch durch Triebsüchte in eine Gefangenschaft des jeweiligen Antriebs. Wer dem Nahrungs- und Bindungstrieb z. B. in statu nascendi durch unangemessenen Umgang mit den Säuglingen nicht Genüge tut, erhöht die Gefahr, dass die so Erzogenen im Erwachsenenalter oralen Süchten verfallen, besonders dem Alkohol. Hierzulande gibt es vier Millionen registrierte Alkoholiker.

Lässt der Erzieher in der Zeit des Aufkeimens des Selbstbehauptungstriebes diesen ohne behutsame Disziplinierung, so entsteht ein rücksichtsloser Egoist. Ziehen wir die Sexualität von ihrem Ziel, der Fortpflanzung zu dienen, ab und konfrontieren wir die Kinder damit zu früh, so steht auch hier süchtige Wucherung aller Art vor der Tür. Machen wir uns also nicht die Erde in uns untertan, so regredieren wir auf eine triviale Stufe, auf Ebenen, die wir mit den Tieren gemeinsam haben. Nichts wird es dann mit der so viel beschworenen Freiheit ohne Gott! Aber der Mensch ist zur Freiheit berufen – mit Bewusstsein, mit Verantwortung, mit Kreativität und mit Liebe. Und diese Mitgift allein enthält die Chance, dass er über seine Kreatürlichkeit hinaus wächst.

Gegen den „Werteverfall"

Aber wo Gefahr ist, wächst das Rettende auch, sagt Hölderlin, und so hat sich in vielen Familien ein stärkeres Bewusstsein und eine Bereitschaft, sich gegen den verderblichen Strom zu stemmen, herausgebildet. Deshalb wird neuerdings unter großem Beifall der Bevölkerung der Ruf nach „Werteerziehung" gegen den „Werteverfall" laut. Die Eltern von Kindern sind dabei voll mit von der Partie; denn in ihnen lebt allemal bewusst oder unbewusst das berechtigte unausrottbare Bestreben: „Nicht fort sollst du dich pflanzen, sondern hinauf!"

Dabei ist unstrittig, was für ein Verhalten damit erneut wünschenswert erscheint und sich als Werteerziehung definieren lässt: ein Bemühen um die Überwindung einer gleichgültigen Beliebigkeit mit einem vergötzten Egoismus, der allein den Basistrieben nach Nahrung, Geltung, Macht, Besitz und Sexualität die Herrschaft überlässt, zugunsten einer ausgewogenen Disziplinierung, die einer überpersönlichen Verantwortung und Liebe für die Mitgeschöpfe – ihrer Würde entsprechend – Raum gibt.

Bewusste Desorientierung von links

Aber wenn wir das schaffen wollen, muss noch eine weitere Hauptursache des Werteverfalls in unser Bewusstsein: Unser Werteverfall ist
nicht zuletzt auch konsequente Auswirkung einer dreißig Jahre lang
in diese Gesellschaft von allen Instanzen mit einhelliger Mächtigkeit
eingeblasenen Ideologie, die dem Wesen des Menschen und seinen
Notwendigkeiten nicht entspricht. Ja, die Gauck-Behörde hat es jetzt
an den Tag gebracht und wird es durch die Enttarnung der zigtau-
send IMs, die im Westen für die DDR arbeiteten, weiter entlarven:
Wir sind seit vierzig Jahren einer gigantischen marxistischen Unter-
wanderung anheim gefallen. Dieser „Marsch durch die Institutionen", durch die Universitäten und Medien vor allem, diese Ideolo-
gisierung, dieses falsche Menschenbild, das Gleichheit aller zu er-
zwingen sucht, ist es, das uns kaputt macht. Und zwar nicht nur ein
paar Ausreißer, sondern systematisch: die Ehen, die Familien, die
Vorstellungen von gut und böse, weil mit solcher Desorientierung die
Menschen bereits von Kindesbeinen an irritiert werden. Und diese
falsche Vorstellung vom Menschen ging nun auch noch eine
unheilige Allianz mit dem Materialismus und dem Wohlstandsegoismus des Westens ein.

Wege aus der Krise

Erkenntnis der Wahrheit tut Not, ein neu erwachtes Verantwortungsbewusstsein, das ein realistisches christliches Menschenbild neu
konstituiert, statt weiter auf der zersetzenden, anarchistischen, nihi-
listischen Ideologie zu beharren.

Die Frage lautet natürlich: Wer könnte das überhaupt wollen? Ist
das Ziel bei manchen Medienmachern vielleicht ein ganz anderes? Ist
da womöglich Anarchie gewollt, intendiert, programmiert? Könnte
es in unseren Medien überhaupt so etwas wie eine Umkehr zur
Vernunft und Lernen an der Realität – getrieben von überpersön-
lichem Verantwortungsbewusstsein – geben?

Jedenfalls: Bis die Medien reif sind zur Umkehr, bleibt verantwor-
tungsbewussten christlichen Eltern heute nichts anderes übrig, als
sich mit verstärktem Bewusstsein auf vereinsamten Posten dennoch

um eine Werteerziehung ihrer Kinder zu bemühen. Das ist allerdings in unserer Situation mit ein wenig Goodwill der Eltern nicht getan. Werteerziehung in der Familie kann heute nur mit kämpferischer Abschirmung gegen die negativen Einflüsse von außen zustande gebracht werden. Und das heißt z. B.: pflegliche Beschränkung des Fernsehkonsums. Dafür ist ein sehr zeitaufwendiges intensives Familienleben mit klaren ethischen Vorgaben im Schulalter erforderlich, wenn man in unserer Situation Aussicht auf erzieherischen Erfolg haben möchte. Mit einem wohlwollenden Laufenlassen in der Erziehung ist es dann nicht mehr getan. Gegen dieses antiautoritäre Modell müssen stattdessen mit erzieherischer Konsequenz durch häusliche Spielregeln schon vom Schulalter an Grenzen festgesetzt werden.

Dazu gehört auch, dass den Kindern zu ihren Computern frühestens vom sechzehnten Lebensjahr ab ein Modem zur Verfügung gestellt wird und zwar nach umfänglichen erzieherischen Bemühungen um einen maßvollen Umgang mit dem neuen Medium. Im Grundschulalter ist es wichtig, die speziellen Begabungen der Kinder zu ertasten und zu fördern, sodass die Heranwachsenden den negativen Einflüssen im Jugendalter ausweichen können.

Spätestens im Jugendalter müsste es den Kindern auch als erstrebenswert bewusst gemacht werden, sich gegen unreflektiertes Mitlaufen im Zeitgeist zu wehren. Das geht nur, wenn es gelingt, den Jugendlichen zu verdeutlichen, dass es wirklich Verführer sind, die hier lauern, dass diese es keineswegs auf das Glück der Heranwachsenden, sondern auf das Verderben ihrer Seele, ihres Leibes und damit ihrer Zukunft abgesehen haben. Selektiertes Fernsehen sollte nur im Familienkreis und mit aufklärenden Kommentaren stattfinden. Darüber hinaus müssen die Kinder durch unermüdliche Bemühungen ihrer Eltern Lebensweisen und Beschäftigungen lernen, die ihre Kultivierung fördern: tägliche Tischgemeinschaft mit ausführlichen Gesprächen und regelmäßigem Tischgebet, Anbieten von guten Jugendzeitschriften und von wertvoller Literatur, vom Grundschulalter ab Musizieren besonders von klassischer Musik, Praktizieren von Glauben durch Einbindung in eine Glaubensgemeinschaft sowie ein Bemühen um menschenwürdige und anständige Umgangsweisen miteinander.

Die Kinder müssten vor allem am Umgang ihrer Eltern miteinander erleben, wie man z. B. einander rücksichtsvoll und liebevoll begegnet. Ohne eine Bemühung um vorgelebte vorbildliche Haltungen und um Treue zu familiären Aufgaben haben wir keinerlei Chance, dass die Kinder sich um das Einhalten dieser Werte später einmal selbst bemühen. Es bedarf vielfältiger Überwindungen, um solchen Haltungen im Leben Priorität zu geben, während die breiten Pfade der Trivialität, der Disziplinlosigkeit und der Bequemlichkeit schließlich vor den weit offenen Toren unserer Spaß-Gesellschaft jederzeit parat stehen.

Die elementare Bedeutung religiöser Werte

Aber eine solche Wende im Zeitgeist könnte nicht ohne eine Besinnung auf ein religiöses Welt- und Menschenverständnis auskommen! Es gibt keinen wirklich realisierbaren Wertekonsens, der nicht final bestimmt ist. Das heißt: Kein kleiner Egoist, was jedes Kind von der Entfaltungsphase seines Selbstbehauptungstriebes vom dritten Lebensjahr an ist, wird einsehen, warum es zu seinen Mitmenschen liebevoll und rücksichtsvoll, anständig oder gar hilfsbereit und dankbar sein soll, wenn das nicht einen erstrebenswerten Zweck haben würde. Für das kleine Kind in seiner konstitutionellen Abhängigkeit von den Eltern ist das der Konsens mit ihnen, d. h. deren Anerkennung für sein Wohlverhalten; aber diese Verknüpfung entfällt spätestens mit der Pubertät des Kindes. Diese Phase hat schließlich den Sinn, Loslösung von den Eltern und Befreiung zur Selbstständigkeit zu erwirken. Deshalb bedarf spätestens der Adoleszent einer Erweiterung seiner Lebenszielvorstellungen. Diese können ihm nur aus seiner Einsicht in die Abhängigkeit des Geschöpfes Mensch vom Schöpfer aller Dinge und aus dem ihm von Gott persönlich gegebenen Lebensauftrag zuwachsen.

Zu diesem Ziel muss der Mensch letztlich erzogen werden, wenn ein Wertsystem für ihn über die Kindheit hinaus erstrebenswert bleiben soll; denn dem Geschöpf Mensch sind durch unverrückbare Vorgaben des Schöpfers wirklich unabdingbar einzuhaltende Grenzen gesetzt worden, die er nicht überschreiten darf, wenn er sich in all seiner Überheblichkeit nicht selbst vernichten will. Das geht uns im Hinblick auf die Gefährdung der natürlichen Lebensräume durch eine unkontrollierte Technik ja bereits auf.

Aber wie niederziehend die hemmungslos übersteigerte Ausdehnung unseres Ur-Egoismus und der anderen Großantriebe wie Sexualität und Machtstreben – nun auch noch mithilfe des Internets – ist, ja, wie wenig Fehlentwicklung dieser Art das Bedürfnis des Menschen nach höherer Sinnfindung letztlich befriedigt – diese Einsicht bleibt heute immer noch unzureichend. Und doch ist es höchste Zeit, diese Zusammenhänge zu erfassen und neu zu lernen, dass der Mensch mit Bewusstsein und Freiheit geschaffen ist, damit er – reif geworden – bereit werden kann, sich freiwillig den vielen großen, überpersönlichen neuen Aufgaben zu stellen – und das heißt auch, in der Benutzung der neuen Technologien Maß von Unmaß unterscheiden zu lernen, indem er zu Gott hinauf fragt: „Darf ich das wirklich tun, was ich tun könnte?"

Auf dem Boden solcher Einsichten wird erkennbar, dass Werteerziehung in der Familie im Medienzeitalter grundsätzlich nur erfolgreich sein kann, wenn sie auf einer religiösen Grundeinstellung aufbaut. Die Würde des Menschen als Wert und Norm hat eben ihre Wurzel im Christentum und ist noch immer auch die Wurzel unserer Verfassung.

Diese Lebenseinstellung kann allerdings nur dann gelingen, wenn die Eltern sie nicht nur als oberflächliche Konfessionszugehörigkeit oder als verbales Moralpredigen vor sich hertragen, sondern das Christentum vorbildlich vorzuleben verstehen. Erst aus einer so tief lotenden Ehrlichkeit kann ein klar orientierendes Verantwortungsbewusstsein für die eigene geistige Gesundheit, für die Menschen, für die Natur und für die Gesellschaft in der jungen Generation entstehen.

Um das zu realisieren, müssten die künftigen Eltern bereits spätestens in den Abgangsklassen der Schulen, unbedingt im Konfirmanden- und Firmunterricht der Kirche, in Ehevorbereitungskursen etc. auf diese wichtigste, tief lohnende, sinnerfüllende Aufgabe von Elternschaft vorbereitet werden. Die uns Menschen verliehene Vernunft kann doch nicht allein dazu verwendet werden, um – es sei mit Goethe ausgedrückt – „tierischer als jedes Tier zu sein"!

Wenn Werteerziehung gelingen soll, hilft es den Kindern in diesem Alter nicht, wenn wir sie an die Jugendverführer in den Medien ausliefern und sie in der Schule mehr oder weniger ausschließlich mit all unseren künstlerisch begabten Atheisten, Nihilisten und Existenzialisten füttern. Sie müssen hier vielmehr Antworten auf die Sinn-fragen bekommen, die es ihnen ermöglichen, in ihrer Lebensplanung auch überpersönlichen Werten Priorität einzuräumen, und das heißt, sich in die Mitverantwortung für das Ganze, für die Zukunft zu stellen. Nur mit einer solchen – durch die Medien einhellig unterstützten – Orientierung und einem allgemeinen Bewusstsein über die uns existenziell bedrohende Gefahr kann es nämlich möglich werden, unseren trägen Wohlstandsegoismus zu bändigen. Denn nur so haben wir Aussicht, dass wir menschlich bleiben. Und nur so wird uns Zukunft zuteil werden können!

Klaus Dieter Trayser

Bewusst verzichten, gelassen gewinnen – Verantwortung im Berufsalltag

Verzichten – und dann noch bewusst verzichten, ist das nicht das genaue Gegenteil von dem, was uns heute durch die Werbung Tag für Tag eingetrichtert wird? Ein bekannter Hersteller von löslichem Kaffee-Extrakt reduziert dieses Verlangen – nichts zu versäumen, auf nichts zu verzichten – auf den kurzen Werbeslogan „Genuss sofort". Schnell muss alles gehen, locker und leicht soll es sein und Spaß muss es machen. So dreht sich alles um unser eigensüchtiges Ich. Wir entfernen uns unmerklich immer weiter vom anderen und damit von dem Gebot der Nächstenliebe.

Woran können wir uns als Führungskräfte dann noch orientieren? „Liebe deinen Nächsten wie dich selbst" gibt uns, wie ich meine, die Blickrichtung vor. Wir verzichten zum Beispiel um des Selbstwertgefühls des anderen willen, weil uns bewusst wird, dass wir in gleicher Situation auch auf das Wohlwollen des anderen hoffen würden. Und wir gewinnen dabei etwas für uns selbst. Sobald wir mit unserem Verhalten dem anderen wohl tun, bleibt das nicht ohne Auswirkung auf uns selbst. Die Menschen begegnen uns dann ebenfalls wohlwollender. Wir kommen leichter mit ihnen ins Gespräch, und zwar in Augenhöhe. Martin Buber hat es so ausgedrückt: „Der Mensch wird am DU zum ICH."

Er meint, wir reifen zur Persönlichkeit erst in der Gemeinschaft anderer Menschen. Zu diesem Reifeprozess gehört auch das bewusste Verzichten. Wilhard Becker hat festgestellt: „Wo das Vergleichen aufhört, beginnt das Original." Das ist auch für Führungskräfte bedenkenswert und hilfreich.

Verzicht setzt immer Freiwilligkeit voraus

Bevor ich noch praktischer werde – denn dieses Buch soll ja helfen, den Berufsalltag in der Verantwortung als Christ besser zu meistern –, will ich noch etwas vorausschicken: Verzicht setzt immer Freiwilligkeit voraus. Bewusst verzichten, das hat für mich vor allem eine geistige Dimension. Es erfordert meine Einsicht und zugleich meine Bereitschaft loszulassen. Bewusst verzichten erfordert meinen ganzen Willen, damit ich freiwillig auch entsprechend handle. Wer das Ziel hat, bewusst Verzicht zu üben, muss bereit sein, sein übliches Verhalten einem Veränderungsprozess zu unterwerfen. Noch konkreter: Er muss bereit sein, sich als Person zu verändern. Diese Veränderung gelingt uns nicht aus eigener Kraft, sondern nur durch die göttliche Kraft, die einzigartige Kraft des Heiligen Geistes. Wenn ich meinen Willen Gottes Willen unterordne, erhält mein Leben eine neue Blickrichtung. Dann entsteht diese Freiwilligkeit des Verzichtens, die ich ohne Krampf und Kampf auch für andere überzeugend leben kann.

Und nun ganz konkret: Wenn wir das zuvor Gehörte beherzigen, drängt sich die Frage auf: Welcher Schritt des Verzichtens sollte den ersten Platz einnehmen? Ich denke, es ist der bewusste Verzicht darauf, unsere Beziehung zu Gott im Berufsalltag auszuklammern, also diesen Lebensbereich dem Anspruch Gottes zu entziehen. Das bedeutet, Abschied nehmen von der Auffassung: Mein Glaube ist meine Privatangelegenheit und mein Beruf eine ganz andere Sache. Folgerichtig empfiehlt sich aus meiner Sicht als Einstieg in das Verzichtprogramm:

1. Verzicht auf die eigene Rechtfertigung mit dem Gewinn, selbst ein Tempel des Heiligen Geistes zu werden

Solange wir uns mit unseren guten Werken, mit unseren guten Vorsätzen oder guten Absichten rechtfertigen, sind wir noch weit davon entfernt, in unserem beruflichen Alltag die Führung Gottes zu erleben. Wenn wir die Kraft des Heiligen Geistes für unser berufliches Handeln in Anspruch nehmen wollen, brauchen wir eine ungestörte Beziehung zu dem dreieinigen Gott. Alles, was uns von Gott trennt, muss aus dem Weg geräumt werden. Das können Vorwürfe, Verdächtigungen, Neid, Bitterkeit gegenüber Vorgesetzten, Kollegen und unseren Mitarbeitern sein. Aber auch Versagen, falsches Handeln, durch das wir uns schuldig gemacht haben. Das alles machen

wir nicht ungeschehen, indem wir es herunterreden oder wegargu-
mentieren, sondern indem wir uns vor Gott zu dieser Schuld bekennen, sie von Herzen bereuen und ihn, den allmächtigen Gott
bitten, uns um seines Sohnes willen zu vergeben. Wir verzichten auf
die eigene Rechtfertigung, weil Christus uns vor Gott rechtfertigt
und er unsere Schuld gesühnt hat.

Seelsorge ist eine unerlässliche Hilfe

Ich behaupte: Eine positive Veränderung und Besserung unserer beruflichen Situation ist vor allem von unserem persönlichen Verhältnis
zu Jesus Christus abhängig. Wir können uns als Führungskräfte für
unsere Unternehmen nicht engagieren, ohne dabei schuldig zu werden. Wir sind nicht in allen Situationen Vorbilder. Deshalb sollten
zwei Bitten unsere ständigen Begleiter sein: „Herr, zeige mir, wo ich
versagt habe. Herr, hilf mir, deinen Willen zu tun."

Wer sich bei diesen beiden Bitten von einem Seelsorger begleiten
lässt, gewinnt die ersehnte Entlastung von den drückenden Nöten
des Berufsalltags. Wie geschieht das? Durch eine neue Sicht der
Dinge, durch den Zuspruch der Vergebung und durch das Abladen
von beruflichen Lasten und Ängsten gewinnen wir neuen Mut, neue
Zuversicht, die Kraft zum Gehorsam und die Gelassenheit, die Gottes
Friede in uns bewirkt.

Ich will Ihnen ein Beispiel der Seelsorge aus meinem Berufsalltag
berichten. Können Sie nachempfinden, wie sehr ich entrüstet war, als
ich feststellte, dass mein Kollege, der die selbe Stellung im Unternehmen hatte wie ich und zum gleichen Zeitpunkt in der Firma begonnen hatte, dass also dieser Kollege gut das Doppelte an Gehalt
bekam wie ich? Ich war außer mir und besprach diese Ungerechtig-
keit mit der Person meines Vertrauens. Die hörte geduldig zu und
stellte nur eine Frage: „Einmal ganz ehrlich, warst du mit deinen
Bezügen zufrieden, als du dein Gehalt vereinbartest?"

Ich überlegte kurz und antwortete: „Ja, ohne Einschränkung."

„Dann verstehe ich nicht, warum du über deinen Kollegen bzw.
deinen Chef so ärgerlich bist. Offensichtlich hat dein Kollege besser
verhandelt. Ich bitte dich, lass uns danken für dein jetziges Gehalt."

Das taten wir und mein Ärger war verflogen. Ich hatte wieder
Frieden und verzichtete auf das Einklagen der mir, wie ich vorher meinte, zustehenden Gerechtigkeit. Etwa sechs Wochen danach wurde

ohne mein Zutun mein Gehalt dem des Kollegen angepasst. Ich bin mir nicht sicher, ob das auch geschehen wäre, hätte ich interveniert.

Der Gottesbeziehung die erste Priorität geben
Mit meinem Eingeständnis, dass ich als Führungskraft im Beruf schuldig werde und deshalb Vergebung brauche, ist nur ein erster Schritt getan. Wenn ich meine Verantwortung als Christ und als Führungskraft wahrnehmen will, dann scheint es mir unerlässlich, nicht meinen Anstrengungen um eine gute Mitarbeiterführung den ersten Platz einzuräumen, sondern meiner Gottesbeziehung. Mein Verhältnis zu Jesus Christus darf nicht gestört sein, wenn mein Verhältnis zu meinen Mitarbeitern intakt sein soll. Ich bin überzeugt, dass ich bei allem, was ich tue, auf Gottes Wohlwollen und auf seine Gnade angewiesen bin. Und die ist ganz offensichtlich an meine Demut gekoppelt. Christus will uns selbst als Beispiel dienen. In Matthäus 11,29 sagt er: „Lernt von mir, ich bin sanftmütig und von Herzen demütig."

Ich habe schon eine Vielzahl von Definitionen des Begriffs „Demut" gehört, die nahezu alle in Verbindung mit dem Wort Mut standen. Am meisten hat mir jedoch die Definition geholfen, die da lautet, Demut sei Verzicht auf Überlegenheit. Deshalb möchte ich den zweiten Punkt in dem Verzichtsprogramm wie folgt definieren:

2. Verzicht auf Überlegenheit mit dem Gewinn, durch Demut Gottes Gnade zu erfahren

Ein solcher Verzicht auf Überlegenheit erfordert auch Mut, etwa zur Bescheidenheit. Das bedeutet einerseits, zu meinen Stärken und Schwächen zu stehen und andererseits, den anderen mit seinen Stärken und Schwächen anzunehmen. Das schafft Vertrauen ganz im Gegensatz zu einer Machtausübung, die beim anderen Ohnmacht auslöst, oftmals auch zu ohnmächtiger Wut führt und nichts als Angst erzeugt. Mir hat die folgende Erkenntnis geholfen: Das Leben ist zu kurz, um aus den Schwächen eines Mitarbeiters Stärken zu machen. Lasst uns seine vorhandenen Stärken nutzen.

Ganz praktisch wird der Verzicht auf Überlegenheit, wenn in den Fällen, in denen ich aufgrund meiner Begabung, meines Könnens oder meines Wissens dem anderen augenscheinlich überlegen bin, ich ihn das nicht spüren lasse und es vor allem nicht gegenüber Dritten herausstelle. Der andere weiß das in der Regel ohnehin. Dazu gehört auch, dass ich als Führungskraft verzichte, meinen Anteil am Zustandekommen eines Ergebnisses besonders herauszustreichen, um damit die gelungene Leistung meines Mitarbeiters herabzuwürdigen. Damit wir uns nicht falsch verstehen: Das hat nichts damit zu tun, eine ungenügende Leistung auch beim Namen zu nennen.

Was die Bibel Führungskräften zu sagen hat

Ein interessanter Hinweis für Führungskräfte, Manager und Chefs findet sich in den Apokryphen zum Alten Testament im Buch Sirach, 3. Kapitel, Vers 20. Dort heißt es: „Je größer du bist, desto mehr demütige dich – so wirst du beim Herrn Gnade finden."

Der Apostel Petrus zum Beispiel mahnt in seinem ersten Brief unter anderem die Ältesten der Gemeinde mit einem Wort aus den Sprüchen, auf das sich auch Jakobus in seinem Brief bezieht. Petrus schreibt: „Haltet fest an der Demut, denn Gott widersteht den Hochmütigen, aber den Demütigen gibt er Gnade." Und gerade auf Gottes Gnade sind wir angewiesen, wenn wir unser Amt als Führungskräfte in der Verantwortung vor Gott und den Menschen recht wahrnehmen wollen. Paulus stellt im Kolosserbrief, Kapitel 15, Vers 10, fest: „Durch Gottes Gnade bin ich, was ich bin." Wie schön, wenn das Christen, die in Führungsverantwortung sind, auch von sich sagen können. Es ist Gottes Gnade, dass ich an meinem Platz in einer Weise wirken kann, dass die Menschen, die mir anvertraut sind und die mir begegnen, durch mein Wirken gesegnet werden.

Demut heißt auch Einwilligen in erfahrene Demütigungen

Ein Erlebnis hat mich gelehrt, dass Demut auch die bewusste Einwilligung in erfahrene Demütigungen sein kann. Das ist der Grund, warum mir dieser zweite Punkt so wichtig ist. Kurz nach der Ernennung zum Vorstandsmitglied verlor ich aufgrund eines Machtpokers, an dem ich nicht beteiligt war, mein bisheriges Aufgabengebiet, das mir viel bedeutete und das ich mit Begeisterung und großem Engagement ausfüllte. Ich bekam eine völlig unbedeutende Aufgabe zugewiesen, die ohne Einfluss im Unternehmen war. Ich erlebte Demütigungen und Zurücksetzungen, aber ich gewann in dieser schwierigen Zeit wichtige Einsichten, die ich in meinem Leben nicht mehr missen möchte. Eine davon ist, dass ich in dieser Zeit eine große Zuneigung zu Menschen entwickelte, die sich im Leben zurückgesetzt fühlen und ihr Dasein aus einer Schwäche oder aus Benachteiligung heraus meistern müssen. Diese Zuneigung ist bis heute geblieben. Ich habe diese Zeit der Demütigung als eine zunächst schwere Zeit, dann aber als eine große Gnade Gottes erfahren. Ich veränderte mich, wurde ein geläuterter Mensch.

Der nächste Punkt in meinem Verzichtsprogramm ist selbstredend. Sie werden sicher schnell zustimmen. Er lautet:

3. Verzicht auf schlechte Geschäfte mit dem Gewinn, von guten Geschäften zu profitieren

Oberflächlich betrachtet ist das eine Binsenweisheit. Nicht umsonst sagt der Volksmund: „Lügen haben kurze Beine."

Wer jemanden wissentlich schädigt, oder ihm etwas Nachteiliges über die Beschaffenheit seines Produkts verschweigt, wer das Vertrauen seiner Geschäftspartner missbraucht, wer selbst bestechlich ist oder mit Bestechung versucht, Geschäfte zu machen, der ahnt zumindest, dass bei diesem Vorgehen eine langfristige Kundenzufriedenheit nicht zu erreichen ist. Geschäfte, die durch deformierte Wahrheiten zustande kommen, die zu Steuerunehrlichkeit führen, die mit Schwarzgeld beglichen werden, gehören auf die Liste der schlechten Geschäfte, denn mit ihnen kann niemand das Vertrauen seiner Geschäftspartner erwerben. Und wer sogar wegen dieser Art Geschäfte weiterempfohlen wird, der beschleunigt sein Unglück, und die Gefahr wird immer größer, dass sein unkorrektes Handeln ans Tageslicht kommt.

Das ökonomische Ich herrscht über das moralische Wir

Die Wirtschaftskriminalität nimmt auch in Deutschland inzwischen ein ungeahntes Ausmaß an. Jahr für Jahr verursachen die Topmanager und Führungskräfte deutscher Unternehmen Schäden in Milliardenhöhe durch Korruption, Untreue, Urkundenfälschung und Betrug. Je mehr Grundlagen des sozialen Zusammenhaltes wie Solidarität, Verantwortung, Loyalität und Familiensinn aufgegeben werden, desto geringer ist die Wirkung ethischer Maßstäbe. Das ökonomische Ich herrscht über das moralische Wir.

Ich möchte Ihnen jetzt ein Beispiel nennen, das nicht so offensichtlich ist, das aber auch in diesen Katalog von schlechten Geschäften gehört. Anfang vergangenen Jahres startete eine große deutsche
Krankenversicherung eine doppelseitige Anzeigenserie. Sie warb um
das Vertrauen der Bürger in ihr Unternehmen. Eines der Motive zeigte ein sich küssendes Hochzeitspaar auf der Rückbank eines Luxus-
automobils. In Klammern war der Kommentar zu lesen: „Hält durchschnittlich 3973 Nächte."

Gemeint war die eben geschlossene Ehe. Durch das Rückfenster
war eine große Plakatwand zu sehen mit dem Firmenlogo der Krankenversicherung. Der Kommentar dazu: „Hält ein Leben lang."

Die Plansecur-Stiftung hat diese Anzeigenserie zum Anlass genommen, den Vorstand des Unternehmens anzuschreiben und ihn zu bitten, auf diese Art der Werbung zu verzichten. Wir wiesen darauf hin,
dass ein so bedeutendes Unternehmen auch eine gesellschaftliche
Verpflichtung hat, einmal ganz abgesehen davon, dass einem Kran-
kenversicherer die bedeutende Rolle der Familie hinlänglich bekannt
sein dürfte. Wir schrieben: „Intakte Ehen und Familien sind nachge-
wiesener Weise nicht nur gesundheitserhaltend und -fördernd. Sie sind
zugleich die unverzichtbare Gemeinschaftsform, in der soziale Kompetenz, Pflichtbewusstsein, Teamfähigkeit und vieles Wichtige mehr
erworben werden. Also die Fähigkeiten, die Sie sich von Ihren Mitarbeitern wünschen und die Sie im beruflichen Leben schätzen.
Deshalb noch einmal unsere Bitte: Tragen Sie nicht zur Abwertung,
sondern zur Stärkung und Aufwertung von Ehe und Familie bei, damit
der Ast nicht beschädigt wird, der auch Ihr Unternehmen trägt."

Nach dreimaliger Mahnung erhielten wir die erste Stellungnahme:
„In unserer Anzeigenserie wird Unvergleichliches miteinander ver-
glichen und so der Humor des Betrachters angesprochen. Bei einigen
Bildern handelt es sich um Motive, die in dem Betrachter Emotionen
wecken, die durchaus auch Gefühle des Bedauerns sein können. Zu
diesen Motiven gehört auch das Brautpaar. – Ihre Bewertung, unsere
Werbung unterminiere die Institution Ehe, können wir nicht nach-
vollziehen. Wir bitten Sie daher um Verständnis, wenn wir auf dieses
Werbemotiv auch in Zukunft nicht verzichten werden."

Es hat mehr als sechs Monate gedauert, bis das Unternehmen
bereit war, dieses Anzeigenmotiv, das durchaus in einem interessan-
ten Prozentsatz der Werbeerinnerung liegt, nicht mehr einzusetzen.

Mein Eindruck ist, dass die Vorstände und Manager mancher Unternehmen sich längst aus der gesellschaftlichen Verantwortung für ihr Tun verabschiedet haben. Doch ich bin fest davon überzeugt, dass wir in diesem Bereich viel sensibler werden müssen und nicht zulassen dürfen, dass auf diese Weise der Boden für schlechte Geschäfte bereitet wird. Der Verrat christlicher Werte ist von den schlechten Geschäften das nachhaltigste.

4. Verzicht auf Geld mit dem Gewinn, wirklich Reichtum zu erlangen

Für viele Menschen steht fest: Das Streben nach Geld beherrscht die Welt. Die Menschen wollen vor allem eines: reich werden. Das Verhängnisvolle unserer Zeit ist aber, dass wir Geld gleichsetzen mit Reichtum. „Wer viel Geld hat, ist reich" – das ist wie vieles in unseren Tagen verhängnisvoll verkürzt. Geld ist nicht die ganze Fülle des Reichtums. Viele übersehen, dass ein gutes Familienleben, Treue in der Ehe, Hausmusik, Bildung und Herzensbildung, Wissen, Freunde haben, Beziehungen pflegen, dass all das zum Reichtum zählt. Wie sonst erklärt es sich, dass wir im Leben auf Menschen treffen, die, wenn wir nach dem Geld urteilen, reich sind, aber doch arm leben. Rockefeller, der amerikanische Multimillionär, hat festgestellt: „Am ärmsten ist der, der nichts hat, außer Geld."

Wie ist das möglich, wo doch Geld die Welt regiert? Geld will Macht über uns ausüben. Aus meiner Sicht lautet die entscheidende Frage, die sich jeder beantworten muss: Ist Geld mein Herr oder mein Diener?

In welcher Weise Sie auf Geld verzichten um wirklich Reichtum zu erlangen, müssen Sie selbst herausfinden und selbst entscheiden. Für die Alten kann das heißen: Gib mit warmer Hand. Für die Jungen: Verzicht auf eine Karrierestufe und die damit verbundenen materiellen Vergünstigungen, damit mehr Engagement in die Erziehung und Entwicklung der eigenen Kinder investiert werden kann. Für eine Firmengemeinschaft kann das wieder etwas ganz anderes bedeuten.

Die Schöpfung als Vorbild

Wenn ich einmal die Gesellschafter unseres Unternehmens betrachte, dann haben sie sich für einen zweifachen Verzicht entschieden. Der erste Verzicht war der auf Besitz. Weil die Gründungsgesellschafter davon überzeugt waren, dass die Übereinstimmung von Eigen- und Gemeinnutz den zielgerichteten Energiefluss fördert, entschieden sie sich für ein Unternehmenskonzept, bei dem jeder erfolgreiche Berater auch Teilhaber werden kann, und zwar zu den gleichen Bedingungen, wie alle anderen zuvor.

Das heißt, die Gesellschafter der Plansecur verzichten auf den üblichen Kurswertzuschlag und lassen auch die nachwachsenden Kollegen von den vorhandenen Werten gleichberechtigt partizipieren. Folglich steigt bei uns ein Gesellschafter zum Nennwert ein und erhält am Ende seines Berufslebens auch nur den Nennwert seiner Beteiligung zurückgezahlt. Die stillen Reserven des Unternehmens gehören bei uns der Komplementärgesellschaft, deren Geschäftsanteile zurzeit von mir und in Zukunft von der Plansecur-Stiftung gehalten werden.

Auf diese Weise haben wir aus unserer Sicht ein Modell verwirklicht, das dem der Schöpfung ähnelt. Gott hat uns die Welt ebenfalls nur anvertraut. Er will, dass wir sie in der Verantwortung vor ihm und den Menschen hegen und pflegen und wenn möglich, unversehrt an die nächste Generation weitergeben. So ist das auch bei Plansecur. Das Unternehmen entwickelt sich weiter, ohne dass eine Generation zulasten der nachfolgenden Kasse macht. Alle Werte bleiben zusammen und werden an die nächste Generation zu treuen Händen weitergegeben. Ein Börsengang, der uns verpflichten würde, künftig den berechtigten Interessen der Aktionäre und nicht mehr in erster Linie denen der Kunden Rechnung zu tragen, kommt für uns nicht infrage.

Das Verzichtsprogramm, das kein Verlust ist

Ein zweiter finanzieller Verzicht war die Entscheidung, die die Gründungsgesellschafter gleich zu Beginn getroffen haben, nämlich ein Prozent des jährlichen Provisionsumsatzes für soziale, karitative und wissenschaftliche Zwecke aufzuwenden. Das soziale Engagement wurde zunächst 13 Jahre über den Verein „Planimpuls für engagierte Hilfe" organisiert und ist jetzt auf die Plansecur-Stiftung übergegangen. Die Plansecur-Stiftung hat drei Hauptaufgaben:

1. Finanzierung eines Lehrstuhles für Unternehmens- und Wirtschaftsethik,
2. Unterstützung der christlichen Werte und Medienkultur,
3. Förderung von Kinder-, Jugend- und Familienarbeit.

Die Finanzierung des sozialen Engagements der Plansecur-Gesellschafter betrug manches Jahr 40 bis 45 Prozent des Gewinnanteils, und ich kann mit Überzeugung sagen, dass uns dieses soziale Engagement in einer Weise reich gemacht hat, wie wir es zuvor nur geahnt hatten. Zum Beispiel durch die Beziehungen, die daraus entstanden sind, durch die neu gewonnenen Sichtweisen, durch Dankbarkeit, die wir empfangen und die wir selbst empfunden haben. Dankbarkeit, weil wir durch Gottes Güte bisher auch wirtschaftlich in der Lage waren, ein solches Engagement einzugehen und durchzuhalten.

Ich muss es in diesem Beitrag bei den vier Schritten des Verzichtens oder besser: des Gewinnens lassen, obwohl es noch viel mehr Handlungsweisen gibt, die eine ähnliche Wirkung haben. In unserem Unternehmen gehören unter anderem dazu: Verzicht auf äußere Motivation, Verzicht auf Fremdbestimmung, Verzicht auf Statussymbole, Verzicht auf Manipulation und Verzicht auf Herrschaftswissen.

Meine Ausführungen wollten Sie überzeugen, dass Verzicht ein Gewinn sein kann, der Ihnen mehr Gelassenheit schenkt. Ich habe in meinem Leben gelernt, dass ein bewusstes Verzichtsprogramm kein Verlustprogramm ist, sondern dass es mich bereichert in meiner Beziehung zu Jesus Christus und zu meinem Nächsten. Dafür lohnt sich jede Mühe.

Klaus-Dieter Rumpel

Die Zukunft planen – mit Gewinn?

Ist „Zukunftsplanung" noch realistisch?

„Das einzig Beständige ist heute der Wandel!" – so ist häufig zu hören. Herbert Grönemeyer beschreibt unseren Ist-Zustand in seinem Lied „Chaos" mit den folgenden Worten:

„Theorien verblassen, die Propaganda ist platt,
nichts gilt mehr, die Kirche schachmatt;
die Welt reißt das Tor auf, da lähmt jedes Geschwätz,
Durcheinander wird Gesetz.
Grenzen aus den Angeln, die klare Linie dahin,
alles im Fluss, das Wilde gewinnt;
die Kulturen toben, Denkzentralen unter Schock,
Antworten laufen Amok. "

Die Zahl Einfluss nehmender Parameter auf jegliche Zukunftsplanung steigt exponentiell. Komplexität ist heute Normalzustand. „Planungssicherheit" verschwindet aus dem Wortschatz: Was heute noch gilt, kann morgen schon antiquiert sein.

Führungskräfte aller Ebenen spüren die zusehends drückende Verantwortung, die aus dem steigenden Risiko, Fehlentscheidungen zu treffen, erwächst. Sei es, weil einzelne Kriterien nicht gesehen wurden (oder werden konnten) oder weil eben noch zugrunde gelegte Rahmenbedingungen über Nacht plötzlich nicht mehr gelten.

Die daraus erwachsende Entscheidungsunfähigkeit oder -unwilligkeit ist nicht zuletzt in der Politik inzwischen symptomatisch. Dies ist sicher eine der Ursachen für die manchmal geradezu verzweifelt anmutende Suche nach griffigen Management- und Führungskonzepten, wodurch allerdings stetig neue Unruhe und Verunsicherung entsteht.

Der Weg der letzten hundert Jahre ist geprägt von immer neuen Methoden und Paradigmen im Management, die so genannten

„Management-by-..."-Techniken: Management by delegation, communication, motivation, participation, results, objectives oder auch jüngere Techniken wie Management by visions, love oder joy, die die Ära des Rationalismus durch ein höheres Maß an „Ganzheitlichkeit", Gefühlsbetontheit und teils auch Spiritualität abgelöst haben.

Immer neue Zielgrößen werden in diesen Techniken vorgegeben, und jede verspricht bessere Ergebnisse als die vorherige. Aber: Gibt es überhaupt noch erfolgversprechende „Zukunftsplanungs-Instrumentarien"? Und wenn es sie gibt: Mit welchen Erfolgsgarantien? Oder zugespitzt: *Ist* Zukunft überhaupt noch planbar?

Jemand, der vor etwa hundert Jahren „Visionen" hatte, wurde dem öffentlichen Leben mittels Gewahrsam vergleichsweise schnell entzogen oder als Sonderling ausgegrenzt – heute wird man damit Topmanager. Allerdings gleichen heutige Manager vielfach eher einem Pizza-Service: Aufträge und notwendige Arbeiten gibt es immer mehr als bewältigbar, der zeitliche Rahmen ist immer zu eng und der Tag immer „irgendwie zu kurz".

Die erforderliche Ruhe und der zwingend notwendige Abstand vom Alltäglichen, die für ein „sauberes" und gründliches konzeptionelles Arbeiten erforderlich wären, sind nur noch Utopien oder sentimentale Erinnerungen an selige Zeiten. Ihnen wird im „Trend zur Langsamkeit" oder in modern und vielleicht auch notwendig gewordenen Einkehrfreizeiten Ausdruck verliehen. Sind wir – im Zeitalter lichtschneller und weltweiter Datenübertragung – nun am „Ende der Beschleunigung" angekommen? (Geißler 1999)

Ist „Zukunftsplanung" biblisch?

Der reiche Kornbauer aus Lukas (12,16-34) beispielsweise macht ja eine klare und solide „Zukunftsplanung". Er übersieht aber dabei die zentrale Frage nach Gott und seinem eigenem Leben. Der durchtriebene Verwalter (Lukas 16,1-8) wird von Jesus wegen seines „vorausplanenden Handelns" gelobt, die Christen hingegen sogar gerügt, „denn die Menschen dieser Welt gehen klüger und geschickter miteinander um als die Menschen, die sich zu Gott bekennen".

Klare Ziele sind die Voraussetzung für eine Zukunftsplanung

Eine sinnvolle Zukunftsplanung bedingt klar formulierte Ziele (z. B. 1. Mose 1,26 oder 11,7). Gott selbst handelt – ebenso wie Jesus während seines Wirkens – stets anhand klarer Ziele und orientiert seine einzelnen Handlungen immer an den übergeordneten Richtzielen.

Die Frage ist daher im Kern weniger die nach einem wiederum „neuen" und „griffigen" Konzept für modernes Management. Vielmehr müssen wir uns die Frage stellen, wie wir die erforderliche Ruhe finden, um zunächst konzeptionell über die Ziele nachzudenken, diese auszuformulieren und zu operationalisieren, um daraus dann die erforderlichen Handlungen abzuleiten. Dieses entspräche dann wohl am ehesten dem „management by objectives", das aber in vielerlei Praxis daran scheitert, dass die meisten Führungskräfte nicht mehr die erforderliche Ruhe und Muße dazu finden, die entsprechenden *Ziele* zu entwickeln, auszuarbeiten und zu kommunizieren.

Ziele an Gottes Wort und Wesen bemessen

Wenn wir nun in einem zweiten Schritt über die Art der zu formulierenden Ziele nachdenken, steht es für Christen außer Frage, dass die formulierten Ziele im Einklang mit Gottes Wort und Wesen stehen müssen.

Insbesondere im alltäglichen Wirtschaftsleben kommen wir immer wieder in Grenzsituationen zwischen „weltlichen" Forderungen und Gottes Wort. Hierdurch geraten wir häufig in den Zwiespalt, uns geistlich und emotional zu „verbiegen", und uns letztlich auf „faule" Kompromisse einzulassen, um anschließend wieder mit schlechtem Gewissen und somit innerer Unruhe dazustehen (Apostelgeschichte 5,29: „Man muss Gott mehr gehorchen als Menschen").

Die sich daraus ableitende Frage ist also, wie wir die erforderliche – innere und äußere! – Ruhe finden können, um mit Bedacht die *richtigen* Ziele konzeptionell erarbeiten und entwickeln zu können und sie auf Kongruenz mit Gottes Wort und Wesen zu prüfen. Damit kommen wir an den Kern der Überlegungen:

Die Frage unserer Identität

Kann man heute wirklich noch von „Führung" oder „Management" sprechen? Wären die Begriffe „allzeitige Geschäftigkeit" oder „ereignisgesteuertes Tun" nicht die richtigen? Das „Grundgesetz" unserer modernen Wirtschaftskultur lautet doch heute: „Du bist, was du *tust.*"

Man arbeitet nicht mehr ausschließlich für seinen Lebensunterhalt, sondern vielfach, um sein Daseinsrecht und seine menschliche Vollwertigkeit unter Beweis zu stellen.

Die ursprüngliche Identität des Menschen war schlicht und einfach die, nach Gottes Ebenbild geschaffen zu sein und in dessen Auftrag die Erde zu bebauen und zu bewahren. Mit dem Sündenfall ist uns diese Identität abhanden gekommen – der gefallene Mensch versucht das, was er nicht mehr ist, durch ständig neue Geschäftigkeit zu kompensieren. Dies beinhaltet allerdings auch die Möglichkeit, mit großem Erfolg das Falsche zu tun! Oder wie Howard Kendricks es ausgedrückt hat: „Die größte Sorge um einen Leiter ist nicht, dass er versagt, sondern dass er erfolgreich das Falsche tut" (zitiert nach Ford 1997).

Gott braucht uns nicht

Wenn wir nun die Bibel in diesem Zusammenhang studieren, kommen wir zu einer erschreckenden Erkenntnis: Gott braucht uns überhaupt nicht! Jesus geht den Weg bis zum Kreuz allein. „Er schiebt unsere Hilfeversuche beiseite, um den entscheidenden Sieg zu vollbringen – allein." (Malm 1999, S. 41)

Das wird uns auch schon im Psalm 72,18 so gesagt: „Gelobt sei Gott der Herr, der Gott Israels, der *allein* Wunder tut!"

Und während die Jünger ohnmächtig vor dem Kreuz stehen und sich anschließend unter großer Angst verbarrikadieren, erlöst Gott die Welt – allein.

Was bedeutet dies nun? Sollen wir uns hinsetzen und Däumchen drehen? Sind wir nicht auch Mitarbeiter am „Reiche Gottes"? Und: Was ist dann unsere Berufung?

Unsere Berufung

Zunächst ist es eine Lüge, dass Gottes Werk mit unserer Verantwortung und Arbeit steht und fällt. Es ist eine geradezu lästerliche Vorstellung, dass wir Gott einen Dienst tun, wenn wir uns zu ihm hinwenden und ihm all unsere Gaben zur Verfügung stellen. Gott ist kein armer, alter, verkrüppelter Mann, der unserer Hilfe irgendwo bedürfte. Eine solche Einstellung ist der Weg in ein hoffnungslos menschenzentriertes Christentum, mit dem wir uns unentbehrlich machen und unser oft angeschlagenes Selbstwertgefühl zu therapieren versuchen. (Malm 1999, S. 44f.)

Wenn wir uns biblische „Glaubenspioniere" ansehen wie z. B. Abraham, Mose, Josef oder Maria, dann sehen wir nicht Menschen, die zunächst große Dinge für Gott getan und ihn dadurch beeindruckt haben, sondern Menschen, die Gott in ihrem Leben als den zuerst Handelnden erkannt und ihr Leben danach eingerichtet haben.

Dies gilt ebenso für die Jünger. Jesus berief nicht die makellosen Kandidaten, die durch besondere geistliche Präferenzen für eine Nachfolge prädestiniert waren, in einem aufwendigen Personalauswahlverfahren. Er berief auch nicht die „Tüchtigen", die zu Jesus kamen und fragten: „Dürfen wir dir helfen?" Und er gebrauchte auch nicht die, die ihm – in bester, aber falscher Absicht – *voraus*eilten (Lukas 18,39), statt ihm nachzufolgen. Er berief die gewöhnlichen Sünder, die ihr Herz Gott gegenüber am rechten Fleck hatten und bereit waren, in der Person Jesu heil und heilig zu werden. (Malm 1999, S. 48)

In der Berufung des Petrus (Markus 1,17) sagt Jesus: „Kommt mir nach, und ich werde euch zu Menschenfischern machen."

Die Berufung beinhaltet noch keinen Arbeitsauftrag – außer dem, bereit zu sein, das eigene Leben von Jesus so umgestalten zu lassen, wie *er* es will.

Dies wird in dem Klärungsgespräch zwischen Jesus und Petrus in Johannes 21,19 noch einmal deutlich, in dem Jesus die Aufforderung bekräftigt: „Folge mir nach!" Petrus erkundigt sich sofort, was denn mit Johannes werden soll (Vers 21), aber Jesus macht klar, was Nachfolge heißt: „Was geht es dich an?"

Nachfolge ist eine persönliche Sache, die meinen Blick zuerst auf die Person Jesu richtet. Nicht mehr und nicht weniger. In Gottes Augen bin ich im Moment meiner Berufung bereits jemand, bevor ich etwas getan habe! (Malm 1999, S. 145)

Nur durch eine Neuausrichtung auf unsere eigentliche Berufung, nämlich in der Nachfolge zu bleiben, still werden für das verändernde Wirken Christi an meiner Person, werden die Umstände nicht mehr zur Bedrohung. Die Arbeit wird nicht mehr zur schweren Bürde meiner Selbstverwirklichung, und meine Mitmenschen sind nicht mehr „Rohmaterial" für mein Selbstwertgefühl. (Malm 1999, S. 53)

In unserem täglichen Leben messen wir Zeit und Lebenszeit mit Uhren, Kalendern und Erfolgen – Gott misst in Leben, Reife und Frucht. (Malm 1999, S. 55)

Um zu der eingangs angesprochenen Ruhe zu kommen, ist es also erforderlich, uns wieder mehr mit unserer Persönlichkeit zu befassen. Wir müssen uns mit dem auseinander setzen, was uns selbst, anderen und Gott im Wege steht und prüfen, wo unser Wollen mit dem Gottes nicht mehr im Einklang steht.

Ein Mensch, der den Kontakt mit seinem eigenen Inneren verloren hat, kann nicht mehr glaubwürdig mit der Wahrheit umgehen. Ein klarsichtiger Leiter ist also jemand, der zunächst sich selbst klar sieht, und nicht die Umstände, Trends oder anderen Menschen. (Malm 1999, S. 59; 69)

Was ist nun das Ziel unserer Berufung? Bessere oder ausgeprägtere Gaben? Mehr Leistungsfähigkeit? Bessere Ergebnisse? Es ist einfach mehr Nähe zu Christus! Nicht ohne Grund stellt Jesus dem Petrus dreimal die Schlüsselfrage unserer Berufung (Johannes 21,15ff.): „Hast du mich lieb?" Der allmächtige Gott, der Himmel und Erde geschaffen hat und zusammenhält, kommt herunter aus dem Himmel, um uns diese Frage zu stellen: „Hast du mich lieb?"

Der Geliebte selbst ist das Ziel unserer Berufung!

An diesen Punkt kommt man häufig nur durch die sengende Hitze einer einsamen Wüstenwanderung, das heißt in der Krise. Gott führt seine Kinder ja nicht in die Wüste, um sie zu brechen, sondern um sie zu stärken. Allein in dieser Einsamkeit brennt die Wüstenhitze mir die falschen Motive für meine Nachfolge weg. Allein hier, fernab allen Trubels, kann ich seine Frage beantworten, ob ich ihm nachfolge, weil ich ihn lieb habe, oder weil ich meine, dass er mir gewisse Vorteile verschafft. (Malm 1999, S. 234f.)

Leiterschaft, die auf diese Berufung gründet

Eine Leitungsposition bedeutet lediglich, dass man einen oder mehrere Schritte weiter in diese Berufung hineingegangen ist, sodass man anderen Menschen den Weg zeigen kann.

Deshalb leben Christen als Führungskräfte so oft in dieser großen Spannung zwischen dem Ruf, Gott über alles zu lieben – als Zentrum unserer eigentlichen Berufung – und der öffentlichen Rolle als Führungskraft, die zu *eigener* Macht und Ehre einlädt. (Malm 1999, S. 94-97)

Hierin begründet sich häufig auch die ewige Jagd nach immer neuen Trends, Methoden und Projekten, die uns am Ende ungesättigt bleiben lässt, weil wir die Weisheit und Ruhe des inneren Lebens nicht dort suchen, wo sie verborgen liegt: „In Christus liegen verborgen alle Schätze der Weisheit und der Erkenntnis" (Kolosser 2,3), tief begraben unter all unserer Betriebsamkeit.

Somit ist es nicht die Hauptaufgabe für einen Christen in Leitungsposition, unter großer und auszehrender Kraftanstrengung Gottes Wort zu „predigen" oder in mühsames und oft aufgesetztes Vorleben zu pressen, sondern zuallererst persönlich auf Gottes Wort zu *hören*. Dies setzt voraus, sich frei zu machen von vielen Worten und die Stille zu suchen. Der Versuch, zuerst in hektischer Betriebsamkeit die halbe Welt in Ordnung zu bringen, *bevor* ich mich zu Jesu Füßen setzen kann, um ihm zuzuhören, führt, wie wir an Martha sehen (Lukas 10,38ff.), dazu, dass ich nie zu ihm komme. (Malm 1999, S. 111f.; 114) Gott erwartet von uns nicht Erfolge, sondern schlicht Treue.

Sendung heißt, auserwählt sein

Das, was gemeinhin in unseren christlichen Kreisen fälschlich und mit fatalen Folgen als „Berufung" in einen konkreten Auftrag bezeichnet wird, ist im biblischen Sprachgebrauch die „Sendung". Gekennzeichnet ist sie dadurch, dass Gott Menschen auswählt und in einen Auftrag *sendet*, was häufig durch die Worte „Gehe hin ..." eingeleitet wird. „In der Berufung gibt Jesus meiner Identität ihre ewige Verankerung und beginnt, meine Persönlichkeit nach der seinen umzugestalten. In der Sendung fließt meine Berufung gleichsam zu meinen Mitmenschen über. Die Berufung ist das große und ewige Projekt meines Lebens, die Sendung ist zeitlich begrenzt und sehr flexibel." (Malm 1999, S. 144)

Die Sendung eines Menschen geschieht immer auf dem *Fundament* seiner Berufung, weswegen diese beiden Begriffe auch nicht vermischt werden sollten. Sonst besteht die Gefahr, unsere Sendung zur Berufung zu deklarieren und unseren Wert und unsere Identität aus unseren (eigenen) Leistungen zu ziehen. Wenn jemand sich seiner Berufung nicht sicher ist, kann er sich seiner Sendung ebenso wenig sicher sein.

Auch hier erkennen wir die Wichtigkeit persönlicher Stille, Neuausrichtung und kontinuierlichen geistlichen Wachstums. In einer Unsicherheit über den tatsächlichen Sendauftrag schleichen sich Erfolgsdruck und die Unfähigkeit, neuen, interessant klingenden Aufträgen ein klares Nein zu erteilen, leicht ein. Viele Führungskräfte sinken inzwischen – mit stark zunehmender Tendenz – in einen Strudel aus Erwartungen, Erfolgsdruck und Engagement. Das Ergebnis sind Burnouts, frustrierte Familien, Freunde und Mitarbeiter.

Seelsorge ist kein Zeichen von Schwäche

In diesem Zusammenhang erscheint es wichtig, auf die himmelschreiend defizitäre, seelsorgerliche Not in christlichen Kreisen und Gemeinden ausdrücklich hinzuweisen. Wer leistet sich heute tatsächlich noch seelsorgerliche Freunde? Und wie ausgeprägt ist in unseren Gemeinden die seelsorgerliche Kompetenz, Schulung und Einsatzbereitschaft?

Diese fatale Entwicklung wird noch dadurch gefestigt, dass die „moderne Führungskraft" ja „über den Dingen steht" – „Seelsorge ist etwas für schwache Menschen ...!"

Auch solches Denken entspringt einer maßlosen Selbstüberschätzung, die ein geistliches Korrektiv per se ausschließt. Wenn wir uns dagegen wehren, andere an der manchmal so tiefen Not unseres Lebens teilhaben und uns dabei helfen zu lassen, dann sollten wir uns fragen, ob es uns überhaupt ernst damit ist, den alten Menschen am Kreuz Jesu sterben zu lassen ... (Malm 1999, S. 204)

Welcher Lohn ist zu erwarten?

Hier scheint es angezeigt, den Trend zu benennen, dass auch Christen scheinbar mehr und mehr auf den weltlichen Lohn schielen, und sich das zeitgeistliche Unbehagen in Christi Gemeinde einschleicht, man könne unter Umständen „irgendwie zu kurz" kommen – also hilft man Gott ein bisschen nach: durch mehr eigene Leistungen.

„Du bist, was du tust" – unser Selbstwert bestimmt sich mehr und mehr aus materiellen und immateriellen Zuwendungen, und immer weniger aus dem, was Gott uns gibt. Hierbei ist das Gleichnis von den Arbeitern im Weinberg (Matthäus 20,1-16) wichtig, deren Lohn sich an der Vereinbarung und der Arbeit orientiert, *nicht* jedoch an den (Arbeits-) Ergebnissen. „Gott sucht bei seinen Dienern nichts als Treue und Verlässlichkeit. Was die Arbeit letztlich bringen wird, das liegt bei Gott, der das Wachsen gibt." (Malm 1999, S. 254)

„Wenn wir das Ergebnis Gott überlassen, bekommen wir auch die Freiheit (...), Gottes Werk in einer viel größeren Zeitperspektive zu sehen." (Malm 1999, S. 255) Im Harz-Bergbau wurde der heute noch zu besichtigende acht Kilometer lange „19-Lachter-Stollen" in Wildermann in 160 Jahren Arbeit von Hand fertig gestellt. Der Vortrieb betrug manchmal wegen der Gesteinshärte lediglich zwei bis drei Zentimeter pro Tag! Mancher Arbeiter der ersten und zweiten Generation hat hier täglich seine gleiche, monotone und körperlich auslaugende Arbeit getan, obwohl er gewiss sein konnte, dass er den Stollendurchbruch, also das Ergebnis seiner Arbeit, niemals erleben würde. Unvorstellbar für heutige Verhältnisse, oder?

Die Quelle unserer Freude sollte nicht unsere Arbeit sein, sondern Gott selbst, der uns mit Namen kennt, uns im Himmel ein ewiges Heim gibt, und – unfassbar – obwohl er nichts bedarf, uns gewöhnliche Menschen in seine innige Gemeinschaft einlädt. (Malm 1999, S. 265)

Erfolg ist nicht gleich Frucht

Christen können im höchsten Maße *erfolgreich* sein – und dennoch keine Frucht bringen! Erfolg ist *gemacht* – Frucht wird *geschenkt!* Maßstab auch im wirtschaftlichen Handeln kann für Christen deshalb nur die Orientierung an Gottes Wort sein! Oder in anderen Worten: Was nutzt „Vollprofessionalität" ohne „Vollmacht"? „Wenn Vollmacht verliehen wird, dann muss sie auf der Liebe zu Jesus beruhen", sagt Raymond Brown.

„Die Leitung soll *nicht* denen anvertraut werden, die erfolgreich Spendengelder eintreiben können, nicht herausragenden Bibelwissenschaftlern, Verwaltungsgenies oder fesselnden Predigern (obwohl all dies hilfreich sein kann). Sie soll *denen* übertragen werden, die von einer Leidenschaft für Jesus verzehrt werden – Männern und Frauen, denen Privilegien und Macht nichts mehr bedeutet angesichts der Tatsache, dass sie Jesus kennen und lieben dürfen." (Manning 1999)

Henri Nouwen (Nouwen 1997, zitiert in Manning 1999) schreibt zur Eignung für Leitungsaufgaben: „Wenn Seelsorger nur Menschen sind, die gut fundierte Meinungen zu den brennenden Fragen unserer Zeit haben, ist das zu wenig. Ihr Dienst muss in der ständigen, innigen Beziehung zum menschgewordenen Wort, zu Jesus, verwurzelt sein; das ist die unentbehrliche Quelle, aus der sie ihre Worte, Ratschläge und Wegweisungen schöpfen müssen … Wenn wir uns mit aktuellen Zeitproblemen abgeben, ohne in einer tiefen persönlichen Beziehung zu Gott verankert zu sein, geraten wir allzu schnell und unmerklich in einseitige Parteilichkeit und verfahren uns mit unserer Meinung in unsere selbst entworfenen Vorstellungen. Aber wenn wir zuverlässig durch eine persönliche innere Beziehung an der Quelle des Lebens wurzeln, sind wir imstande, flexibel zu bleiben, ohne alles beliebig zu relativieren. Einen festen Standpunkt zu vertreten, ohne starr zu sein. Eine ausgeprägte Meinung zu haben, ohne andere vor den Kopf zu stoßen. Gütig und verständnisvoll zu sein, ohne in konturlose Weichheit zu verfallen. Wirkliche Zeugen zu werden, ohne die anderen zu bedrängen und zu manipulieren."

Die Zukunft planen – mit Gewinn!

Ja, ich bin überzeugt, dass wir die Zukunft planen können und sollen. Wenn wir auf einem unerschütterlichen Fundament stehen, das alle Umtriebe der heutigen Zeit übersteht:

Allein die Gewissheit unserer Berufung, als Kind Gottes in ihm verwurzelt zu sein und seiner Liebe für uns durch unser eigenes Tun nichts – aber auch gar nichts – hinzufügen zu können, verschafft uns durch die darin gefundene Identität eine enorme innere Freiheit. In dieser Freiheit können wir zur Ruhe und Stille kommen, um konzeptionell und solide zu arbeiten. Wir können dies tun, ohne heimlich auf den Erfolg zu schielen oder unseren Selbstwert aus vergänglichen Werten zu beziehen. Es gilt, Gottes Ziele für unser Leben und das der Menschen um uns herum genau im Auge zu behalten. Hierin liegt, so meine ich, der Schlüssel für einen sicheren Blick in die Zukunft und für einen Gewinn, der nicht vergänglich ist.

Zitierte Literatur
Leighton Ford: Leiten wie Jesus. Holzgerlingen: Hänssler 1997.
Karlheinz A. Geißler: Vom Tempo der Welt. Freiburg: Herder 1999.
Magnus Malm: Gott braucht keine Helden. Wuppertal: Brockhaus 1999.
Brennan Manning: Kind in seinen Armen. Wuppertal: Brockhaus 1999.
Henri J. M. Nouwen: Seelsorge, die aus dem Herzen kommt. Freiburg 1997.
    Zitiert in Manning 1999.

Weitere Literaturtipps
Peter Drucker: Management im 21. Jahrhundert. München: Econ 1999.
Peter Groß: Die Multioptionsgesellschaft. Frankfurt/Main: Suhrkamp 1994.
Günther Krallmann: Von der Begabung zur Befähigung. Holzgerlingen:
    Hänssler 2000.
Klaus-D. Rumpel: Globalisierung. In: factum. Ausgabe März/April 1999.

Helmut Matthies

„Worauf Sie sich verlassen können!"

„Ich habe mich geirrt"

Es ist der Urwunsch jedes Menschen zu wissen: Auf was und auf wen kann ich mich wirklich verlassen? Und es ist eine Ur-Enttäuschung: „Ich habe mich geirrt."

Doch jede Enttäuschung ist auch eine Chance: Sie befreit uns von Täuschung und führt uns zum Eigentlichen. Werbung, Wirtschaft, Parteien, Ideologien, Religionen – alle behaupten: „Auf uns können Sie sich wirklich verlassen."

Am meisten wird heute immer noch der Technik vertraut. Wissen Sie, wie die Werbung für die Titanic lautete? „Selbst Gott persönlich kann dieses stolze Schiff nicht versenken." Doch schon bei ihrer Jungfernfahrt sank das angeblich sicherste Schiff der Welt. Es gab 1.500 Tote. Die Wuppertaler Schwebebahn galt als das sicherste Verkehrsmittel überhaupt – sie fiel 1999 herunter. Die Concorde galt als das sicherste Flugzeug – sie stürzte im Juli 2000 ab und forderte 113 Tote. Das Atom-U-Boot Kursk galt als das modernste russische U-Boot – es sank wenige Wochen später, 118 Menschen verloren dabei ihr Leben. Auf die Technik ist also nur bedingt Verlass.

„Lieber reich und gesund"

Doch „mag Sie auch Ihr Schutzengel verlassen, wir verlassen Sie nicht!", lautet eine beliebte Versicherungswerbung. 250 Milliarden Mark gaben Deutsche 1999 für Versicherungen aus. Doch auch sie können unser Leben weder schützen noch verlängern, noch uns gar vor dem Tod bewahren. Und wie ist es, wenn man sich auf sein Geld verlässt? „Lieber reich und gesund als arm und krank", heißt ein Bonmot. Eine Befragung von US-Multimillionären hat freilich ergeben, dass mehr als ein Drittel von ihnen sich deutlich unglücklicher fühlt als der Durchschnitt der Bevölkerung.

Ist dann wenigstens auf den Menschen Verlass? In Friedrich Nietzsches „Zarathustra" heißt es: „Der Mensch ist etwas, das überwunden werden muss."
Bis heute ist es der Wunsch aller Ideologien, den Menschen zumindest zu bessern. Da versprach Adolf Hitler, einen arischen Menschen zu schaffen. In einem Tausendjährigen Reich sollte er über die ganze Welt herrschen. Da wollten Sozialismus und Kommunismus den von Knechtschaft freien, klassenlosen Menschen schaffen. Und das Ergebnis? Die das Paradies auf Erden versprachen, haben die Hölle gebracht. Selbst eine Bewegung, die die Menschlichkeit im Namen trägt, wie der Humanismus, schaffte es nicht, als sie durch Bildung versuchte, das Böse im Menschen zu zähmen.

Wenn auf die Demokratie kein Verlass ist

Und die moderne, liberale Demokratie? Kann man sich im Blick auf die Menschenwürde auf sie verlassen? Drei Millionen Kinder waren in den letzten zehn Jahren vom Leben verlassen, hatte das deutsche Parlament doch – demokratisch abstimmend – erlaubt, sie im Mutterleib umzubringen. Und wir Christen haben uns weithin damit abgefunden, während wir gleichzeitig das Versagen unserer Großväter und Väter im Dritten Reich beklagen. In einem angeblichen Musterland der Demokratie, den Niederlanden, starben bereits Zehntausende qua Sterbehilfe – und zwar auch ohne dies ausdrücklich gewünscht zu haben. Die Demokratie ist – da ist Churchill Recht zu geben – unter allen schlechten Staatsformen noch die beste. Aber Verlass ist auf sie nicht.

„Lasst uns einen neuen Menschen schaffen!"

Wenn es mit dem vorhandenen Menschen nicht mehr klappt, lasst uns einen neuen schaffen! So lautet gegenwärtig erneut die Parole. Hatten viele Wissenschaftler noch vor 25 Jahren erklärt, der Mensch werde entscheidend durch seine Umwelt geprägt (also müsste sie geändert werden), so sollen es heute vor allem seine Gene sein. Am 25. Juni 2000 trat Bill Clinton mit den Worten vor die Kameras der Weltpresse: „Heute lernen wir die Sprache, in der Gott das Leben geschaffen hat."

Der US-Präsident ließ die Entschlüsselung von 85 Prozent des menschlichen Erbgutes bekannt geben. Seitdem befindet sich die wissenschaftliche Welt im Zukunftsrausch. Hatte Clinton noch von Gott geredet, so ist er für andere jetzt endgültig abgeschafft. Der US-Computerexperte Bill Joy resümierte: „Wir haben Gott durch die Wissenschaft ersetzt."

Mit fatalen Konsequenzen: Der amerikanische Nobelpreisträger James Watson schrieb in der Frankfurter Allgemeinen Zeitung einen Beitrag unter der Überschrift: „Warum wir Gott nicht mehr die Zukunft des Menschen überlassen dürfen."

Wir sollten sie also selbst in die Hand nehmen! Watson kritisiert die, die noch widerstehen, die „religiös motivierten Menschen", wie er sie nennt. Im Gegensatz zu ihnen stellte er fest: Erblich behinderte Kinder haben kein Recht auf Austragung, also Leben. Nur vermeintlich wertvolles Leben soll also ein Existenzrecht haben. Das ist ein Rückfall in heidnische römische Zeiten. Vor 2.000 Jahren wurden missgebildete Kinder oder unerwünschte Mädchen gleich nach der Geburt in die Kloake geworfen. Nur die Juden und die Christen achteten das Leben aller. Jetzt wird ein seit Jahrhunderten im Abendland gültiges Menschenbild verschoben: Der Mensch wird nicht mehr als Abbild Gottes verstanden, sondern er versucht, sich den Menschen nach seinem Bilde zu schaffen. Doch welche Kriterien gibt es für ihn? Wer darf künftig noch in den „Menschenpark", wie es der Karlsruher Philosoph Peter Sloterdijk nannte? Noch vor 60 Jahren hätte er hoch gewachsen, blond und nordisch aussehen müssen. Und heute? Und morgen?

„Es ist alles eine Frage von noch fehlenden Informationen"

Nun meinen Wissenschaftler wie der Präsident der bekanntesten Genfirma, Craig J. Venter, alles sei nur eine Frage von noch fehlenden Informationen. Sie kämen aber noch, und darauf sei Verlass. Denn noch nie zuvor in der Geschichte haben so viele Menschen so viel zu lesen, zu hören und zu sehen bekommen wie gegenwärtig. Alle fünf bis sieben Jahre verdoppelt sich die Wissensmenge. Und Wissen ist im Gegensatz zu früheren Zeiten nicht mehr Macht, vielmehr steht alles allen zur Verfügung – dank des Internets. Inzwischen sind 550 Milliarden Dokumente auf dieser Datenautobahn gespeichert und abrufbar. Wenn alle Informationen koordiniert sind – das Weltwissen sozusagen –, sollten wir dann nicht die Antwort auf die letzten Fragen der Menschheit erhalten können?

Die denkwürdige Tatsache ist – jedenfalls laut Kommunikationswissenschaftlern wie Neil Postman: „Noch nie in der Geschichte der Menschheit hatten wir so gute Möglichkeiten, uns zu informieren, und noch nie waren wir gleichzeitig so schlecht informiert." Die Wirtschaftswoche titelte: „Die Welt droht in einer Informationsflut unterzugehen."

Warum? Weil es kaum noch möglich ist, zwischen belanglosen und notwendigen Informationen zu unterscheiden. Und weil die Fülle von sich widersprechendem, alternativen Wissen immer mehr Menschen verwirrt, sodass immer weniger Menschen Informationen als wirklich verlässlich betrachten. So glauben nur noch 20 Prozent der Deutschen, dass das Fernsehen wahrheitsgetreu berichtet. Sie verlassen sich nicht auf die Medien, und oft zu Recht – wie gerade das Jahr 2000 zeigte.

Das Hauptproblem der heutigen Informationsentwicklung aber ist, dass die Medien den Menschen immer nur das geben möchten, was diese vermeintlich wollen. Da sie angeblich Sex und Gewalt wünschen, wird das auch gebracht. Von dieser Philosophie hängen die Einschaltquoten und davon wiederum die Werbeeinnahmen ab. Und hier liegt ein großer Unterschied zwischen Medien und Religionen. Kein einziger großer Religionsstifter – weder Buddha noch Mose noch Mohammed – hat den Menschen nach dem Munde geredet. Sie haben immer nur zu sagen versucht, was den Menschen ihrer Meinung nach Not tat. Genau das aber bieten weder Medien noch Ideologie. Was sie verdrängen – die Frage nach Sinn, nach Leid, nach Schuld und Tod –, steht im Mittelpunkt der Religionen. Dann ist doch sicher auf sie Verlass?

Die Rückkehr der Religionen

Zumindest erleben die Religionen etwas, was man ihnen jahrzehntelang nicht zugetraut hätte: eine Renaissance. Jahrelang war zu Weihnachten im „Spiegel" zu lesen, die Kirchen seien am Ende, dem modernen Menschen sei der Glaube an ein Jenseits unzumutbar. Nun titelt das Blatt des bekennenden Atheisten Rudolf Augstein: „Die Rückkehr des Glaubens – eine weltweite Renaissance der Religionen kennzeichnet den Beginn des 21. Jahrhunderts."

Ausgerechnet der „Spiegel" stellt fest: „Je tiefer der Mensch eindringt in die Geheimnisse der Natur, umso mehr neue Rätsel tun sich auf."

Nietzsches „Gott ist tot", Marxens „Religion als Opium des Volkes", Siegmund Freud, der im Gottesglauben nichts als „halluzinatorische Verworrenheit" erblickte – alles sei ein kapitaler Irrtum gewesen. So Deutschlands führendes Magazin zu Weihnachten 2000.

Doch was ist das nun für ein Glaube? Ist in allen Religionen Wahrheit? Auf der Weltausstellung in Hannover war einer der beliebtesten Pavillons „Planet M" von Bertelsmann. Im dort gezeigten Film „Der Sternenfänger" fragt ein muslimischer Junge: „Wie ist die Welt entstanden und was ist eigentlich wahr?"

Über das Internet wird seine Frage an Kinder in aller Welt gestellt. Sehr positiv erscheinen dann die Antworten des Buddhismus, des Islam, der Naturreligionen, verhalten auch noch des Judentums. Vom Christlichen ist jedoch überhaupt nicht mehr die Rede. Die zentrale Aussage der Bertelsmann-Schau: Wahrheit gibt es überall, in allen Religionen, und es liegt an jedem selbst, sie für sich zu gewinnen. Man kann es auch New Age nennen oder ein Kennzeichen der Postmoderne. Entsprechend dem Trend zur Mischmasch-Einheitsreligion finden wir das Streben nach einer Sprache und einer Weltregierung. Biblisch ausgedrückt: nach einem neuen Turmbau zu Babel. Bibelkenner wissen, wie das Ganze damals endete: in einer Menschheitskatastrophe.

An Silvester 2000 wurde in Berlin erstmals in der bedeutendsten protestantischen Kirche Deutschlands, dem Berliner Dom, ein Gottesdienst gefeiert, an dem auch Juden, Muslime und Buddhisten mitwirkten. Der erste derart prominente interreligiöse Gottesdienst wurde live im ZDF übertragen. Schirmherr ist nicht irgendein Pfarrer gewesen, sondern der berlin-brandenburgische Bischof Wolfgang Huber.

Wird man hier künftig noch Gegenteiliges laut behaupten können? Dass Jesus Christus laut Heiliger Schrift das Heil für alle Menschen ist? Im Dezember 2000 wurde in Nizza die Grundrechtecharta der EU verabschiedet. Eine sexuelle und religiöse Diskriminierung ist demnach in diesem Europa untersagt. In bald folgende Gesetzes-bestimmungen gegossen, kann es nur zur Konsequenz haben, dass man beispielsweise nicht mehr sagen darf: Sodomie ist Sünde oder Allah ist nicht der Vater Jesu Christi, sondern biblisch gesehen ein Götze. Werden konsequente Christen dann bald bedrängt? Nach den Aussagen der Bibel können sich Christen jedenfalls auf Folgendes verlassen: Das Ende der Zeit ist mit Verfolgung verbunden.

Christen sollen die besseren Staatsbürger sein, aber ...

Können wir uns dann wenigstens auf unsere Mitchristen verlassen? Wissenschaftliche Untersuchungen haben ergeben, dass Christen tatsächlich die besseren Staatsbürger sind. Sie hinterziehen demnach in wesentlich weniger Fällen Steuern, fahren weniger schwarz, sind sozialer eingestellt, weniger anfällig für Ideologien. Das ist die eine Seite der Medaille. Die andere scheint nach meinen Erfahrungen zu sein, dass sich Christen untereinander oft schlimmer verhalten als Nichtchristen. Vielleicht hat das mit dem zu tun, was Paulus (Epheser 6,12) schreibt: „Wir haben nicht mit Fleisch und Blut zu kämpfen, sondern mit Mächten und Gewalten."

Die Christen, nicht die Heiden! An den Christen hat der Teufel Interesse, nicht an den Heiden, denn die glauben ja nicht an ihn. Und hier sollte man auch die Geschichte der ersten Christenheit nicht idealisieren. Da heißt es in der Apostelgeschichte im 4. Kapitel (Vers 32): „Die Menge der Gläubigen aber war ein Herz und eine Seele." Nur sechs Verse weiter wird von Ananias und Saphira berichtet. Sie logen und bezahlten es mit ihrem Leben. Wie es in der Urgemeinde war, so zieht es sich durch die Geschichte der Frommen: Streit, Spaltung, wieder Streit, wieder Spaltung. Ein Oberkirchenrat sagte mir einmal: „Je frömmer, umso schlimmer."

Ich habe es einst nicht glauben können. Nach 30 Jahren Erleben unter Evangelikalen halte ich den Satz fast für inspiriert. Natürlich gibt es zahlreiche Ausnahmen. Aber wer beispielsweise Briefe liest, die sich vermeintlich liebe Schwestern und Brüder untereinander schreiben und dann auch noch veröffentlicht (!) wissen wollen, und nicht vorher schon Christ war, wird es so vermutlich nicht.

Wenn man sich nach Heiden sehnt

Ich gestehe Folgendes: Im letzten Sommer war ich derart geschafft von Reaktionen evangelikaler Christen, dass ich mir für ein Wochenende sagte: Jetzt erstmal nur noch Heiden! Urlaub von Christen! Ich fuhr dahin, wo ich nur wenige vermutete, in die Mark Brandenburg, in ein Dorf, wo ich als Kind viele Ferien verbracht habe. Ich setzte mich in eine Dorfkneipe und erlebte tatsächlich richtige Heiden: freundlich, offen, herzlich. Vielleicht waren es ja alles Ausnahmen. Später wurde ich von einem Ehepaar spontan nach Hause eingeladen. Wir hatten einen tollen Abend – mit keinem Wort über Gott. Am späten Abend wurde die menschlich großartige Frau plötzlich unruhig. Die 53-jährige erklärte, sie werde mit einem Riesenproblem nicht fertig. Vor 40 Jahren sei sie über Jahre hinweg von ihrem Vater sexuell missbraucht worden, erlebte eine Fehlgeburt. Seit 40 Jahren würde sie damit nicht fertig. 40 Jahre hatte ihr niemand von der Möglichkeit innerer Heilung erzählt, nichts. Und da durchschoss mich: Was haben wir doch als Christen dank Christus für einen Schatz! Wir können neu anfangen, und wir können anderen Neuanfang gewähren. So etwas gibt es in keiner anderen Religion. Es stimmt schon: Christen sind untereinander oft nicht besser als andere. Aber es stimmt auch: Christen sind besser dran als andere.

Kann man sich auf Gott verlassen?

Ein französisches Sprichwort besagt: „Es ist besser, es mit Gott selbst zu tun zu haben, statt mit seinen Heiligen."

Doch was ist das für ein Gott? Können wir uns denn nun wenigstens auf ihn verlassen? Was schrie doch Gottes Sohn am Kreuz: „Mein Gott, mein Gott, warum hast du mich verlassen?"

Stephanus, Petrus, Paulus und Millionen Christen nach ihnen erlebten am Ende ihrer Karriereleiter keine dicke Abfindung und das Bundesverdienstkreuz, sondern den Märtyrertod.

Es gibt schlimme Erfahrungen, die nicht wenige machen: Wo war Gott, als mein Kind starb? Wo war Gott, als ich von einem betrunkenen Autofahrer zu einem Behinderten gemacht wurde? Wo war Gott, als im Sommer 2000 sieben evangelikale Führungskräfte aus

Hessen in ihrem Flugzeug abstürzten? Martin Luther hat schon Recht, wenn er sagt: „Ich setze mein Vertrauen auf keinen Menschen auf Erden, auch nicht auf mich selbst, meine Macht, meine Kunst, mein Gut, meine Frömmigkeit oder was ich haben mag; auch auf keine andere Kreatur. Ich wage und setze mein Vertrauen allein auf dich, den unsichtbaren, unbegreiflichen und einzigen Gott, der Himmel und Erde geschaffen hat."

Jawohl, auf Gott allein können Sie sich verlassen, aber auf den unbegreiflichen. Nicht auf den Gott, der angeblich alle Probleme löst, immer glücklich macht, nur Erfolg schenkt. Enttäuscht werden kann und wird man oft nur von seinem Bild von Gott, nicht aber von Gott selbst.

Und was ist unbegreiflich an ihm? Dass seine Maßstäbe so ganz anders sind als die der Welt, der Wirtschaft, unserer Gesellschaft. Der allerwichtigste Gegensatz ist: Erfolg ist kein Name Gottes, wie der Marketingexperte Professor Hans Raffée feststellte. „Erfolg ist wie Reichtum – neben Einsatz und Fleiß – vor allem eine Gnadengabe", schreibt Heinz-Horst Deichmann, einer der erfolgreichsten Christen unter den deutschen Unternehmern, in der Tageszeitung „Die Welt". Und was uns gar nicht schmecken will: Das Leid, das Kreuz gehört zum Christsein dazu. Und was wir als gescheitert betrachten, als unbegnadet, als segenslos, kann genau Gottes Weg sein.

Gott handelt – auch durch Leid

Dietrich Bonhoeffer schreibt in seinem Buch „Nachfolge": „Das Kreuz ist nicht schweres Schicksal, nicht zufälliges Leiden, sondern notwendiges Leiden."

Der Stuttgarter Pfarrer Winrich Scheffbuch, der selbst zwei große Werke leitet, schrieb im letzten Jahr: „In der Erweckungs- und Missionsgeschichte ging der größte Segen von zerbrochenen Herzen aus."

Einer der größten deutschsprachigen Liederdichter, Paul Gerhardt, verlor vier seiner Kinder. Wäre das nicht schon genug an Leid? Seine Frau starb. Und immer noch nicht genug? Nein, er wurde auch amtsenthoben. Doch seine über 130 Lieder sind bis heute ein Trost für Millionen. „Du, meine Seele, singe", „Ich singe dir mit Herz und

Mund", „Befiehl du deine Wege und was dein Herze kränkt", „Warum sollt ich mich denn grämen? Hab ich doch Christus noch, wer will mir den nehmen?"

Gott handelt – auch durch Leid. Es wird berichtet von Missionaren, die starben, ohne eine einzige Bekehrung erlebt zu haben. In ihren Freundesbriefen konnten sie von nichts berichten außer von ihrem Misserfolg. Doch nach ihrem Tod brach eine Erweckung aus – der Same ging auf. Christen suchen kein Leid, Christen überhöhen das Leid nicht, aber sie versuchen, es in dem Wissen zu tragen, dass dies zum Christsein dazugehören kann.

Aber auf was können wir uns nun bei diesem unbegreiflichen Gott verlassen? Auf das, was im Vaterunser steht: dass sein Wille geschieht. Nicht um uns zu quälen, sondern zu unserem Besten. Jesus sagt in der Bergpredigt: „Trachtet zuerst nach dem Reich Gottes, dann fällt euch alles andere zu."

Paulus sagt es im Römerbrief (8,28) so: „Denen, die Gott lieben, dienen alle Dinge zum Besten."

Darauf können wir uns verlassen – auch wenn wir im Leid nicht erkennen, warum diese Situation gut für uns sein soll.

Und warum müssen wir überhaupt Leid erfahren?

Ich weiß es auch nicht. Aber ich möchte ein Beispiel nennen. Zur Erinnerung an zehn Jahre friedliche Revolution in der DDR hat die Evangelische Nachrichtenagentur idea eine Reise durch Gefängnisse der ehemaligen DDR gemacht unter dem Motto „Christen in Haft". Wir sind mit Ex-Häftlingen in die Zellen gegangen, in denen sie gesessen haben. Da war der 71 Jahre alte Hans-Jörg Stephan. Vor 50 Jahren ging er als engagierter Mitarbeiter einer evangelischen Jugendgruppe in Potsdam abends nach Hause. Auf dem Bürgersteig sah er Flugblätter liegen. Als er sich eines ansehen wollte, stürzten sich zwei Leute des späteren KGB auf ihn und behaupteten, er hätte die antisowjetischen Flugblätter verteilt. Der völlig Unschuldige wurde in der DDR zu 25 Jahren Arbeitslager verurteilt. Er wurde geschlagen, gefoltert, durch die Gefängnisse geschleust, von Potsdam über Bautzen, Halle bis ins sächsische Torgau. Entnervt fragte ihn, der später Pfarrer wurde, ein Teilnehmer der idea-Reise: „Wie konnte denn der angeblich so liebe Gott bloß zulassen, dass Sie als völlig unschuldiger Christ dieses schlimme Leid ertragen mussten?"

Seine Antwort ließ einen geradezu atemlos werden. Keine Kritik an diesem brutalen Sozialismus, an seinen Folterern, an bisher kaum erfolgter Rehabilitierung: „Ach wissen Sie, Gott braucht überall seine Leute. In all den Gefängnissen war ich auf meinem Trakt oft der Einzige, der auch den Mitgefangenen sagen konnte, dass Gott auch in diesem Elend als Heiland gegenwärtig ist."

Ein junger Christ kommt unschuldig ins Gefängnis, damit andere von Gott erfahren. Könnte nicht dies Gottes Weg sein: Wir kommen ins Krankenhaus oder müssen den Arbeitsplatz, Beruf, Wohnort wechseln, weil nur so bestimmte Menschen von Gott erfahren können?

Kann sich Gott auf uns verlassen?

Doch kann sich eigentlich Gott auch auf uns verlassen? Was heißt es eigentlich: Gott lieben? Nach dem Neuen Testament ist es eindeutig: Wer Gott liebt, hält seine Gebote. Als Christen lügen wir nicht und schaffen dadurch Vertrauen. Wir vergeben, weil uns durch Gott vergeben wurde. Wir sind nicht geizig, weil wir wissen: Alles Geld, all unser Besitz ist nur eine Leihgabe Gottes zum Dienst an anderen. Wir werden dem Taxifahrer, der uns bei der Quittung fragt: „Wie viel soll ich denn aufschreiben?", sagen: „Das, was wir verfahren haben."

Denn wir wissen, Betrug lohnt sich nicht. Wir sind gegen vorehelichen Sex, aber wir werden der schwangeren Ledigen in unserer Gemeinde als Erste einen Blumenstrauß überreichen. Nämlich für ihren Mut, das Kind auszutragen. Wir werden unserem Kioskbesitzer sagen, dass wir dagegen sind, dass Pornos für jedes Kind sichtbar ausgehängt werden, und Mut machen, anderes zu bevorzugen. Und das werden wir dann gelegentlich auch einmal kaufen, denn wir sind ja nicht geizig. Wir nutzen die Zuschauertelefone des Fernsehens, danken für Gutes und protestieren bei Schlechtem.

Es gibt sogar fünf „Evangelien"

Wir tun das, nicht weil wir uns als besser dünkten – sondern weil wir Botschafter des Höchsten sind. Weil wir wissen: In unserer multireligiösen Gesellschaft zählt nicht in erster Linie, was in Büchern über Religion geschrieben steht, sondern was sich im Leben der Anhänger offenbart. Und da wissen wir: Es gibt fünf Evangelien: Matthäus, Markus, Lukas, Johannes und unser Leben. Wir wissen, das alles soll ohne Krampf geschehen. Nicht unsere Taten bringen uns in den Himmel, sondern unser Festhalten an Jesus Christus. Aber weil er das Beste für uns tut, wollen wir wenigstens versuchen, auch selbst unser Bestes zu geben.

Und warum das alles? Weil wir uns auf unsere Wohnung im Himmel freuen. Mögen andere in die Hölle kommen oder nicht: Wir Christen können uns darauf verlassen: Für uns ist eine Wohnung bereitet, wie es im 5. Kapitel des 2. Korintherbriefes heißt. Und um die Ewigkeit geht es ja. Was ist schon unser Erdenleben, egal wie lang, gegenüber der ewigen Ewigkeit? Daher lohnt es sich, das Leben immer vom Ende her zu betrachten. Der Hamburger Theologieprofessor Helmut Thielicke hat seinen Studenten eingeschärft: „Bei allen Entscheidungen: Denkt immer vom Jüngsten Gericht her. Dann wisst ihr, worauf es ankommt. Dann werdet ihr nicht abhängig von anderen Menschen, abhängig von den großen Versuchungen: Geld, Macht und Sex. Macht immer nur das, was ihr im Einklang mit Christus tun könnt."

Und da lassen wir uns von unserer Umwelt nicht irre machen. Am Abend vor seinem Tode wurde der große Schweizer Theologe Karl Barth von seinem Freund Eduard Thurneysen angerufen. Sie waren besorgt über die Weltlage. Da sagte der Todgeweihte Barth: „Nur ja die Ohren nicht hängen lassen. Es wird regiert."

Und auch darauf können Christen sich verlassen: Die Herren dieser Welt gehen alle, aber unser Herr kommt.

GRUNDWERTE DER BIBEL

Wolfram Kopfermann

Gottes Willen erkennen und leben

(Bibelarbeit über Römer 12,1-2)

„Brüder und Schwestern, weil Gott so viel Erbarmen mit euch gehabt hat, bitte und ermahne ich euch: Stellt euer ganzes Leben Gott zur Verfügung! Bringt euch Gott als lebendiges Opfer dar, ein Opfer völliger Hingabe, an dem er Freude hat. Das ist für euch der ‚vernunftgemäße' Gottesdienst. Passt euch nicht den Maßstäben dieser Welt an. Lasst euch vielmehr von Gott umwandeln, damit euer ganzes Denken erneuert wird. Dann könnt ihr euch ein sicheres Urteil bilden, welches Verhalten dem Willen Gottes entspricht, und wisst in jedem einzelnen Fall, was gut und gottgefällig und vollkommen ist." Römer 12,1-2[1]

Was heißt „Verantwortung übernehmen"?

Zum Kongressthema „Mit Werten in Führung gehen – Verantwortung übernehmen" möchte ich drei Aspekte hervorheben:
1. Wer Verantwortung übernimmt, überlässt die Sache nicht anderen. Er mischt sich ein, er wird selbst aktiv, er ergreift die Initiative.
2. Wer Verantwortung übernimmt, steht zu dem, was er tut oder getan hat, er ist bereit zu haften. Sie kennen alle diesen Mechanismus, der in weiten Teilen unserer Gesellschaft verbreitet ist: Man weist darauf hin, dass einen selbst keine Schuld an einem misslichen Umstand trifft. Stattdessen wälzt man die Schuld auf andere ab, sucht also Sündenböcke. Wir achten Leute, die von einem Amt zurücktreten und dabei erklären: „Ich übernehme die volle Verantwortung für das, was in meinem Verantwortungsbereich misslungen ist, und ich ziehe die Konsequenzen daraus."

3. Wer Verantwortung übernimmt – das liegt im Wort selbst – der ist bereit, Antwort zu geben, also: sich Fragen stellen zu lassen. Er/Sie ist in diesem Sinn bereit, sich zu verantworten.

Wem gegenüber haben Führungskräfte ihr Tun zu verantworten? Aus meiner Sicht gibt es keine simple Antwort. Es gibt ein Bündel von Antworten. Natürlich sind wir gegenüber der Institution oder Organisation, für die wir tätig sind, rechenschaftspflichtig. Natürlich müssen wir uns auch den Menschen gegenüber verantworten, die wir führen und für die wir verantwortlich sind. Gerade dieser Aspekt ist uns vielleicht nicht immer ausreichend bewusst. Wir sind – drittens – unserem Gewissen gegenüber verpflichtet. Und unser Gewissen kann bohrende Fragen stellen, die geradezu wehtun. Paulus hat in diesem Text einen weiteren, übergeordneten Aspekt betont. Für eben jene Christen bzw. „Brüder und Schwestern", von denen in Vers 1 die Rede ist, ist die letzte Instanz, gegenüber der sie sich zu verantworten haben, der Wille Gottes (Vers 2).

Doch es ist nicht allein unsere Aufgabe, die Bibel richtig zu interpretieren, sondern das eigene Tun nach Gottes Willen auszurichten. Es steht uns nicht frei, offensichtliche menschliche Verpflichtungen zu ignorieren, übrigens auch nicht, Notsituationen zu übersehen. Notsituationen schreien uns manchmal gewissermaßen an. Sie scheinen die Frage zu stellen: Unternimmst du denn nichts? Und dann fühlen wir uns häufig in die Pflicht genommen: Es muss etwas geschehen! Wir müssen etwas tun! Hier besteht Handlungsbedarf! Aus meiner Sicht ist das allerdings eines der gefährlichsten Muster. Wenn Christen immer dann handeln, sobald es Handlungsbedarf gibt, drohen sie sich selbst zu überfordern und begeben sich in Gefahr, Gottes Willen zu verfehlen! Je ehrlicher und je sensibler sie sind, desto eher werden sie spüren, dass es zahllose Situationen gibt, in denen ihre Hilfe benötigt wird. Die Not ist unermesslich. Und darum ist es so wichtig, dass nicht die Situation, nicht die Bedürfnisse, nicht die Nöte als solche unser Handeln motivieren, sondern dass wir vielmehr lernen, in solchen Augenblicken zu fragen: Was will *Gott*? Soll *ich* etwas tun? Sollen *wir* etwas tun? Oder sollen *andere* etwas tun? Kann die Sache eventuell warten?

Wenn wir biblisch vom Willen Gottes reden wollen, ist die Unterscheidung zwischen der Offenbarung des generellen Willens Gottes und der Mitteilung des konkreten Willens Gottes nötig und hilfreich.

Als evangelischer Christ glaube ich, dass Gott seinen Willen in der Geschichte seines Volkes, die in Jesus gipfelt, gezeigt hat. Ich glaube, dass das Dokument, in dem sich der Wille Gottes für uns nachlesen lässt, die Bibel ist. Ich glaube in diesem Sinne nicht an fortlaufende oder neue Offenbarungen. Der Hebräerbrief hat es am Anfang so zusammengefasst: „Nachdem Gott in der Vergangenheit in vielfältigster Weise zu unseren Vätern durch die Propheten geredet hat, hat er abschließend zu uns geredet durch den Sohn" (1,1-2).

Wenn es also um die Frage geht: Was hat Gott mit der Menschheit vor, dann bekommen wir durch die Bibel sehr deutliche Antworten, um die wir nicht lange zu beten, für die wir keine persönliche Erleuchtung brauchen. Gott will, dass alle Menschen seine Liebe erfahren. Gott will, dass alle Menschen die Konkretion dieser Liebe, nämlich das Opfer seines Sohnes, erkennen und annehmen. Gott will, dass alle Menschen in eine Vertrauensbeziehung zu ihm treten, dass sie ihn lieben, dass sie ihm folgen. Gott will, dass dies im Rahmen einer Gemeinde geschieht und nicht nur im Rahmen geistlicher Gruppierungen. Gott will, dass wir uns in diesem Leben in der Gemeinde von seinem Geist führen und leiten lassen.

Ginge es hier um Gottes Willen in einer kontextübergreifenden Bedeutung, hätte Paulus diese Verse nicht formulieren müssen. Hier aber geht es vielmehr um seinen *konkreten* Willen für unseren Alltag. Welche Entscheidungen in den Bereichen Erziehung, Kultur, Bildung, Wirtschaft, Politik, Kirche und Gesellschaft lassen sich aus den Versen des Apostels Paulus ableiten? Wie erkennen wir diesen Willen Gottes? Nach Paulus' Sicht offenbart er sich jedem zu jeder Zeit. Er scheint zunächst etwas Verdecktes, manchmal erst allmählich Aufleuchtendes zu sein. Paulus nennt drei Prozesse, die wir durchlebt haben sollten, ehe wir Gottes Willen erkennen können.

Gott will, dass wir ihm unser Leben ganz anvertrauen

Paulus spricht erstens von der Hingabe des gesamten Lebens. Das tut er in einer Sprache, die an Radikalität nicht mehr zu überbieten ist. So sollen wir unser ganzes Leben in all seinen persönlichen Aspekten Gott anvertrauen. Er benutzt dabei die Opfersprache, die früher sehr aussagekräftig war. Opfer wurden aus dem Besten erwählt, das man

besaß. Paulus lehrt, dass das, was bei einer Opferhandlung in einer ver-
dinglichten Form geschah, nun mit uns selbst geschehen soll. Wir
sollen uns selbst sozusagen auf den Opferaltar legen. Dieses Opfer soll
lebendig sein – vom lebendigen Geist Gottes durchströmt. Es soll
heilig, also für Gott ausgesondert sein, und: Er selbst soll daran Gefallen
finden.

Was in Römer 12,1 als ein notwendiger, unabschließbarer Prozess
umschrieben wird, hat für jeden Christen einmal konkret begonnen!
Viele Christen erinnern sich an die Kämpfe, Zweifel, Widerstände, die
sie einst innerlich durchzustehen hatten, als ihnen klar wurde, dass
Gott einen Anspruch auf ihr gesamtes Leben besitzt. Es gab eine Zeit
in ihrem Leben, häufig sogar einen Tag und eine Stunde, in der diese
Bereitschaft durchbrach. Sie haben dann in einem Gebet, das man auf
verschiedene Weise formulieren kann, bei dem es jedoch im Wesentlichen auf die innere Haltung ankommt, ihre Bereitschaft bekundet:
„Ich will dir ganz gehören, Christus. Mein Leben untersteht von jetzt
an dir."

Ich las in diesen Tagen einen Nachruf auf einen Bischof, den ich
wegen seiner geistlichen Gradlinigkeit geschätzt habe. Er soll auf die
Frage nach dem Zeitpunkt seiner Bekehrung sinngemäß geantwortet
haben: „Zuletzt heute Morgen! Und ich weiß nicht, ob es morgen
nicht wieder nötig wird."

Eine solche Einstellung halte ich für angemessen, aber sie kann auch
fehlleiten. Sie tut es dann, wenn nicht deutlich wird, dass es ja immer
einen Anfangspunkt eines solchen Prozesses gegeben hat, auch wenn
sich manche Kinder aus frommen Elternhäusern nicht genau daran
erinnern können. Wenn es einen solchen Anfang nicht gibt, an dem
der Widerstand gegen Gottes Anspruch aufgegeben wurde, kann es
auch keine Fortsetzung geben.

Mir geht es nicht darum, dass diese Entscheidung grundsätzlich
datierbar sein muss und wie sich die Entscheidungsfindung im
Rahmen von psychologischen Prozessen vollzogen hat. Mir geht es
aber darum, dass wir uns auf diesen Prozess der Hingabe tatsächlich
eingelassen haben. Niemand kann Gottes Willen ernsthaft suchen,
der diese Grundentscheidung des Glaubens (also keiner bestimmten
Frömmigkeitsform!) nicht einmal getroffen hat.

Gemeinde muss „Kontrastgesellschaft" sein

Paulus nennt eine zweite Voraussetzung in Vers 2: „Passt euch nicht den Maßstäben dieser Welt an." Im Urtext ist da von dem „Äon" die Rede, dem Weltzeitalter. Ich möchte diese „apokalyptische" Sprache gern in eine soziologische übertragen und von der „Gesellschaft" sprechen. Unsere mitteleuropäische Gesellschaft ist eine nachchristliche und hier und da inzwischen eine antichristliche Gesellschaft. Der Sog, der von ihr ausgeht, ist enorm. Ein Teil davon ist uns gar nicht bewusst. Wir ahnen ihn vielleicht, wenn Leute anderer Kulturen zu uns kommen und uns von ihrem Christsein erzählen. Auch wenn wir eine Grundentscheidung für Jesus Christus getroffen haben, ist es doch nicht selbstverständlich, dass wir die geistlichen Gefahren erkennen, die von dieser Gesellschaft ausgehen, zu der wir gehören und aus der wir uns auch gar nicht lösen wollen: Ihre mannigfaltigen Erwartungen an uns in Verbindung mit den zahllosen Selbstverständlichkeiten, die ihr zu Eigen sind, sind sehr gefährlich! Paulus macht deutlich, dass wir einen Antikurs steuern müssen, oder, um es mit einem sehr prägnanten Wort des Neutestamentlers Gerhard Lohfink zu sagen, dass wir als Gemeinde Christi eine *Kontrastgesellschaft* zu sein haben, eine Gesellschaft mit einem eigenen Wertsystem. Wir können Gottes Willen nicht erkennen, wenn wir Sklaven gesellschaftlicher Mentalitäten bleiben.

Gott will unser Denken erneuern

Paulus nennt eine dritte Voraussetzung, um Gottes Willen erkennen zu können: Er spricht von der geistlichen Erneuerung unserer Vernunft. „Lasst euch vielmehr von Gott umwandeln, damit euer ganzes Denken erneuert wird."

Der griechische Begriff (nous), der hier steht, bedeutet „Vernunft". Ich bin froh, dass Paulus dieses Wort benutzt. Wir hätten vielleicht erwartet, er würde vom „Herzen" reden, denn das „Herz" meint biblisch die Mitte unserer Person. Aber hier ist bewusst von der „Vernunft" die Rede. Ein kluger Christ hat einmal gesagt, die Vernunft sei eine Hure, die dem diene, der sie am besten bezahle. Natürlich ist das ein sehr krasses Urteil, und mir fallen natürlich auch positivere Einschätzungen der Vernunft ein. Entscheidend ist: die Vernunft ist in sich nicht autonom, sondern sie wird gesteuert von grundlegenden Wertent-scheidungen. „Was das Herz nicht will, lässt der Kopf nicht ein."

Die unerlöste Vernunft, die Vernunft, die nicht „getauft" worden ist, die sich nicht einmal grundlegend Christus untergeordnet hat, tritt sehr autoritär auf: „Ich weiß doch, was vernünftig ist, und nur dies ist akzeptabel."

Egal, ob wir unsere Entscheidungen rational oder intuitiv begrün-den, handeln wir doch stets interessengesteuert und nicht aus ratio-naler Einsicht. Nein, unsere Vernunft ist nicht autonom, sie muss er-neuert werden. Und der Maßstab für Erneuerung, an dem sie sich orientieren soll, ist die Bibel, ist Gottes Wort. Wir stellen fest: Bei Leuten, die erst vor kurzem in die Welt des Glaubens eingetreten sind, sind ihre Denkanschauungen und Vorstellungen von dem, was richtig und falsch, gut und böse, christlich und unchristlich ist, noch sehr stark von der Gesellschaft geprägt. Es braucht einen relativ langen Weg, sagen wir einmal ein bis zwei Jahre, bis sie das Denken der Bibel in wesentlichen alltagspraktischen Fragen verinnerlicht haben. Man kann das besonders gut am Beispiel sexueller Wert-vorstellungen illustrieren. In ihrem bisherigen Leben haben sich die Neubekehrten von der mehrheitlich in der Gesellschaft vertretenen Moralauffassung leiten lassen. In der christlichen Gemeinde (nach meiner Empfehlung eine verbindlich lebende Gemeinde) erlernen sie dann einen anderen Umgang mit Sexualität, den sie nicht selten in überheblicher Manier verspottet hatten. Christen müssen in solchen Situationen auf das Wort Gottes hinweisen. Hier orientiert sich se-xuelles Verhalten an einem anderen, an dem biblischen Menschen-bild.

Unsere Vernunft braucht Erneuerung, damit sie nicht vagabun-diert, damit wir nicht auf der einen Seite in frommen Gefühlen schwelgen, was oft sehr einfach ist, und auf der anderen Seite heid-nische Denkgewohnheiten festschreiben.

Nun kann man natürlich fragen: Setzt Paulus hier nicht extrem hohe Standards? Muss man wirklich solche Prozesse durchlaufen haben, um Gottes Willen real zu erkennen? Ich würde gerne eine Gegenfrage stellen: Welches Interesse, Gottes Willen in Bezug auf sein Leben herauszufinden – das war mein erster Punkt –, sollte ein Mensch haben, der sich Gott nie wirklich unterstellt, der die völlige Hingabe nie vollzogen hat? Warum sollte er ernsthaft nach Gottes Willen fragen? Er wird letztlich nach dem Motto handeln: „Mein Wille geschehe, wenn schon nicht im Himmel, so doch wenigstens auf der Erde."

Bezogen auf meinen zweiten Punkt ist zu fragen: Welches Interesse sollte ein Mensch, der im Schlepptau unserer Gesellschaft lebt, daran haben, Gottes Willen herauszufinden? Wenn er doch spürt, dass er sich damit unbeliebt machen könnte, dass Konflikte auf ihn warten (sie werden reichlich kommen)? Wer sich nach allen Seiten absichert und erst dann zaghaft nach Gottes Willen fragt, wird ihn nie erfahren.

Wer nach Gottes Willen fragt, wird Antwort bekommen

Welches Interesse könnte ein Mensch haben, Gottes Willen zu erkunden, der sagt: „Ich tue nur, was mir vernünftig erscheint"? Er wird sich immer zum Richter machen über Gottes Wort. Die unerlöste Vernunft ist nicht bereit, sich der Leitung Gottes unterzuordnen. Sie hat zu viele Vorbehalte. Denn Gott ist zwar nie *un*vernünftig, aber oft sozusagen *über*vernünftig!

Die Sorge, dass Gott dauerhaft schweigt, obwohl wir uns auf diese Prozesse eingelassen haben, brauchen wir nicht zu haben. Paulus geht ganz selbstverständlich davon aus, dass Gott allen, die sich ihm geöffnet haben, seinen Willen zeigt. Er sagt nicht, dass das jedes Mal in einer Stunde passiert oder an einem einzigen Tag. Die unter uns, die auf diesem Gebiet längere geistliche Erfahrung haben, werden das bestätigen. Es kann sein, dass wir vor Gott fragend und suchend stehen, aber zunächst keine Antwort bekommen. Ich halte es allerdings für völlig ausgeschlossen, dass Gott dauerhaft schweigt.

Vielleicht haben Sie die Art, wie Gott antworten könnte, zu sehr eingegrenzt. Vielleicht haben Sie gemeint, dass sich die Zimmerdecke öffnen und eine donnernde Stimme vom Himmel her reden oder ein Engel eintreten oder es zu einem tiefen, aufwühlenden Erlebnis kommen müsste. Nun, es gibt auf diesem Gebiet gelegentlich wirklich ungewöhnliche Erlebnisse. Aber am Ende ist es meines Erachtens am wichtigsten, dass wir in diesem Bereich zu einer ruhigen inneren Gewissheit gelangen: „Ja, ich bin zuversichtlich, dies will Gott jetzt von mir. Und wenn ich mich geirrt haben sollte, dann wird er mir das vergeben, und ich werde auch an meinen Fehlern und Missverständnissen des Willens Gottes wachsen."

Das ist ein wichtiger Aspekt.

Fragen Sie sich ehrlich, ob der Wille Gottes für Sie praktisch die oberste Norm ist. Wenn Sie die Frage verneinen müssen, sollten Sie besser umkehren. Wenn Sie die Frage bejahen: seien Sie doch bereit, sich auf die Prozesse einzulassen, von denen die Rede war:

1. Unterstellen Sie Ihr Leben Gott immer neu. Am besten täglich. „Herr, hier bin ich! Ich möchte dir gehören, mit Haut und Haar." Paulus spricht im Urtext von unseren Leibern. Im Leib werden die Dinge konkret, da werden sie praktisch – wenn es um unsere Hände, unsere Füße, unsere Zunge, unsere Augen geht.

2. Bleiben Sie kritisch gegenüber allem gesellschaftlichen Druck. Und je mehr Sie im Glauben wachsen, umso mehr werden Sie an vielen Stellen einen Unterschied feststellen zwischen dem, was diese Gesellschaft von ihren Trägern oder von ihren Mitläufern erwartet, und was die Bibel dazu sagt.

3. Orientieren Sie sich in Ihrem Denken zunehmend an der Bibel, lassen Sie sich auf einen Prozess der Umschmelzung ein, eine Erneuerung Ihres Wertesystems, eine Erneuerung Ihrer Lebensanschauung, Ihres Menschenbildes.

Gott wird Ihnen seinen Willen nicht immer in einem Tage zeigen. Aber er wird Sie in jedem Falle in Ihren Entscheidungen leiten.

---

[1]   Ich beziehe mich auf die hinsichtlich der Bibelstelle Römer 12,1-2 meiner Ansicht nach sehr gelungene Übersetzung der „Gute Nachricht Bibel".

Horst Marquardt

Zukunft gewinnen – Der wahre Wert der Dinge (1. Petrus 1,3-9)

Mit Werten in Führung gehen – das heißt für viele: mit der Hoffnung leben, es zu etwas zu bringen und Erfolg zu haben. Aber manchmal verläuft das Leben dann doch ganz anders. Selbst im Glauben an Jesus Christus stehen heißt nicht, unbedingt immer Erfolg zu haben, immer gesund zu sein und schmerzlos zu sterben.

Ich denke an einen der Väter des Evangeliums-Rundfunks (ERF), der mit dem ganzen Einsatz seiner Person und seines Betriebes wesentlich den Aufbau und die Anfangsfinanzierung des ERF ermöglichte und der dann aufgrund widriger Umstände Jahre später für seine eigene Firma Konkurs anmelden musste. Dieser Mann zeigte überzeugend, dass er auch trotz des persönlichen Misserfolges Gott vertraute. In den letzten Jahren seines Lebens war er schwer krank, aber nie hörte er auf, dem lebendigen Gott zu vertrauen.

Gott verhilft zu einer Einstellung zum Leben und den Werten dieses Lebens, wie man es sich besser nicht wünschen kann. Was ist der wahre Wert der Dinge – der wahre Wert dessen, was im Leben und im Sterben trägt? Um Antwort zu finden, lohnt es sich, wertvolle Hinweise im 1. Petrusbrief zu beachten. Vielleicht können wir ein Gebet des Kirchenvaters Augustin zu dem Unseren machen: „Herr, schenke mir ein Wort für mein Herz und ein Herz für dein Wort!"

Im 1. Petrusbrief wird uns gezeigt, was Wert hat. Wir beschränken uns auf die Verse 3 bis 9.

1. „Ihr werdet bewahrt." (Vers 5)

Zu viele unserer Zeitgenossen lassen sich von Menschen, Mächten und einem verführerischen Materialismus gefangen nehmen. Die Folge sind Menschenfurcht, Angst und Gebundenheit.

Wer in der Furcht vor Menschen, in der Angst vor kommenden Ereignissen oder gebunden an materielle Werte lebt, wird diese

Bewahrung nicht erfahren. Er sucht sich seine eigenen Sicherheiten, baut sich seine eigenen Brücken und bleibt ein Leben lang auf der Suche nach Besserem, Beständigerem, Bedeutenderem. Petrus konnte Gott loben. Er hatte die Macht Gottes kennen gelernt, die durch den Glauben bewahrt wird. Wer Gott vertraut, weiß, dass er über seinem Leben wacht, dass er bewahrt vor Menschenfurcht, dass er Angst nimmt, dass er befreit von einer Gesinnung, die sich nur vergängliche Werte sucht und vergängliche Werte festhalten will.

Bewahrt werden zur Errettung – das hat im Neuen Testament eine sehr vielschichtige Bedeutung. Ich denke etwa an die

● Rettung aus Gefahr (Matthäus 8,25),
● Befreiung von Krankheit (Matthäus 9,21),
● Stärkung in der Verfolgung (Matthäus 10,26),
● Errettung von der Macht der Sünde (Matthäus 1,21).

Bewahrung, Errettung – beides hat zeitliche und ewige Dimension. Gott hält Wache über alle, die wiedergeboren sind zu einer lebendigen Hoffnung durch die Auferstehung Jesu Christi von den Toten. Mit anderen Worten: Gott hält Wache über alle, die sich bewusst Jesus Christus zugewandt haben. Er hält Wache über alle, deren Sünde und Schuld vergeben ist. Er wacht über alle, die bezeugen können, dass Jesus zur Vergebung ihrer Schuld am Kreuz gestorben ist und die der Aussage des Neuen Testaments vertrauen, dass Jesus Christus von den Toten auferstanden ist. Das müssen manche von uns vielleicht ganz neu vernehmen.

„Ihr werdet bewahrt", wir werden bewahrt – wozu denn? Um das erben zu können, was im Himmel aufbewahrt wird. Das scheint nun so unendlich weit zu sein. Was weiß ich vom Himmel? Wer garantiert mir, dass ich dieses Erbe bekomme? Das sind verständliche, aber eigentlich törichte Fragen, denn Gott hält Wache über mir. Er will dafür sorgen, dass mir der Himmel nicht verschlossen bleibt, auch wenn mir das zu abstrakt ist und mein Verstand nicht reicht, um es zu begreifen.

Erbschaft ist nur möglich aufgrund einer sehr persönlichen, verwandtschaftlichen oder vertraglichen Vereinbarung. Dem wiedergeborenen Menschen sagt Gott zu: Du gehörst mir. Er gestattet dem Glaubenden aber zugleich zu sagen: Gott gehört mir. Sehr schön kommt das in dem Lied zum Ausdruck: „Warum sollt' ich mich denn grämen", in der Strophe: „Herr, mein Hirt, Brunn aller Freuden, du bist mein, ich bin dein, niemand kann uns scheiden."

Obwohl so etwas zu den schönsten Aussagen gehört, die Gott uns ermöglicht, wird uns die heutige Gesellschaft mit dieser Terminologie kaum verstehen. Es ist ja eine arme Gesellschaft. Sie ist gottlos, vaterlos, zukunftslos. Wir stoßen als Christen zurzeit nicht nur auf Unverstand, sondern in wachsendem Maß auf Ablehnung. Noch werden wir geduldet.

In anderen Teilen der Welt ist das bereits anders. Da werden Christen bedrängt und verfolgt. Können sie auch sagen: Wir werden bewahrt?

Der 1. Petrusbrief wurde in einer Zeit geschrieben, als es den Christen gar nicht gut ging, als es keine Gesellschaft gab, die sich aus jüdisch-christlichen Wurzeln speiste. Im Gegenteil, seit Neros Regierungszeit (54 bis 68 n. Chr.) waren alle Christen ständig der Todesgefahr ausgesetzt. Das hinderte die Christen aber nicht, von der lebendigen Hoffnung zu sprechen, die sie durch die Auferstehung Jesu Christi von den Toten hatten. In ihm wussten sie sich geborgen – im Leben und im Sterben. Das Wissen, einem auferstandenen Herrn anzugehören, und der Glaube, selbst einmal auferstehen zu werden, gab den Christen Kraft. Sie wussten damals sehr genau: „Leben mit Gott kann ich nur, wenn ich daran festhalte, dass Jesus auferstanden ist."

Auch Paulus bekannte das. Auch ihm war bewusst, dass er über den eigenen Schatten zu springen hatte, um das vernunftgeschwollene Ich hinter sich zu lassen. Auf dem Areopag ist er ausgelacht worden, als er von der Auferweckung Jesu sprach. „Die Auferweckung Jesu ist eben das Kernstück, die Krone des Evangeliums, um das es geht. Sie ist das Kennzeichen jedes echten Christenstandes" (Otto Michel: Aufsehen auf Jesus, S. 81).

Damals wie heute können Christen bezeugen: Gott schenkt den Glauben, er lässt ihn wachsen, er kann und will ihn bewahren. Das Erbe heißt also: bei Gott sein, ihm für immer verbunden sein. Petrus schildert noch etwas genauer, was darunter zu verstehen ist. Das Erbe ist unvergänglich, unbefleckt und unverwelklich. Mit anderen Worten: Bei Gott gibt es keine Veränderung, er bleibt immer derselbe. Man kann ihn schmähen und mit Worten beschmutzen, er selbst bleibt unbefleckt.

Das gilt auch in einer Zeit, in der der christliche Glaube infrage gestellt wird und nicht länger so geschützt wird wie in der Vergangenheit. Es ist ja offensichtlich, dass zurzeit die künstlerische Freiheit und die Pressefreiheit einen gesellschaftlich höheren Stellenwert einnehmen als die Glaubensfreiheit. Das zu akzeptieren, fällt mir manchmal sehr schwer. Aber ich will mich nicht beeindrucken lassen von der fortschreitenden Säkularisierung.

Wir werden uns daran gewöhnen müssen, dass man Christen zu Fanatikern und Ketzern stempelt, während New-Age-Gedankengut gewöhnlich „cool" dargestellt wird oder von Vertretern anderer Religionen der Eindruck erweckt wird, wie vorbildlich sie sind. Die Verweltlichung der Gesellschaft will manche Christen entmutigen. Was können wir bloß tun, wenn die gesamte Gesellschaft sich entschließt, auf dem breiten verführerischen Weg voranzustürmen?

Dabei ist es nicht so, dass die christliche Kirche sich noch nie in einer solchen Situation befunden hätte. Im ersten Jahrhundert nach Christus belief sich die Zahl der Christen auf 0,0034 Prozent der damaligen Bevölkerung des römischen Imperiums. Sie waren umgeben von heidnischen Kulten und einer Gesellschaft, die nichts Anstößiges in praktizierter Homosexualität, in Sauforgien (besonders denen, die bei religiösen Festen abgehalten wurden) und Säuglingsmord (besonders von Mädchen) sah. Und was taten die Christen? Sie lebten nach der Lehre, die ihnen in der Bergpredigt gegeben wurde. Sie bezeugten voller Stolz ihren Glauben, wenn sie verfolgt wurden und waren bereit, dafür ins Gefängnis zu gehen oder sogar dafür zu sterben. Sie verfassten philosophische Verteidigungsschriften über ihren Glauben. Sie ernährten und kleideten die Armen und retteten Kinder vor dem Tod. Sie beteten Gott in einer Art und Weise an, die sich völlig von ihrer heidnischen Umwelt unterschied. All das hinterließ langsam seine Spuren (nach Marc Galli).

Für viele ist es eine Anfechtung, dass Christen so angreifbar geworden sind, dass ihre Minderheitenrolle so unbedeutend zu sein scheint. Ich leide darunter, dass die Gemeinde Jesu oft einen so erbärmlichen Eindruck macht. Aber dann werde ich wieder froh, dass Gott gerade dieses kleine Häuflein, diese kleine Herde, dieses bisschen Salz so bewahrt. „Ihr werdet euch freuen, auch wenn ihr hin und wieder traurig seid über Unzulänglichkeiten und Kleinglaube."

Josef Kardinal Ratzinger wurde unlängst von einer Wochenzeitschrift interviewt. Auf die Frage, ob nicht vieles in der Kirche, ja ihr gesamter Auftrag widersprüchlich sei, sagte er: „Die Kirche hat in der Tat den großen und wesentlichen Auftrag des Widerspruchs gegen die Moden, gegen die Macht des Faktischen, gegen die Diktatur der Ideologien (…) Heute leiden wir darunter, dass sie dabei zu wenig widersprochen hat (…)" („Gott und die Welt", nach Focus 38/2000, S. 118). Ratzinger spricht in diesem Zusammenhang die Märtyrer an, die sich nicht gebeugt haben. Das gilt bis in unsere Tage.

Haben Sie die Geschichte von Romulo Saune gehört? Auf der Konferenz der World Evangelical Fellowship im Jahr 1992 in Manila wurde er ausgezeichnet für seinen anhaltend mutigen Einsatz zur Verkündigung des Zeugnisses von Jesus Christus mitten unter harter Bedrängung und Terrorismus. Großen Einfluss auf das Leben von Romulo hatte seine Mutter, eine Ketchua-Indianerin, deren Vorfahren zu den berühmten Inkas gehörten. Als Romulo vier war, hörte seine Mutter von durchreisenden Christen das Evangelium. Sie wurde Christin. Ihr Ehemann hielt sie für verrückt. Sieben Jahre betete sie für ihn. Ihr Mann aber kam wegen eines Diebstahls ins Gefängnis. Dort begegnete ihm ein Gefängnismissionar, unter dessen Verkündigung auch er zum Glauben kam. Nach seiner Entlassung wurde Romulos Vater ein Prediger des Evangeliums. Romulos Mutter war Analphabetin. Sie hätte aber so gerne die Bibel gelesen. Nachdem sie zum Glauben gekommen war, ging sie regelmäßig zu Menschen, die lesen konnten und ließ sich von ihnen weiterhelfen, aber sie hatte nur eine alte Übersetzung, die schwer zu verstehen war. Darum machte sich Romulo an die Bibelübersetzung und konnte 1991 die Übersetzung in Ketchua zu Ende bringen. Zwei Jahre vorher war sein Großvater – ebenfalls ein Christ – von Terroristen des Leuchtenden Pfades getötet worden, weil er der Aufforderung, nicht länger das Evangelium zu predigen, nicht nachgekommen war. Romulo wurde gewarnt, in das Terroristengebiet zu gehen, aber er ließ sich nicht zurückhalten. Im September 1992, also nur wenige Monate nach seiner Auszeichnung, lauerten ihm Terroristen des Leuchtenden Pfades auf und töteten ihn.

Stimmt das vielleicht gar nicht mit der Bewahrung? Petrus hat nicht gesagt: „Ihr werdet vor dem Martyrium bewahrt bleiben, ihr werdet vor Unfällen bewahrt bleiben, es wird überhaupt nichts Schlimmes passieren", sondern: „Ihr werdet aus Gottes Macht bewahrt durch den Glauben zur Seligkeit."

Ach, werden manche sagen, da ist sie wieder, die berühmte Vertröstung auf die Ewigkeit, auf das selige Sterben. Hat das Christentum nichts Verbindlicheres für diese Zeit und für diese Welt zu sagen? Petrus hat den Leuten seiner Zeit zugemutet, dass sie in mancherlei Anfechtungen fallen könnten, damit sich ihr Glaube als echt erweise. Aber was heißt das denn nun – echt gläubig? Das heißt, sich damit abfinden, dass die Dinge bei Gott anders laufen, dass Gott sogar einen Bibelübersetzer für ein Krisengebiet dieser Welt zum Märtyrer werden lässt. Christusgläubige Menschen vor uns haben gewusst – und wir sollten das auch bedenken: Gott belohnt vor seinem Thron die Treue, nicht die Größe des Dienstes!

2. „Ihr werdet euch freuen ..." (Verse 6 und 8)

Ihr *werdet* euch freuen. Noch einmal: Ist christlicher Glaube nicht doch Vertröstung auf die Zukunft? Und macht mich solcher Trost am Ende untüchtig?

Wir leben ja in allem auf etwas hin, was kommt: der Schüler auf das Ende der Schulzeit, der Student auf seine Examina. Die junge Familie hat ihre Ziele und lebt der Zukunft entgegen. Menschen, die ihre Karriere machen, haben große Ziele. Selbst Rentner haben noch Ziele. Also alle erwarten etwas vom Zukünftigen und das ist nichts Lebensuntüchtiges oder Unrealistisches. – Warum sollte gerade für den Glauben das Warten auf Zukünftiges etwas Negatives sein? „Dann werdet ihr euch freuen", allerdings nicht mehr an den Dingen der Welt, denn – so hat Petrus entdeckt – alles ist vergänglich, ist leicht zu beflecken und verwelkt.

Der Apostel Johannes hat gesagt: „Die Welt vergeht mit ihrer Lust" (1. Johannes 2,17). Das mag zwar manchem sehr unwahrscheinlich erscheinen, die meisten richten sich doch sehr häuslich ein auf dieser Erde. Christen aber sagen: Auf uns wartet Besseres! Dass sie das sagen, ist doch kein Zeichen von Schwäche, keine Ausflucht! Wenn ich mich zum Beispiel nach Monaten harter Arbeit auf den Urlaub am Meer freue, in Sand und Sonne unter blauem Himmel, dann ist das doch keine Schwäche. Im Gegenteil, aus solcher Hoffnung gewinne ich Kraft. Wenn schon Freude auf einen kommenden Urlaub so beschwingt, warum sollte uns dann nicht die Hoffnung auf ein „Leben in Gottes herrlicher Gegenwart" beflügeln?

Auf uns wartet Besseres. Was denn? Der Apostel Paulus zitiert einmal den Propheten Jesaja (64,3) und sagt: „Was kein Auge gesehen hat und kein Ohr gehört hat und in keines Menschen Herz gekommen ist, was Gott bereitet hat denen, die ihn lieben" (1. Korinther 2,9).

Meine älteste Tochter arbeitete jahrelang mit behinderten Menschen. Als ich sie zum ersten Mal in einer evangelischen Einrichtung besuchte und an einem Gottesdienst teilnahm, war Adventszeit. Die große Gemeinde mit vielen Behinderten sang: „Wachet auf, ruft uns die Stimme ..." einschließlich der dritten Strophe, in der es heißt: „Gloria sei dir gesungen ..." und „kein Aug' hat je gespürt, kein Ohr hat mehr gehört solche Freude, des jauchzen wir und singen dir, das Halleluja für und für."

Ich liebe dieses Lied sehr und meinte es zu kennen, aber als ich die Behinderten das singen hörte, war es mir, als hörte ich es zum ersten Mal. Mir war es, als sei Jesus mitten unter uns. Hatten und haben die Behinderten vielleicht mehr Zugang zu dieser Freude, von der uns Petrus und auch andere sagen wollen?

Von einem anderen Fall las ich. Da hat ein geistigbehindertes Kind am Grab eines Leidensgenossen gerufen: „Gute Reise und Grüße an Jesus!" (W. C. van Dam: Tote sterben nicht). Vater Bodelschwingh wusste Ähnliches zu berichten von den behinderten Menschen, um die er sich kümmerte. Da ist Freude. Erich Schick hat einmal gesagt: „Sehen auf das Unsichtbare bedeutet nicht den Blick in das Unbestimmte und Grenzenlose, in das Gespensterreich der Fantasie..., sondern den Blick, von dem der Evangelist berichtet: ‚Sie sahen niemand als Jesus allein'" (Der Christ im Leiden, S. 165).

Petrus sagt: „Dann werdet ihr euch freuen. Es wird Jubel sein, der über alles Zeitliche hinweghebt. Jubel über die ewige Rettung."

Die griechische Wortwurzel „jubeln" enthält schon inhaltlich gefüllt die ganze Macht dieser Freude, denn dieses Wort heißt auch: glänzen, feiern, prunken, frohlocken. „Die ihr in Anfechtung fallt, die ihr leiden müsst, freut euch!"

In Indonesien, Pakistan, Nordnigeria erleben in diesen Monaten Menschen Ähnliches wie die Christen, denen Petrus damals schrieb. Ich zitiere noch einmal Erich Schick: Leiden ist „Einweisung in die himmlische Welt". Mit solchem Glauben werden wir begreifen lernen, dass Anfechtungen nicht zerstören, sondern festigen und vertiefen wollen.

Damit Gott feststellen bzw. prüfen kann, ob unsere Liebe zu ihm echt ist, wird alles Unechte weggebrannt, damit nur das Gold bleibt. Während Feuer sonst ja alles vernichtet, ist es beim Schmelzen so, dass erst die Schlacke abfallen muss, damit das Edle Gestalt gewinnen kann.

Vielen schmecken solche Aussagen nicht. Das klingt so rigoros, meinen sie. Doch Gott meint es gut! Was könnte denn alles wegbrennen – vielleicht auch bei uns? Zum Beispiel Egoismus, Kaltherzigkeit, Stolz, Angeberei, Geltungssucht, Unehrlichkeit, Begierden, Schamlosigkeit. Und was ist das Gold, das bleibt? Es sind lauter Werte, die unsere Gesellschaft so nötig braucht: Barmherzigkeit, Dankbarkeit, Demut, Zurückstehen können, Heiligkeit, Zucht und die Bereitschaft, dem Zeitgeist entgegenzustehen mit dem Wissen: „Wer sich nicht mehr schämt, ist unverschämt" (Probst Armin Kraft).

Wir brauchen auch die Freude, die uns geschenkt wird, wenn wir anderen helfen. Wir brauchen einander, und darum ist es falsch, um Einzugsbereiche zu kämpfen.

Wir müssen aufpassen, dass es in unserer Gesellschaft nicht zu einem „Aufstand der Unanständigen" kommt. Petrus gebraucht nur wenige Worte. Er sagt: „Das, was nach der Läuterung durchs Feuer bleibt, ist Lobpreis und Ehre."

Es macht Freude, Gott zu loben. Man entdeckt Gott ganz neu, wenn man anfängt ihn zu preisen. Jede Kleinkariertheit und alle Furcht vor den Mächtigen dieser Welt muss weichen, wenn wir ihn ehren.

3. „... ihr werdet ans Ziel gelangen" (Vers 9)

Diese Zusage ist kein geistliches „Auf-die-Schulter-Klopfen" nach dem Motto: „Ihr werdet's schon schaffen!" Was Gott verspricht, das hält er. Oder wie es der Römerbrief sagt: „Was Gott verheißt, das kann er auch tun" (Römer 4,21).

Was ist das für ein Gott? Auf jeden Fall ist er anders als das buddhistische Denken, das eine einzige Verneinung ist: Es gibt keinen Gott, keinen Schöpfer, kein Ich.

Der Gott, von dem wir sprechen, ist auch etwas anderes als die Vorstellung der griechischen Sophisten mit ihrer Erkenntnis: Der Mensch ist das Maß aller Dinge (Pythagoras). – Für den Islam ist Gott eine unpersönliche Macht, deren Wesen letztlich verborgen bleibt.

Wenn *Christen* zu Gott beten, dann ist es nicht ein Gebet zu einem fernen, fremden, unbekannten Gott, sondern zu dem Gott, der der Vater Jesu Christi ist, zu dem wir mit kindlichem Vertrauen und unbefangen kommen können. In der Bindung an ihn, in der Glaubensbindung, werden wir ans Ziel kommen. „Dann werdet ihr am Ziel eures Glaubens sein."

Ich will ans Ziel kommen. Dazu muss ich das Ziel ins Auge fassen.

Ich hörte von drei Burschen, die um die Wette liefen. Der eine schaute auf seine Füße und kam nicht richtig auf Touren. Der andere schaute auf die Mitläufer und konnte es ihnen doch nicht gleichtun. Aber einer schaute aufs Ziel – er wurde Sieger! Sicher, es ist nur ein Bild, aber Sie verstehen, was es sagen soll: Gott ist dieses Ziel. Er erwartet, dass wir nicht auf dieses oder jenes schauen, sondern auf ihn. Vertrauen ist zu lernen. In diesem Lernprozess kommen wir nie an ein Ende. Auch der Glaube, der Gott unerschütterlich vertraut, muss zeitlebens erprobt werden.

Wir lernen nach den Vorgaben Jesu. Er ist der große Lehrmeister. Er lehrt, wie wir

- standhaft sein können im Glauben,
- unser Leben nach seinen Wertvorstellungen führen,
- geduldig lernen, im Leiden auszuharren (Vers 11).

Petrus möchte mit seinem Brief, dass sich Gottes Volk bewährt. Das will er auch im Blick auf die Beziehung der Christen untereinander, aber auch im Verhalten in der Öffentlichkeit, wie die weiteren Verse des ersten Petrusbriefes zeigen.

Wer die Christen über den Glauben an Jesus Christus befragt, soll eine verständliche Antwort bekommen – auch wenn die Umwelt feindlich ist. Petrus geht davon aus, dass Verfolgung nicht das Besondere ist, sondern das Normale. Die Empfänger des Briefes

- befinden sich in mancherlei Anfechtungen bzw. Versuchungen (1,6),
- werden wahrscheinlich als Übeltäter verleumdet werden (3,16),

- werden hitzigen Anfechtungen ausgesetzt sein (4,12),
- werden vermutlich um der Gerechtigkeit willen leiden (3,14).

„Dieser Brief macht Schluss mit der Vorstellung, wenn die Christen nur richtig glaubten, würden sie am Ende schon die Welt mit dem Evangelium durchdringen. Das ist der Gemeinde Jesu Christi nicht verheißen. Sie wird eine Minderheit sein und bleiben. Das gehört zu ihrer Identität. Die Frage ist, ob sie das wahrhaben und die Konsequenzen tragen will" (G. Hörster).

Bemerkenswert ist ja, dass Petrus den Empfängern des Briefes sagen kann: Ihr habt ihn (Jesus Christus) nicht gesehen und habt ihn doch lieb! Das ist es, was der Apostel Paulus mit den Worten wiedergibt, dass ein Christusnachfolger jetzt im Glauben steht und noch nicht im Schauen (2. Korinther 5,7). Oft haben wir nichts vorzuzeigen. Im Glauben stehen heißt nicht, unbedingt immer Erfolg zu haben, immer gesund zu sein, nie zu sterben.

Petrus wagt diese Aussage – die ja sicher damals auch schon bezweifelt und hinterfragt wurde: „Ihr werdet euch freuen, ihr werdet jubeln."

Aber – das ist seine Einschränkung – der vollkommene Jubel wird erst in der Ewigkeit laut werden. Das Ziel des Glaubens, die Vollendung des Glaubens, ist die Rettung der Seelen, wobei hier Seele sicher nicht im griechisch-philosophischen Sinn zu verstehen ist, sondern Seele meint das Eigentliche des Menschen, seine Persönlichkeit. Das griechische Wort für „Ziel erlangen" kann man auch wiedergeben mit „durch viel Mühe erlangen". Es braucht den ganzen Einsatz, das gewollte Streben, das Ziel des Glaubens, die Rettung der Seele.

Viele Christen scheuen sich, über dieses Thema zu sprechen. Da ist auch viel Kitschiges gesagt und gesungen, viel Klischeehaftes und Spekulatives verbreitet worden. Manche schweigen deshalb lieber. Doch wir Christen brauchen nicht zu schweigen, wenn es um die Vollendung geht. Wir wollen Gottes Güte bezeugen. Allerdings „mehr als ein Stammeln und Stottern, mehr als ein Hinweisen und Hindeuten vermögen wir nicht" (Siegfried Kettling).

„Wir werden bei dem Herrn sein für immer" (1. Thessalonicher 4,17). Das ist Sinn und Ziel unseres Lebens, dazu sind wir geschaffen. Wir wollen Geschöpfe sein, die in der ungebrochenen Gemeinschaft mit ihrem Schöpfer ganz eingehüllt sind in das Licht seiner Herrlichkeit. Es geht also um das „Bei-Jesus-Sein".

Ich hatte vor einigen Wochen ein Interview mit einem Ehepaar, das durch tiefes Leiden gegangen ist. Die Frau hatte für ihren kleinen Jungen ein Schlafmittel verschrieben bekommen: Contergan. Damals wusste man noch nicht, wie gefährlich dieses Medikament ist. Die Mutter nahm etwas, um zu kosten, was sie ihrem Kind geben sollte. Sie wusste zu dem Zeitpunkt nicht, dass sie wieder schwanger war. Als das Kind geboren wurde, kam es ohne Arme auf die Welt. Die Frau hatte am Morgen, als sie zur Entbindung ins Krankenhaus ging, von ihrem Mann den biblischen Zuspruch bekommen „Gott ist gut und gnädig, von großer Güte allen, die dich anrufen" (Psalm 86,5). Aber nun sah sie sich mit ihrem Mann „ins tiefe Wasser geworfen".

Eine der größten Sorgen der Mutter war in jener Zeit, wie ihr Junge einmal den Kugelschreiber halten sollte, wenn er zur Schule kommen würde. Dann entdeckte man, dass das Kind auch einen Herzfehler hatte. Und noch nicht genug der Schwierigkeiten, irgendwann zeigte es sich, dass ihr Kind taub war. Es wuchs auch nicht richtig und nahm nicht an Gewicht zu. Es wog nur 16 Pfund. Nun wurde deutlich, dass das Kind ein Pflegefall bleiben würde. Man muss die Mutter erlebt haben, wie sie von diesem Kind sprach, wie sehr sie es liebte. Wie sie es auch nicht weggeben wollte. Als das Kind fünf Jahre alt war, machte Gott ihr klar, dass es ihm gehöre und nicht ihr und dass sie es loslassen müsste. Eines Tages war es ihr, als wenn Gott ihr deutlich sagte: Lass deinen Sohn los, morgen werde ich ihn zu mir nehmen. Die Mutter bekennt, dass ihr das zwar merkwürdig vorkam, aber dass sie sich ganz gewiss war, dass es wirklich am Tage darauf geschehen würde. Abends verabschiedete sie sich von ihrem Kind. Sie sagt, dass da ein unbeschreibliches Leuchten auf seinem Gesicht war. Da war es ihr klar, warum sie früher öfter ein Gebet gesprochen hatte, das ihr auch jetzt nicht aus dem Sinn kam: „Lass mich deine Herrlichkeit sehen!"

Sie sagte: „Denn da war wirklich ein Stück der Herrlichkeit Gottes zu sehen. Da war etwas zu spüren von jenem Text, der auch gesungen wird: ‚Kein Aug' hat je gespürt, kein Ohr hat mehr gehört solche Freude'. Dieses unbeschreibliche Leuchten im Gesicht des kranken Kindes war für mich ein Stück der Herrlichkeit Gottes."

Am nächsten Tag war der kleine Sohn tot.

„Lass mich deine Herrlichkeit sehen!" Verfolgung, Trübsal und Leid sind für den Christen nicht das Ende. Hinter allem wird die

Herrlichkeit Gottes sichtbar. Beim Sterben wird es besonders deutlich, denn der Wiedergeborene kommt vom Glauben zum Schauen.

Wir fassen zusammen: Zukunft gewinnen – dazu ist es wichtig, dass der wahre Wert der Dinge erkannt wird. Je mehr ein Mensch sich von Gott entfernt, desto wertloser wird ihm selbst Wertvolles. Aber je mehr der Mensch nach dem Willen Gottes fragt, desto mehr wird er entdecken, dass selbst das, was die Welt für wertlos hält, bei Gott durchaus wertvoll ist. Ich will nicht Wertloses fördern und mich dafür einsetzen und Kraft und Zeit verschwenden. Doch will ich werthalten, was in Gottes Augen wert ist: Für ihn und mit ihm zu leben und zu sterben. „Leben wir, so leben wir dem Herrn, sterben wir, so sterben wir dem Herrn, darum: wir leben oder sterben, so sind wir des Herrn" (Römer 14,8).

Diesem Jesus Christus, unserem Herrn, ist gegeben alle Gewalt im Himmel und auf Erden. Er ist der, von dem es im Epheserbrief heißt, dass er eingesetzt ist zur Rechten Gottes, nicht allein in dieser Welt, sondern auch in der zukünftigen (1,20). Ihnen und mir soll das Wissen wertvoll sein: Ihr werdet bewahrt, ihr werdet euch freuen, ihr werdet das Ziel erlangen, ihr werdet die Zukunft gewinnen. Jesus Christus hat es versprochen.

EHRLICH UND WAHRHAFTIG AUF ERFOLGSKURS

Friedbert Gay

**Ehrlich währt am längsten –
Langfristiger Unternehmenserfolg durch
christliche Werteorientierung**

1. Christliches Value based Management

Der Titel ist Programm. Er bringt zum Ausdruck, dass diese bewährte Volksweisheit auf eine langfristige Perspektive hin angelegt ist. Aber auch, dass es darum geht, unser Christsein ins Spannungsfeld des Unternehmens mit einzubringen.

Meine Gedanken stützen sich dabei zum Teil auf einen Vortrag von Jim Gabbert, Chef eines großen Einrichtungshauses in den USA. Dessen Grundgedanken habe ich aufgenommen und für mich neu erarbeitet.

Ich selbst bin in der Weiterbildungsbranche tätig und helfe Menschen, sich zu entwickeln. Gott selbst ist im „Business" von „Veränderung von Menschen" und ich denke, er hat unmissverständlich klargemacht, dass er uns als seine Mitarbeiter sieht. Die Aufgabenbeschreibung könnte wie folgt lauten: Liebe Gott von ganzem Herzen und von ganzer Seele, und liebe deinen Nächsten wie dich selbst. Das „Mission Statement" ist der Missionsbefehl in Matthäus 28.

Vielleicht ist dies für einige ein ungewöhnlicher, vielleicht auch herausfordernder Gedanke, aber wir müssen wissen, dass es von der großartigsten Sache der Welt handelt, und wir sind ein Teil davon.

Auf der anderen Seite haben wir auch ganz hervorragende Voraussetzungen: einen stets verständnisvollen und vergebungsbereiten Chef, eine wichtige und Menschen ausfüllende Arbeit, eine emotionale, eine Menschen berührende Sache. Nicht zu vergessen die vielen zusätzlichen Vorteile: eine ewig gültige „Lebensversicherung" – schon gratis mit dabei – und ein himmlischer „Rentenplan".

Also – ob wir es wollen oder nicht – wir sind Teil von Gottes

Business hier auf Erden, und für mich ist es sehr klar, dass mein Unternehmen DISG Gottes Business ist und auch Ihr Unternehmen dazugehört. Egal wo wir dazugehören, Gott will, dass sein Business – dass alle Menschen „zur Erkenntnis der Wahrheit kommen" und „Leben die Fülle haben" – überall stattfindet.

Von unserer Historie, unserer Kultur her gesehen sind ja Staat und Kirche – bis auf die Kirchensteuer – voneinander getrennt, und das bedeutet natürlich auch, dass Geschäftswelt und Glaube in unserer Kultur getrennt sind.

Zum Business gehören Körper und Geist oder noch schlimmer: „Dein Körper und mein Geist."

Aber Gott hat uns als ganze Menschen erschaffen, und deshalb ist die Trennung nicht das „Normale". Das heißt einfach, dass das Gebet auch in der Führung unseres Unternehmens für mich sehr wichtig ist. Ich möchte jetzt einiges darstellen, was ich selbst mitgemacht habe und von dem ich überzeugt bin, dass es dem Willen Gottes entspricht. Es handelt sich zum großen Teil um Erfahrungen der letzten drei Jahre, die sicher in meinem Handeln nachzuvollziehen sind und von denen ich glaube, dass sie sich in unserem Unternehmen auswirken. Ich will die „falschen Propheten" aufzeigen, die vielleicht auch in Ihren Unternehmen anzutreffen sind.

2. Drei falsche Propheten

Drei von mir als falsche Propheten bezeichnete Theorien möchte ich zur Diskussion stellen. Im Einzelnen sind dies: der *Taylorismus*, benannt nach Frederic Taylor, auch als *Wissenschaftliche Betriebsführung* bezeichnet. Der *Behaviourismus* nach B. F. Skinner, in dem es um die *Verhaltenspsychologie geht.* Und drittens geht es um den *Darwinismus*, der auf die *Evolutionstheorie* von Charles Darwin begründet ist.

Hier zunächst eine kurze Übersicht.

a) Wissenschaftliche Betriebsführung: Scientific Management. Das Paradigma von Frederic Taylor lautet, dass die Organisation, also das Unternehmen, eine Maschine ist und der Mensch ein Zahnrad. Die Unternehmensleitung muss nichts anderes tun, als die Maschine gut zu schmieren. Diese Maschine dient beim Taylorismus ebenfalls als Metapher, als Hinweis auf das Ziel, menschliche Energie optimal zu nutzen (Fließband etc.); das Bild des Mitarbeiters entspricht dem Zahnrad. Somit ist er austauschbar. Taylors Grundidee besteht darin, Leistungsbereitschaft ausschließlich von finanziellen Anreizen abhängig zu machen und eine weitgehende Arbeitsteilung, einen Aufbau von Hierarchie sowie eine zentrale Kontrolle zu etablieren.

b) Verhaltenspsychologie: Behaviourismus. Das Paradigma besteht darin, dass der Mensch ein Tier ist. Als Metapher dienen Ratte und Käse. Die Kernelemente dieser Denkrichtung sind Reiz und Reaktion, Strafe und Belohnung und die Vorhersagefähigkeit von menschlichem Verhalten.

c) Evolutionstheorie nach Darwin: natürliche Auslese. Das Paradigma ist der Kampf ums Überleben, die Metapher ist der Dschungel. Das zentrale Element besteht aus dem Prinzip des Überlebens des Fitteren, also dem „Fressen oder Gefressen werden".

Anschließend erfolgt ein Vergleich mit dem *christlichen Paradigma*, jenem Paradigma von Liebe und Gnade, dessen Metapher der Leib ist. Die Elemente sind wechselseitige Abhängigkeit als Teil eines Ganzen und der Annahme, dass Menschen geistliche Wesen sind. Sie haben einen freien Willen und freie Wahlmöglichkeiten.

Zu a) Wissenschaftliche Betriebsführung

Aussagen wie „Dieses Unternehmen muss komplett überholt werden" oder „Die arbeiten wie eine getunte Maschine" stammen von Menschen, die genau in diesem Paradigma denken. Bei der Wissenschaftlichen Betriebsführung kommt die Macht von der entsprechenden Position, vom Titel und von der Erfahrung. Unternehmen in diesem Paradigma haben Erfolg, in dem sie sich „durchstylen", durch und durch „Engineering" betreiben und das Unternehmen so zur Spitzenleistung bringen.

Die Führungskräfte haben Erfolg in diesem Paradigma, wenn sie außerordentlich effizient arbeiten und das Unternehmen wie eine gut geölte Maschine führen.

Mitarbeiter haben Erfolg, wenn sie exakt das tun, was der Chef ihnen sagt. Sie sollen den Anweisungen folgen, systemkonform handeln, nicht unbedingt kreativ sein und nicht auffallen wollen.

Für einen Christen in Verantwortung ist dieses Paradigma falsch, weil es ein Unternehmen als Maschine betrachtet und die Menschen darin austauschbar sind. Aber wir müssen erkennen, dass Menschen *nicht* austauschbar sind und Unternehmen *keine* Maschinen sind, sondern dass sie leben, ein Herz und eine Seele haben. Es handelt sich um einen Organismus mit wechselseitigen Beziehungen, die *nicht* einfach heruntergebrochen und von anderen übernommen werden können. Das Unternehmen ist vielmehr wie ein Leib.

Gott hat ungewöhnliche, kreative Wege geschaffen, und so tun es auch seine Geschöpfe. Gott will, dass seine Geschöpfe denken, entscheiden, erfinden, verantworten, entdecken und ihr volles Potenzial ausschöpfen, das er ihnen als Gabe mit auf den Weg gegeben hat.

Aber wie oft engen wir Menschen mit Aufgabenbeschreibungen oder Ähnlichem ein und bitten sie damit gleichzeitig, einen Teil von sich selbst am Firmeneingang zu lassen. Gott gibt uns den ganzen Mitarbeiter. Er will, dass sich der ganze Mensch entfaltet, frei von der Angst, seine Gedanken und seine Meinungen einfließen zu lassen. Was Gott von seiner Organisation will, ist, dass die Führungskräfte ein Umfeld schaffen, in dem sich Menschen voll einbringen können, in dem er sie segnen kann und die Menschen dann auch Frucht bringen.

Zu b) Verhaltenspsychologie/Behaviorismus

Sätze wie „Du bekommst, was du verdienst" oder „Wenn ihr das noch schafft, dann spendiere ich ein Wochenende in London" gehören zu Unternehmen, die dem *behavioristischen* Paradigma folgen. Die Macht hat derjenige, der der Ratte den Käse vor die Nase halten kann. Wichtig in diesem Umfeld ist es, ein fähiger Manipulator zu sein. Unternehmen in diesem Paradigma haben dann Erfolg, wenn sie imstande sind, durch Belohnung Menschen immer wieder motivieren zu können. Mitarbeiter haben dann Erfolg, wenn sie genau jene Leistungen bringen, die von ihnen erwartet werden. Sie müssen egoistisch, aggressiv und ängstlich agieren. Sie haben es nötig, immer wieder motiviert zu werden. Diese Mitarbeiter sind gleichzeitig schlechte Teammitglieder, weil sie sich nicht um die Teams sorgen, sondern um ihre Belohnung.

Im Geschäftsleben spielt sich in diesem Bereich sehr viel ab. Oft steckt die Idee des Belohnens oder Belohntwerdens tief in uns drin. Es gibt einen ganzen Industriezweig, der davon lebt, ausschließlich solche Belohnungssysteme zu erfinden.

Wenn sie jedoch kraftvolle, kreative und innovative Mitarbeiter suchen, müssen sie ein anderes System entwickeln. B. F. Skinner hat nicht Recht. Wir Menschen sind ausgestattet mit einem Geist, einem Herzen, einer Seele und einem freien Willen. Im Gegensatz zu Tieren hat Gott uns als einzigartige Wesen erschaffen und uns eine eigene Meinung und einen freien Willen zugesprochen.

Schulen und Erziehungsbücher, organisatorische Strukturen und Entlohnungssysteme, Führungskräfteentwicklung und Weiterbildungsmaßnahmen sind oft von dieser falschen Lehre des Behaviorismus geprägt. Unternehmen in Deutschland, ja selbst unsere eigenen, sind voll von diesem Denken. Was Gott aber will, ist ein Umfeld zu haben, in dem jeder einzelne Mitarbeiter die Chance hat, zu lernen und zu wachsen und sein einzigartiges von Gott gegebenes Potenzial auszuschöpfen. Wir Führungskräfte müssen Wege finden, auf denen jeder Einzelne seine Gaben und Talente voll zur Entfaltung bringen kann.

Zu c) Darwinismus, Evolution und natürliche Auslese
Einige bekannte Sätze dieses Paradigmas sind „Der Stärkere überlebt" oder „Du musst die Nummer eins sein". Die Unternehmen haben dann Erfolg, wenn sie ihre Mitbewerber ausschalten, die Führungskräfte sind erfolgreich, wenn sie Machtblöcke oder Allianzen bilden. Gute Mitarbeiter sind die, die ihre Kollegen ausstechen und bereit sind, sich völlig zu verausgaben.

Aber: Darwin hat nicht Recht. Wir sind nicht im Dschungel und kämpfen nicht ums Überleben. Doch diese Annahmen haben unser Denken und unsere Unternehmenskulturen maßgeblich beeinflusst.

Der Darwinismus stammt zwar aus den Beobachtungen der Natur, aber in Wirklichkeit handelt es sich um eine Schmalspurperspektive.

Unsere Sicht der Natur ist eine weitaus breitere und wirklich andere. Wenn ich die Natur betrachte, dann ist diese voll von Synergien und Symbiosen, voll Kreativität, Erfindungsreichtum und Entwicklung. Voll von Vielfalt, Spielerei, Brillanz und Veränderung. Natur ist die Ansammlung von unglaublicher Vielfalt, die sich spontan zum wechselseitigen und gemeinsamen Erfolg verändert.

Das christliche Paradigma
Betrachten wir nun das Paradigma unseres Schöpfers und betrachten sein Modell. Wenn wir unsere Arbeit nach diesem Paradigma

betreiben, wird Gott nach wie vor der „Big Boss" und eine Macht hier auf Erden sein.

Die drei vorgestellten Paradigmen führen von der Theorie zu allgemeinen Geschäftspraktiken, dann zu Handlungsweisen und zwar so, dass wir sie als gegeben ansehen – und ich glaube auch, dass sie entgegen Gottes „Businessplan" arbeiten. Zumindest aber entgegen allem, was er sich für seine Mitarbeiter vorstellt. Unsere Organisationen sind mit solchen Theorien aufgebaut, und wir merken nicht, wie wir auf Sand gebaut und solche Theorien über Gottes Realität gestellt haben.

Beim christlichen Paradigma kommt die Macht von innen, von der Liebe und der Gnade. Die Macht kommt vom Abgeben von Macht hier auf Erden. Unternehmen haben Erfolg, wenn sich Leben verwandelt und Voraussetzungen für Wachstum geschaffen wird. Führungskräfte und Mitarbeiter sind erfolgreich, wenn sie die Interessen anderer vor ihre eigenen stellen. Das christliche Paradigma ist das *einzige*, in der Führungskräfte andere durch *Beispiel* führen können. Dafür werden Mitarbeiter gebraucht, die fröhlich, fürsorglich und erfüllt sind und ethisch handeln.

Für mich ist das christliche Paradigma das Beste. Gott hat uns auf Beziehung zu ihm hin angelegt und erschaffen. Gott hat die tiefe Beziehung zu sich hin ermöglicht in seinem Sohn Jesus Christus.

Ich möchte noch ein letztes Mal zu den drei falschen Propheten kommen. Die Wissenschaftliche Betriebsführung versucht, die Beziehungen am Arbeitsplatz zu technisieren. Der Behaviorismus versucht, die Beziehung zu reduzieren, um Menschen zu stimulieren. Der Darwinismus reduziert die Beziehung auf das Maß, das „Überleben" absichert.

Glücklicherweise gibt es aber auch einen Trend, der deutlich macht, dass es die Beziehungen sind und nichts anderes, die dauerhafte Veränderungen zeitigen und eine wirkliche Hilfe darstellen. Zahlreiche bekannte Autoren sagen dies: Deming, Covey, Tom Peters, Peter Drucker und viele mehr. Wenn man wirklich nachschaut: Am Schluss sind es die Beziehungen, die tragen und voranbringen.

3. Die Verantwortung der Führungskräfte

Führungskräfte haben die Aufgabe, einen Kontext, also ein Umfeld zu schaffen, um eine fürsorgliche Gemeinschaft zu kreieren, in der Beziehungen gelebt werden können, in der Menschen wachsen, überwinden und dienen können.

Menschen möchten ihre von Gott gegebenen Gaben entdecken, entwickeln, zur Reife bringen und sie in einer Gemeinschaft ausleben. In einer Gemeinschaft, in der diese Gaben benötigt, gefördert und geschliffen werden.

Viele Talente und Gaben sind verschüttet oder werden nicht gebraucht. Jesus sagt in einem Gleichnis: „Niemand zündet ein Licht an und setzt es in einen Winkel, auch nicht unter einen Scheffel, sondern auf den Leuchter, damit, wer hineingeht, das Licht sehe" (Lukas 11,33).

Unsere Verantwortung als Führungskräfte besteht darin, dafür zu sorgen, dass das Licht hell leuchten kann.

Was ist zu tun?

Zunächst einmal wird es nötig sein, die Führung des Unternehmens auf breitere Basis zu stellen. Weg von Hierarchien hin zu Teams. Alle uns bekannten „Incentive-Programme" innerhalb unserer Organisation wurden zurückgefahren bzw. außer Kraft gesetzt.

Bei uns denkt (hoffentlich) niemand, dass wir Arbeitstiere sind, obgleich wir manchmal oder sogar fast immer hart arbeiten. Wir achten einander als Menschen mit Würde (Gottes Geschöpfe) und sorgen dafür, dass jeder Mitarbeiter die Chance bekommt, die vorhandenen kreativen Potenziale und Fähigkeiten zu entwickeln.

Wir glauben, dass Mitarbeiter ihr Bestes geben wollen und sich freuen, wenn sich ein Unternehmen entwickelt. Wir fördern die gegenseitige Unterstützung und gegenseitiges Dienen, weil wir davon überzeugt sind, dass es Gott sich so gedacht hat.

Ich spüre immer wieder, dass unsere Mitarbeiter sehr genau auf das achten, was ich sage, tue und entscheide. Was sagt er, und was tut er? Was lässt er zu, und wo schaltet er sich ein?

Wir sorgen bei uns für eine möglichst angstfreie Umgebung. Wir holen viele Meinungen ein. Wir achten auf das, was gesagt wird. Wir entwickeln bewusst Qualitäten wie Kooperation, Innovation, Vielfalt, Brillanz und Fröhlichkeit.

Wir fördern die Vielfalt von Gaben und Talenten und schaffen Raum für spontane Einfälle und Ideen, um Wachstum und Erfolg zu ermöglichen. Wir betreiben intensive Weiterbildung für alle Mitarbeiter.

Und schließlich pflegen wir acht gemeinsame persönliche Werte („Shared Values"):

- Seien Sie zu anderen ehrlich – ohne Kompromisse.
- Vertrauen Sie ihren Kollegen/Partnern.
- Seien Sie ein uneigennütziger Mentor.
- Seien Sie offen für neue Ideen, ohne Vorurteile.
- Vertreten Sie unpopuläre Entscheidungen, wenn es der Organisation hilft.
- Geben Sie angemessene und echte Anerkennung.
- Lassen Sie die Hände vom schmutzigen Geld.
- Stellen Sie die Interessen anderer vor ihre eigenen.

Warum machen wir das?

Wir machen dies, weil es nach unserer festen Überzeugung zum Wohle aller Stakeholders ist und weil wir mit unseren Mitarbeitern in den letzten drei Jahren so unendlich viele gute, erfolgreiche und auch schöne Erfahrungen gemacht haben.

Nach unserer Überzeugung haben wir damit:

- nicht nur schnelles, sondern auch gesundes Wachstum;
- hervorragende Mitarbeiter, die kreativ, innovativ, verbindlich und freundlich sind und eine positive Einstellung haben; Mitarbeiter, die für unsere Kunden ohne Lenkung des Führungskreises das Machbare tun;
- gute/bessere Lieferantenbeziehungen;
- Kundenbeziehungen, die getragen werden von Vertrauen, nicht von Fehlerfreiheit;
- eine Sicht auch für die Allgemeinheit.

Wir pflegen diese Werte auch, weil wir Gottes Anspruch gerecht werden wollen.

Alles, was ich hier gesagt habe, kann nur als Ganzes gesehen werden, als System. Wir haben gemerkt, dass Einzelteile daraus zum Scheitern führen würden und haben erkannt, dass die Entscheidungen darüber von der Geschäftsleitung kommen müssen. Allerdings genügt dies nicht. Auch die Mannschaft muss mitgehen.

4. Der Erfolg wird sich einstellen

Vielleicht würde sogar der eine oder andere Mitarbeiter bei uns sagen: „Na ja, Anspruch und Wirklichkeit, das sind zwei Paar Stiefel."

Aber die allermeisten würden sagen: „Ja, ich sehe oder spüre es, bei uns ist irgendetwas anders, diesen Weg habe ich mir immer gewünscht."

Und ich bin der Überzeugung und wir merken es auch, dass wir selbst und auch unsere Kunden zu Überzeugungstätern werden.

Trotzdem: Was auch immer wir erreichen, es wird niemals perfekt sein. Aber das ist kein Grund, aufzuhören und nicht weiter neue Schritte zu gehen.

Ich glaube fest daran, dass das christliche Paradigma auf lange Sicht hin gesehen die erfolgreichste Art ist, eine Organisation zu führen. Und trotzdem: Ich stehe nicht vor unseren Mitarbeitern und Kunden und versuche hier, eine christliche Organisation zu proklamieren. Bei uns wird niemand eingestellt, weil er „christlich angehaucht" ist, obgleich unser gesamter Führungskreis und etliche Mitarbeiter in christlichen Gemeinden zu Hause sind.

Franz von Assisi sagte sinngemäß einmal: Wir haben das Bedürfnis, die gesamte Welt mit der frohen Botschaft bekannt zu machen. Und falls es notwendig ist, sein Wort zu verkünden, dann werden wir es tun.

Wir leben in einer sich verändernden Kultur, in der das, was man tut, sehr viel lauter ist als Worte.

Die gesamten Unternehmensleitungen weltweit haben mehr den Ruf der Pharisäer: „Denn ich sage euch: Wenn eure Gerechtigkeit nicht besser ist als die der Schriftgelehrten und Pharisäer, so werdet ihr nicht in das Himmelreich kommen"(Matthäus 5,20).

Deshalb gilt: Achten wir darauf, dass Wort und Tat übereinstimmen. Ich will gar nicht verschweigen, dass ich mir immer wieder wünsche, dass Menschen in unserem Umfeld nachdenklich werden und vielleicht zueinander sagen:
- „Das sind Leute, denen nehme ich ihr Christsein ab."
- „Wenn das hier christlich ist, dann möchte ich mehr darüber wissen."

Aber dies ist mein geistlicher Kampf: dran zu bleiben an Gottes Sache, Wege zu finden, die ich gehen kann und meinen Mitarbeitern ein positives Beispiel vorzuleben. Ob mir das gelingt, weiß ich auch nicht. Aber ich lege es in Gottes Hand. Psalm 37,4 ist mir dabei eine große Hilfe. Ihm zu sagen, was ich mir wünsche, und zu glauben, was er verheißen hat, das will ich tun. Psalm 37,4 lautet: „Habe deine Lust am Herrn; der wird dir geben, was dein Herz wünscht."

„Ehrlich währt am längsten", ist in der Überschrift zu diesem Artikel formuliert. Ich lade Sie dazu ein, die falschen Propheten in Ihrem Unternehmen zu beseitigen, damit Ehrlichkeit und Wahrhaftigkeit Einzug halten können.

Helmut Großkopf

Wie kann ich Krisen erfolgreich meistern?

1. Einführung

Dieser Aufsatz ist keine wissenschaftliche Abhandlung, sondern der Versuch, meine in der Beratung gemachten Erfahrungen an Sie weiterzugeben. Sie werden sehr bald sehen, dass die Krisen, die ich selbst durchleben musste, mein Denken geprägt haben. Mit diesem Beitrag will ich den Krisenablauf systematisieren und eine Art Quintessenz aus den Vorgängen ziehen. Es geht also um die Fragen, wie man in eine Krise hineingerät, welche Phasen man durchlebt, wie man eine Krise bewältigt und nicht zuletzt auch wie man sie rechtzeitig vermeiden kann.

2. Drei Beispiele

Sich nur für die Familie abrackern?
Vor zehn Jahren hatte ich begonnen, Lebensmanagement-Seminare durchzuführen. Ich kann mich gut an einen der Teilnehmer erinnern, der Unternehmen im Auftrag einer großen deutschen Bank sanierte. Auf diese Art wurde der Kredit der Bank sichergestellt. Er war in seiner Tätigkeit sehr erfolgreich – doch was passierte? Seine Frau ließ sich von ihm scheiden, und auch die Kinder wollten nichts mehr von ihm wissen. Vor unserem Seminar hatte dieser Mann seine gesamte Motivation verloren. Das Tragische dabei: Er hatte sich bis zum Schluss eingebildet, sich nur für die Familie abzurackern.

Arbeitslos – sinnlos?
Herr A. ist Abteilungsleiter in einem Unternehmen, das in der Gesundheitsbranche tätig ist, die ja im sechsten Kondratieff eine große Bedeutung haben wird (vgl. den Beitrag von Leo Nefiodow in diesem Buch). Ein Mann, der die letzten acht Jahre mit ungeheurem Einsatz seine Aufgaben wahrgenommen hat, 60 bis 80 Stunden in

der Woche im Betrieb gewesen ist. Von seiner Persönlichkeitsstruktur her ist er ein sehr engstirniger, aggressiver Mensch, der ständig unter Spannung steht und dadurch immer wieder Konflikte mit seinen Mitarbeitern hervorruft. Neulich hat er seine Entlassung erhalten, weil er in diesem Unternehmen nicht mehr tragbar ist. Er hat sich abgerackert, abgeschunden für dieses Unternehmen – nun weiß er nicht mehr, wie es weitergehen soll.

Wenn der Weg korrigiert wird

Ich selbst bin vor einigen Jahren in einer sehr kritischen Situation gewesen. An einem Montagmorgen im März klingelte es um zehn Uhr an der Haustür. Zwei ehemalige Gesellschafter meines Unternehmens standen vor der Tür und präsentierten mir einen notariell beurkundeten Beschluss, dass ich mit sofortiger Wirkung als Geschäftsführer meines eigenen Unternehmens abgesetzt wäre und die beiden Herren jetzt Geschäftsführer seien. Alle Geschäftsunterlagen, insbesondere meine Kundendateien und alles, was an Unterlagen sonst noch da war, sollte ich ihnen aushändigen.

Wie war es dazu gekommen? Vier Jahre zuvor hatten wir – vier Personen mit großem Idealismus – eine gemeinsame Gesellschaft gegründet. Aber wie sich mit der Zeit zeigte, hatten wir sehr unterschiedliche Interessen. Die Unternehmung hatte nicht den gewünschten Erfolg. Wir sind daraufhin übereingekommen, die Gesellschaft aufzuteilen: Jeder sollte seinen Teil, der ihn interessierte, weiterführen. Ich selbst blieb Inhaber und Geschäftsführer der alten Gesellschaft. Wir konsultierten genügend Anwälte, die alles vertraglich regelten. Aber wie sich im Nachhinein herausstellen sollte, war uns doch ein Formfehler unterlaufen, der dazu führte, dass die Gesellschafter nicht ausgeschieden waren. Sie waren weiterhin Gesellschafter und dadurch tatsächlich in der Lage, mich in meinem eigenen Geschäft abzusetzen. Für mich war dabei tragisch, dass ich nicht nur mein Geld und meine Zeit investiert, sondern auch alle beruflichen Alternativen aufgegeben hatte. Ich wusste nicht, wie es weitergehen sollte. Zum anderen zog sich diese Phase der Auseinandersetzung wochenlang hin. Eine einstweilige Verfügung jagte die andere. Ich fühlte mich in meinem eigenen Haus nicht mehr sicher. Da die Geschäftsräume in unserem Haus waren, musste ich jeden Moment damit rechnen, dass irgendein Gerichtsbeschluss kam und die Beschlagnahmung aller Geschäftsunterlagen irgendwie doch durchgesetzt werden konnte. Ich war in einer gewaltigen, inneren Spannung. Das Gefühl ist kaum zu beschreiben, wenn der Ort der Geborgenheit, das eigene Haus, plötzlich bedroht ist. Nach vier Wochen musste ich aufgrund eines Gesellschafterbeschlusses Konkursantrag stellen und die Gesellschaft auflösen. Was vormals noch einige hunderttausend Mark wert war, war innerhalb von vier Wochen durch diesen Streit wertlos geworden. Sechs Monate besaß ich keine Beschäftigung und wusste nicht, wie es weitergehen sollte. Es hat lange gedauert, bis ich endlich wieder Boden unter die Füße bekommen habe.

3. Definitionen

Was ist eine Vision?
„Eine Vision entwirft ein Bild von der Zukunft, das ... Begeisterung weckt" (Blanchard S. 106). Diese Definition wie hier bei Blanchard – ähnliche Aussagen finden wir eigentlich immer wieder – ist ein Bild von der Zukunft und zwar eines, das Begeisterung weckt. Das deutsche Wort „Ziel", das ja einiges mit Vision zu tun hat, kommt wortgeschichtlich vom Verb „ziehen". Ein Ziel ist eine attraktive Vorstellung über die Zukunft. Dies wird nur allzu häufig bei der trockenen Formulierung von Zielvereinbarungen vergessen. Ein Ziel ist das, was ich erreichen will. Eine Vision ist eine klare Vorstellung von dem, wie meine Zukunft aussehen soll.

Was ist eine Krise?
Im Gegensatz zur Vision ist eine Krise der Zustand, in dem ich eben gerade keine Zukunft mehr sehen kann und noch nicht einmal eine Richtung erkenne für die nächsten Schritte, Monate oder Jahre. Die Ursachen der Krisen und Probleme können aus sehr unterschiedlichen Bereichen kommen: Beruf, Beziehung, häufig auch kombiniert, Sinnsuche sowie Krankheit und Tod. Zwar sind Krisen auch äußerlich erkennbar, doch werden sie weitgehend in unserer Innenwelt ausgetragen. Etwas ist in Unordnung geraten, durcheinander gebracht, das uns die Hoffnung raubt. Und die eigentliche Schwierigkeit ist, ein Bild von der Zukunft gerade dann zu entwickeln, wenn ich keine mehr habe.

Kennzeichen einer Krise

Was sind die Kennzeichen einer Krise? Man fühlt sich über einen längeren Zeitraum ausgebrannt und müde, man könnte sich immer hinlegen und schlafen. Man hat wenig eigenen Antrieb, insbesondere dafür, etwas Neues anzupacken. Dieser Motivationsmangel zieht sich quer durch alle Lebensbereiche. Man wird geplagt von einem unbestimmten Gefühl der Angst und leidet unter Ziel- und Zukunftslosigkeit.

4. Die sieben Phasen einer Krise

Aus meiner eigenen Erfahrung versuche ich, sieben verschiedene Phasen einer Krise zu beschreiben und zu systematisieren:

Phase 1: „Hineinschlittern"

Diese Phase des „Hineinschlitterns" kann Jahre dauern. Sie ist oft eine Phase der Selbsttäuschung, weil man glaubt, die Probleme auf irgendeine Weise noch zu beherrschen. Man überschätzt sich dabei selbst. Diese Phase dauerte bei mir ungefähr drei Jahre. Eine rationale, distanzierte Betrachtung hätte viel früher zu den richtigen Konsequenzen geführt. Aber wenn man selbst betroffen ist, fehlt einem die innere Distanz, solch eine Entscheidung zu treffen.

Diese Selbstüberschätzung, Gedanken wie: „Es muss doch irgendwann der Durchbruch kommen" und „Jetzt hast du so viel investiert, es kann doch nicht alles umsonst gewesen sein", verhindern ein rechtzeitiges Ende, einen Neuanfang. Die alte Aktienregel, nach der man in diesem Fall handeln müsste, heißt: „Der erste Verlust ist immer der geringste." Wenn es bereits bergab geht, sollte man rechtzeitig abspringen.

Ein Kennzeichen dieser Phase ist, dass ich die negativen Anzeichen ignoriere. Es ist ganz eigenartig, ich habe das oft auch bei Beratungen in vielen Handwerksbetrieben festgestellt: Eigentlich sind wirtschaftlich nur Verluste zu verzeichnen und man müsste vernünftigerweise das Geschäft aufgeben, doch man macht es nicht. Ich selbst habe viele Monate auf die Auszahlung meines Gehaltes verzichtet, weil ich der Ansicht war, alles müsse der Firma zugute kommen. Dass eine wirtschaftliche Basis schon nicht mehr gegeben war, erkannte ich nicht.

Oft kommt ein weiteres kritisches Moment dazu, das tragisch enden kann: Die Überbetonung des Berufes zulasten des Persönlichen, zulasten der Familie. Man macht sich nicht nur beruflich kaputt, sondern sehr häufig auch noch die Familie,

- weil man einfach keine Zeit mehr hat,
- weil man mit seinen Gedanken woanders ist,
- weil man seine schlechte Laune mit nach Hause bringt,
- weil man nicht mehr abschalten kann.

Ein Handwerkerehepaar hat das einmal so gesagt: „Die beruflichen Probleme werden dann im Ehebett weiter diskutiert."

Phase 2: „Crash"

Die zweite Phase, „Crash", ist von kurzer Dauer und manifestiert sich nicht selten in wenigen vertraglichen Sätzen: Der Gang zum Konkursgericht, die Kündigung, die Scheidungsankündigung oder in etwas abgeschwächter Form die Äußerung: „Ich ziehe mit den Kindern zu meiner Mutter." Mit einem Schlag wird deutlich, was sich eigentlich über Monate vorher abgezeichnet hat. Plötzlich wird deutlich, dass wir auf Sand gebaut haben. Das Fundament ist brüchig, auch wenn manchmal die Fassade noch ganz gut ausgesehen haben mag.

Phase 3: „Wut"

Die dritte Phase ist von „Wut" gekennzeichnet. Man schäumt, man „kocht", empfindet alles als ungerecht. Ich habe auch „gekocht", und ich erlebe das immer wieder, es bäumt sich alles auf. Auch in den persönlichen Dingen fühlt man sich völlig ungerecht behandelt. Der Satz „Ich habe mich doch nur für die Familie abgerackert" hat damals alles deutlich gemacht. Der Seminarteilnehmer empfand die Reaktion seiner Familie ihm gegenüber als zutiefst ungerecht. Man möchte sich noch einmal aufbäumen gegen das Schicksal. Hier verdienen die Anwälte gut, denn es kommt oft zur Klage. In der Nachbarschaft habe ich erlebt, wie in einem Unternehmen der Vater den Sohn verklagt hat. Am Ende geschieht immer dasselbe: Das, um was man kämpft, wird endgültig zerstört. Das Unternehmen ist nichts mehr wert, die Beziehung ist endgültig zerrüttet.

Phase 4: „Verzweiflung/Flucht"

Danach folgt eine Phase der Verzweiflung und Flucht. Man schämt sich und möchte niemanden mehr sehen. Man glaubt an eine Maschinerie aus Verschwörung und Schadenfreude, die sich hinter dem eigenen

Rücken aufbaut. Schließlich möchte man am liebsten fortrennen und irgendwo neu anfangen. Im Wall Street Journal stand kürzlich unter der Überschrift „Managerkrise": Jarald H. Maxwell galt als ein erfolgreicher Jungmanager. Eine Weile sah man ihn sogar als ein Führungs- und Finanzgenie. Doch damit war es schlagartig vorbei, als es bei ihm einen dieser sogartigen Einbrüche gab. Maxwell war entlassen worden. Alles fiel zusammen und er kam mit der Situation nicht zurecht. Zum ersten Mal in seinem Leben war Mr. Maxwell ein Versager, und das ließ ihn zusammenbrechen. Das Gefühl der Niederlage führte zu einem emotionalen Zusammenbruch, zermürbte die Beziehungen zwischen ihm und seiner Frau und den vier Söhnen und trieb ihn an den Rand der Verzweiflung. „In der Bibel steht, du musst nur bitten, und du wirst empfangen. Ich bat oft um den Tod." (MacDonald, S. 24-25)

Man hat versagt. Dieses Gefühl ist eine Last, mit der man nur schwer fertig wird. Ich kenne Leute, die einfach in eine andere Stadt ziehen, weil sie es in ihrer alten Heimat nicht mehr aushalten.

Phase 5: „Lethargie"

Die fünfte Phase sehe ich als kritischste Phase: die Lethargie. Sie ist geprägt von Antriebslosigkeit, die sich Wochen oder sogar Monate hinziehen kann. Hier entscheidet sich letztlich auch, ob man überhaupt einen Ausweg aus der Krise findet oder ob man nicht daran verzweifelt. Selbst wenn man sich ein Stück weit mit der Situation abgefunden hat, bleibt dieses Gefühl, dass man versagt hat und dass alles umsonst war. Man hat keine Kraft, etwas Neues anzufangen. Es ist eine Phase, aus der man sich in den meisten Fällen nicht mehr selbst befreien kann. Während man sich in der ersten Phase selbst überschätzt hat, ist jetzt das Gegenteil der Fall: Man unterschätzt sich, traut sich nichts mehr zu. Hier ist man angewiesen auf Hilfe von außen.

Phase 6: „Licht am Ende des Tunnels"

In dieser Phase gibt es wieder Hoffnungsschimmer. Man kann wieder „Licht am Ende des Tunnels" erkennen und erlebt, dass sich doch noch Möglichkeiten auftun, die man nutzen sollte.

Vielleicht hat man durch das Nichtstun, durch die Zwangsruhepause ein wenig innere Kraft gesammelt. Ich habe das zumindest sehr stark empfunden. Und dann taten sich doch verschiedene Chancen auf. Ich probierte sie alle aus und erlebte, wie einige Türen auf- und andere auch wieder zugingen. Es war eine Phase des Suchens. Schritt für Schritt ging es vorwärts, jeder kleine Erfolg gab mir ein Stück Selbstvertrauen zurück und ich bekam Mut für den nächsten Schritt.

Phase 7: „Reifung"

Schließlich sollte es hoffentlich zur siebten Phase kommen, der „Reifung", in der man plötzlich der Krise etwas Positives abgewinnen kann.

Da blickt man auf sie mit etwas Abstand zurück und gesteht sich offen ein, welche eigenen Fehler für den Ausbruch der Krise verantwortlich waren. Man sieht, in welchen Lebensbereichen man sich selbst verändern muss oder sich verändert hat. Und es entsteht vorsichtig ein Gefühl der Dankbarkeit für das, was man durchgemacht hat. Ich würde mich nicht trauen, das auch für Krankheiten und Tod zu sagen. Aber wenn man berufliche Krisen durchstanden hat, hat man sehr viel an Lebenserfahrung und Charakterschulung mitgenommen, die man nicht mehr missen möchte. Aber auch Menschen, die durch Krankheiten und Todesahnung hindurch gegangen sind, haben das partiell bestätigen können – allerdings erst nach sehr viel längerem Abstand.

5. Wie kann ich aus der Krise/Lethargie herausfinden?

Wie findet man aus einer Krise heraus, insbesondere aus dieser kritischen Phase der Lethargie? Das eigentlich Kritische daran ist, dass wir keine Hoffnung mehr haben. Wir trauen uns selbst nichts zu, wenn wir in dieser Situation auch noch allein stehen. Über meine Krise konnte ich nicht zuletzt deshalb hinweg kommen, weil mir meine Ehefrau und mein Glauben sehr viel geholfen haben. Ich hatte von Anfang an das Gefühl – bei aller Schwierigkeit und auch bei allen wirtschaftlichen Problemen –, dass Gott seine Hand über mich hält. Ich weiß heute noch nicht, wie ich das Jahr überstanden habe, ein Jahr ohne Einkommen bei fünf Kindern. Ich fühlte von Anfang an die Sicherheit, dass meine Situation von Gott herbeigeführt und kontrolliert wird. Es war ein Gefühl, das vom ersten Moment an da war. Irgendwie war mir klar, Gott will mit dieser schweren Zeit etwas deutlich machen, auf irgendetwas hinweisen. Ich hatte dieses Stück Hoffnung immer noch, auch als ich überhaupt keinen Ausweg sah.

Hoffnung nicht verlieren

Was mir in dieser Zeit die meiste Kraft und Hoffnung gab, waren die Herrnhuter Losungen. Wer die Losungen kennt oder sie auch regelmäßig liest, weiß um die Kraft dieser Bibelworte. Ich habe nie eine Phase in meinem Leben erlebt, in der mir die Losungen so wichtig waren. Es war wie Weihnachten, jeden Morgen waren wir gespannt, was uns Gott heute sagen möchte. Wir haben uns morgens hingesetzt, die Losung aufgeschlagen und von dort Weisung und Orientierung erwartet und auch immer wieder erfahren. Es gab Tage, an denen ich so gespannt war, die Losungen des kommenden Tages zu lesen, dass ich sie manchmal schon im Voraus nachschlug. Die Losungstexte haben mir Halt gegeben, sowie mich über meine Fehler in der Vergangenheit aufgeklärt. Daher war diese schwierige Phase sehr heilsam.

Disziplin beibehalten

Ich möchte einige praktische Tipps anführen, die dazu beitragen, die Selbstdisziplin zu stärken. In dieser Phase, besonders bei Trauerfällen, wenn uns alles sinnlos erscheint, sind wir in der Gefahr, unseren großen und kleinen Pflichten nicht mehr nachzukommen. Ein guter Freund, der vor zehn Jahren seine Frau verlor, erzählte mir, dass die kleinen Regelmäßigkeiten, morgens aufstehen, frühstücken, zur Arbeit zu gehen, ihm anfangs Halt gegeben haben. Einfach auf Äußerlichkeiten zu achtet, sich nicht zerlumpen lassen und eine gewisse Routine durchzuhalten, können dem Betroffenen über die schwierigste Zeit hinweg helfen.

Hilfe von außen suchen: Coach/Seelsorger/Ehepartner

Wenn Sie die Möglichkeiten haben, suchen Sie Hilfe von außen. Leisten Sie sich einen Coach, gehen Sie zu jemandem, der Erfahrungen auf diesem Gebiet hat, z. B. zu einem Seelsorger, oder öffnen Sie sich Ihrem Ehepartner. Meine Frau ist mir ein wahrer Freund in der Not gewesen. Es gab Tage, in denen ich nur zur inneren Ruhe kam, wenn ich den Kopf in ihren Schoss gelegt habe. Sonst gab es nichts, was meine Angst und Zerrissenheit hätte beruhigen können.

Nicht „Warum?", sondern „Wozu?" fragen

Hören Sie auf, immer nach dem „Warum" zu fragen, und damit sozusagen auf die Krise selbst zu starren, sondern beginnen Sie, nach dem „Wozu" zu fragen: Was will mir Gott vielleicht mit dieser Situation sagen? Was soll mir daran deutlich werden? Fangen Sie an, die Blickrichtung zu ändern, indem Sie nach vorne schauen: Welche Konsequenzen können für Ihr Leben entstehen?

In der Bibel lesen
Das Lesen in der Bibel hat mir in meiner Krise sehr geholfen. Manche Bibelstellen sind mir bis heute Orientierung für mein Leben geblieben. Darüber hinaus machte mir das Lesen in der Bibel klar, was in meinem Leben bisher falsch gewesen war.

6. Wie kann ich rechtzeitig Krisen erkennen und vermeiden?

Wie kann ich rechtzeitig erkennen, dass ich mich schon in der ersten Phase einer Krise befinde? Hier besteht am ehesten die Chance zur Veränderung. Wie kann ich also Krisen erkennen und vermeiden? Aus vielen Gesprächen mit Menschen in Krisen ist mir klar geworden, dass die Ursache dafür häufig dieselbe ist: Unser Leben ist ein wenig aus der Balance geraten, weil wir uns häufig zu einseitig auf berufliche Dinge konzentriert haben. Krisen sind selten „Ad hoc-Ereignisse", sondern sie haben eine lange Vorgeschichte. Deshalb müssen wir sensibler auf ihre ersten Anzeichen reagieren.

Es sind fünf Balancebereiche, die im Leben so bedeutsam sind und die gerade von Führungskräften wiederholt vernachlässigt werden.

Balancebereich „Körper"
Zum einen ist der Körper zu nennen: Zu wenig Bewegung, zu wenig Ausgleichsbetätigungen zum Berufsalltag, kein Stressabbau, eine ungesunde Lebensweise und zu wenig Schlaf sind allesamt Stressfaktoren, die es abzubauen gilt.

Balancebereich „Berufliche Leistungsfähigkeit und Lernbereitschaft"
Der zweite Bereich leitet sich aus dem strategischen Zeitmanagement ab und umfasst die berufliche Leistungsfähigkeit und das gesamte Feld der beruflichen Weiterbildung. Das Beispiel von Herrn A. macht genau

dieses Problem deutlich: er hielt sich für unentbehrlich am Arbeitsplatz und ließ jede Chance zur Weiterbildung ungenutzt, die ihn zu einer umgänglicheren Mitarbeiterführung hätte führen können.

Balancebereich „Kontakte zu Freunden"

Der dritte Bereich, in dem Führungskräfte am häufigsten versagen, umfasst die Kontakte zu Freunden und anderen Mitmenschen. Sie können zehn Jahre lang ihre Freunde vernachlässigen, ohne es zu bemerken. Doch dann werden sie eines Tages mit den Konsequenzen konfrontiert, und diese lassen sich unter dem Stichwort Ignoranz am trefflichsten zusammenfassen. Sie werden plötzlich nicht mehr zum Klassentreffen eingeladen oder zu den alten Freunden usw., was umso schmerzlicher ist, da sie gerade in Krisenzeiten auf Freunde angewiesen sind. Neben der Familie sind Freunde der wichtigste Bezugspunkt, um Stärkung, Rückhalt, Trost und Hoffnung zu erfahren.

Balancebereich „Familie"

Das Verhältnis zwischen Beruf und Familie müssen wir immer wieder aktiv planen. Wir können in beruflichen Belangen sehr erfolgreich sein – aber als Familienmitglieder versagen, wenn der Beruf eine dominierende Position in unserer Lebenswelt einnimmt.

Balancebereich „Lebenssinn"

Die Frage nach dem Lebenssinn stellt sich einem jeden von uns. Doch in welcher Intensität gehen wir ihr nach? Wir sollten mehr über unser Leben nachdenken, um Antworten zu finden, wozu wir leben. Was ist der Sinn in unserem Leben? Ich rate auch dazu, ein ehren-amtliches Engagement einzugehen. Jede individuelle Lebenssituation birgt Raum für soziales Engagement. Der Lebenssinn kann und darf nicht auf materielle Werte reduziert werden.

7. Praktische Übung

Über unser Leben nachzudenken, kann uns helfen, rechtzeitig zu verstehen, welche Charaktereigenschaften uns gefährlich werden können im Sinne der Heraufbeschwörung einer Krise. Machen Sie nun eine kleine Übung. Nehmen Sie sich ein Blatt Papier zur Hand.

Schritt 1

Schreiben Sie auf, welche speziellen Aspekte innerhalb der fünf Bereiche Ihnen in diesem Jahr wichtig sind. Es genügt, wenn Sie einen Wunsch oder einen Gedanken notieren. Sie können auch Zielsetzungen formulieren. Was wollen Sie für Ihren Körper tun in diesem Jahr? Was wollen Sie für Ihre Weiterbildung tun? Was wollen Sie für Ihre Kontakte und Freunde tun? Was wollen Sie für Ihre Familie – insbesondere für Ihren Ehepartner – tun? Was wollen Sie für das Thema Sinn tun?

Schritt 2

Fragen Sie sich nun in einem zweiten Schritt, welche der Ziele bzw. Wünsche Sie schon nächste Woche verwirklichen können. Vielleicht ist es nur ein Anruf bei einem Freund, den Sie schon lange machen wollten. Es muss nicht immer ein großer Schritt sein. Sie sollen nicht das, was Sie sich für ein ganzes Jahr vorgenommen haben, auf einmal erledigen. Wir müssen lernen, kleine Schritte – diese aber konsequent – zu gehen. Das kann uns helfen, eine Krise rechtzeitig abzuwenden. Nehmen Sie sich noch einmal ein paar Minuten Zeit.

Die kleine Übung zeigt, dass Sie die kritischen Bereiche durchdenken und vielleicht nächste Woche einige Schritte gehen können, die Ihnen helfen, sich nicht zu einseitig auf den Beruf zu konzentrieren, sondern Ihr Leben in der Balance zu halten.

8. Prinzipien für den Weg aus der Krise

Ich möchte am Schluss ein paar persönliche Tipps geben, die mir geholfen haben, meine persönliche Krise zu überwinden und die ich nach wie vor versuche zu beherzigen:

Gott an die erste Stelle setzen

Wenn man Gott die oberste Priorität einräumt, ergeben sich meiner Erfahrung nach die nachrangigen Ziele nahezu von selbst. Auf diese Weise beugen wir falschen Prioritätssetzungen vor.

Konsequente Wochenplanung

Ich muss mindestens einmal in der Woche einfach an das denken, was mir wirklich wichtig ist, um mich nicht der Gefahr auszusetzen, dem Tagesgeschäft die Oberhand über meine Gedanken zu überlassen. Die meisten von uns müssen ein so umfangreiches Tagesgeschäft bewältigen, dass es sie gänzlich in Anspruch nimmt. Dadurch befinden wir uns immer in der Gefahr, die langfristigen Dinge, die strategischen Aufgaben und Interessen aufzuschieben und schließlich zu verdrängen. Die konsequente Wochenplanung hilft, dem Wichtigen im Leben seinen gebührenden Stellenwert einzuräumen. Ich empfehle Ihnen, in schriftlicher Form Selbstkontrolle und Disziplin einzuüben.

Den Zehnten geben

Eine meiner Erkenntnisse während meiner Krisenzeit bestand darin, den Zehnten zu geben. Ohne eine Begründung aus dem Alten Testament herleiten zu wollen, steht für mich fest, dass uns die Bereitschaft, geben zu wollen, dabei hilft, nicht die falschen materiellen Werte zu betonen.

Den Sonntag heiligen

Ich berate viele Leute, die bis zu 18 Stunden pro Tag, sechs Tage in der Woche arbeiten. Wenn sie am siebten Tag ruhen, bewältigen sie dieses Pensum mit erstaunlicher Leichtigkeit. Aber wehe, sie „versündigen" sich da. Ich empfehle Ihnen, die jüdische Sitte aufzugreifen: Der Sabbat beginnt um 18 Uhr am Tag zuvor. Machen Sie am Samstagabend um 18 Uhr Schluss, und wenn Sie können, dann halten Sie es durch bis Montag früh um 7 Uhr. Sie haben auf diese Weise fast zwei Tage frei. Halten Sie sich in dieser Zeit von allen geschäftlichen Aktivitäten fern und den ganzen Sonntag frei. Sie verhindern dadurch ein „Burn-out-Syndrom".

Erfahrungen präsent halten

Wenn Sie Krisenzeiten durchgestanden und Erkenntnisse für sich gewonnen haben, halten Sie diese fest. Meine allergrößte Angst ist, diese Erfahrungen zu vergessen. Man begibt sich nur allzu leicht in den angestammten Rhythmus aus gängigen Routinen und Gewohnheiten. Daher noch einmal: Halten Sie Ihre Erfahrungen fest. Was Ihnen wichtig geworden ist, schreiben Sie auf. Die Bibelstellen, die mir einst Halt gaben, habe ich abgeschrieben, um mir noch heute die Zeit zu nehmen, sie einmal in der Woche durchzuschauen. Ich will nicht vergessen, was mir wichtig geworden ist. Wenn Sie sich Erinnerungen schaffen, dann glaube ich, dass Sie schwere Zeiten auch als etwas Positives empfinden können, als etwas, das von Gott gegeben ist und an dem Sie wachsen und reifen können.

Literaturtipps

Blanchard, Kenneth; Hybels, Bill; Hodger, Phil: Das Jesus-Prinzip; Projektion J 2000, Asslar

Covey, Stephen: Der Weg zum Wesentlichen; Campus Verlag 2000, Frankfurt/Main, New York

MacDonald, Gordon: Ordne den Leben; Projektion J 1992. Asslar

Seiwert, Lothar J.: Wenn Du es eilig hast, gehe langsam. Das neue Zeitmanagement in einer beschleunigten Welt. Frankfurt/Main, New York: Campus Verlag 1998.

Ingo Resch

Managemententscheidungen treffen im Vertrauen auf Gottes Führung

Entscheiden oder geführt werden?

In dem Titel liegt ein Widerspruch verborgen: Wenn wir entscheiden, wieso soll dann Gott führen? Wer führt, entscheidet. Es kann nicht der Schütze an der Front entscheiden, ob angegriffen werden soll oder nicht, sondern der Offizier entscheidet, weil er führt.

Oder meinen wir, innerhalb eines Entschlusses gibt es einen Freiraum für eigene Entscheidungen? Der Vorstand entscheidet strategisch, der Abteilungsleiter taktisch, der Sachbearbeiter faktisch. Gott ist der Vorstand, für die Strategie des Lebens zuständig, wir jedoch für das Kleingedruckte des Alltags. Entscheiden dann wir, ob die Strategie durchgeführt wird oder nicht?

Wer ist Gott, und wer sind wir? Ist Gott von uns gemacht, so wie es Jesaja beschreibt – mit einem Teil des Holzes braten wir Fleisch und wärmen uns, mit dem anderen schnitzen wir einen Götzen, den beten wir an und erwarten von ihm das Heil? Ist Gott ein Orakel, das wir bemühen, wenn wir uns unsicher in einer Entscheidung fühlen? Ist Gott ein Ersatzhoroskop, das uns so ein bisschen die Zukunft verrät und uns gleichzeitig die Verantwortung für Schiefgelaufenes abnimmt?

Oder ist Gott der Unfassbare, der Unerklärliche, der aus dem Nichts den sichtbaren Kosmos geschaffen hat? Der sich aber nicht im für uns Gigantischen genügt, sondern der im Mikrokosmos genauso Unfassbares geschaffen hat, mehr noch, der uns auch an einer unsichtbaren Welt und Wirklichkeit teilhaben lässt. Wir können diese unsichtbare Welt nur an den Wirkungen erkennen: Unsichtbar ist der Geist, der Verstand ist unsichtbar, Liebe und Hass sind es, wie alle Gefühle, aber wir können die Wirkungen des Verstandes, der Liebe, des Hasses usw. sehen.

Unsichtbar ist Gott, aber wir können die Wirkungen Gottes sehen, z. B. an der Schöpfung. Aber hier geht es nicht um das Betrachten der Schöpfung, um das Erspüren der Zusammenhänge in der Natur, sondern um die Wirkungen Gottes im Handeln der Menschen. Wenn wir von Gottes Führung ausgehen, müssen wir wissen, wer Gott ist. Wer ist Gott? Er ist nicht derjenige, der z. B. unsere Erbstreitigkeiten schlichtet. Jesus hat dies abgelehnt. Paradox, weil Jesus uns auffordert, alle unsere Sorgen auf ihn zu werfen. Wer mit seinen Miterben gestritten hat, weiß, dass es kaum eine größere materielle Sorge gibt, die so sehr in die Niederungen des Neides und der Missgunst führt. Also was nun? Alle Sorgen dürfen wir auf Jesus werfen, außer denen, die Erbstreitigkeiten betreffen?

Gott ist nicht auf eine Portion Sorgenkitt zu reduzieren. Das Handeln Gottes lässt sich nicht auf Entscheidungen begrenzen, die wir nicht selbst treffen können oder wollen. Wir müssen das Handeln Gottes und unser Handeln jetzt irgendwie in Einklang bekommen. Ich meine, es wird deutlich, wenn wir die Antwort für eine wichtige Frage erhalten, vielleicht die wichtigste Frage unseres Lebens. Die Frage lautet: existiert Gott für uns – oder wir für ihn?

Existiert Gott für uns, dann sollte er die Erbstreitigkeiten schlichten und sich aus dem Rest, den wir selbst lösen können, heraushalten. Ist alles geklärt und erledigt, dann hängt nur noch ein Erinnerungsbild im Herrgottswinkel neben dem Esstisch.

Existieren wir für Gott, dann ist er nicht als Lückenbüßer für Erbstreitigkeiten da, sondern weil wir mit unserer ganzen Existenz für ihn da sind, ist unsere gesamte Existenz sein Anliegen. Der Unterschied ist wichtig: Sind wir von Gott für ihn geschaffen, dann ist kein Bereich unseres Lebens ausgespart. Geht es um die Existenz Gottes für uns, dann holen wir ihn nur dort hinein, wo wir ihn brauchen.

Wenn wir für Gott existieren, dann ist nicht Gott Mittel für den Zweck des erfolgreichen Berufes, sondern der Beruf Mittel für Gottes Ziel mit uns. Aber wie oft degenerieren wir Gott zum Mittel für unsere Zwecke! Christen tun dies, nicht die Agnostiker. Letztere sind konsequent, sie halten Gott ganz heraus, nur die Halbfrommen denken selektiv.

Wir hatten die Frage gestellt: Wer ist Gott? Und dem schließt sich die Frage an: Wer sind wir? Hat Gott einmal einen Neujahrskracher losgelassen, genannt Urknall, und beobachtet mit klammheimlicher Freude, was sich aus explodierender Materie so alles an Gutem und Bösem, an Freude und an Leid entwickelt? Oder hat Gott den Menschen unmittelbar geschaffen, und alles andere ist der für den Menschen gestaltete Rahmen?

Konkret: Ist der Mensch nach dem Bilde Gottes geschaffen oder nicht? Hat sich Gott einen Billardtisch gebastelt, auf dem er mit wachsendem Vergnügen Kugeln hin- und herschiebt? Verfehlt eine Kugel das Ziel, ist Gott schuld; entweder, weil der Tisch wackelt oder er nicht richtig gestoßen hat. Oder hat Gott ein Gegenüber geschaffen? Ein Gegenüber, das ebenbildlich ist. Ebenbildlichkeit bedeutet, lieben zu können und geliebt zu werden und damit Freiheit. Freiheit heißt auch Entscheidungen treffen zu können, ja zu müssen. Es bedeutet, dass uns Gott die Entscheidung nicht abnimmt.

Das ist wichtig, weil mancher nur auf der Lauer liegt, Zeichen von Gott zu erfahren, ob er dies oder jenes tun soll oder nicht. Er läuft Gefahr, nicht mehr selbst zu entscheiden. Gott wird zum Horoskop oder Orakel. Er soll durch Zeichen die Entscheidung abnehmen.

Aber auf der anderen Seite sollen wir doch auf Gott hören. Wie zeigt sich Gott, wenn nicht durch Umstände, durch andere Menschen, durch ein Wort aus der Bibel zur rechten Zeit?

Wir können festhalten, dass Gott keine Marionette geschaffen hat, sondern einen frei entscheidenden Menschen, sonst wäre das Abwenden von Gott nicht möglich. Aber Gott ist nicht fern, wie Allah, sondern in unserem Leben gegenwärtig und damit uns leitend, ohne uns zu determinieren.

Konflikte bleiben nicht aus

Da eine Entscheidung gegen den Willen Gottes ausfallen kann, ist die Möglichkeit einer Konfliktsituation gegeben. Wie können wir feststellen, ob eine Entscheidung gegen den Willen Gottes gerichtet ist? Gelten hier als Maßstab die allgemeinen Regeln von Anstand und Moral? Aber wenn es nur auf diese Regeln ankommt, wieso brauche ich dann Gottes Führung? Reicht nicht ein allgemeines Verständnis, wie es uns der Humanismus lehrt, der kategorische Imperativ von Immanuel Kant, die Verhaltensregeln der Freimaurer usw.? Reduzieren wir den Willen Gottes auf gutes menschliches Miteinander, niemandem zu schaden, dann haben wir nicht das Bild des Gottes der Bibel vor uns. Wir kommen also zu dem logischen Schluss, Gottes

Führung bei unseren Managemententscheidungen muss mehr bedeuten, als sich anständig zu verhalten. Das heißt, wir können in eine Konfliktsituation geraten, obwohl wir uns anständig verhalten. Was ist also das Entscheidende? Die Herzenshaltung, das heißt die Motivation des Handelns! In Dostojewskis Roman „Schuld und Sühne" führt die Prostituierte Sonja den Doppelmörder Raskolnikow zur Schuldanerkenntnis und Umkehr. Sie weist ihn auf die Bibelstelle der Auferweckung des Lazarus hin. Aber sie ist doch eine Prostituierte! Sie bürdete sich diese Last auf, um ihre Halbgeschwister vor dem Hunger zu bewahren.

Heiligt der Zweck die Mittel? Nein, aber es geht um unsere Herzenshaltung bzw. Motivation gegenüber Gott. Dafür gibt es kein Schema, auch keinen Maßnahmenkatalog. Wenn es so wäre, dann wäre das Auf und Ab der Verhaltensweise von Jakob, den Gott Israel nannte, unverständlich. Genauer: Der Segen und die Liebe Gottes wären unerklärlich.

Die Herzenshaltung gegenüber Gott kann einen Raum von Entscheidungen eröffnen, die gegen die üblichen Entscheidungen stehen, die den Rahmen des Konventionellen sprengen. Gottes Führung kann uns frei machen, das heißt, wir können wirklich frei entscheiden, auch wenn manche Zwänge dagegen sprechen mögen.

Es gibt wohl für manche schwierigen Entscheidungen kein gesetzlich abzuleitendes Schema. Steht die Berufsentscheidung, nicht Missionar zu werden, sondern Investmentbanker, gegen den Willen Gottes oder nicht? Keinesfalls, selbst wenn der Investmentbanker sich in seinen Kaufentscheidungen und -empfehlungen nur von dem viel geschmähten Shareholder Value leiten lässt. Es könnte ja sein, dass er ein miserabler Missionar, aber ein hervorragender Investmentbanker ist. Wie sollte er seine Gaben einsetzen, wenn sie nicht gefordert sind? Und woher sollte ein Missionar seine Unterstützung erfahren, wenn nicht vielleicht von einem gut verdienenden Investmentbanker? Oder wie kann ein Aktienbesitzer vor Vermögensschaden bewahrt bleiben? Womöglich durch einen guten Rat eines gewissenhaften Investmentbankers, der richtigerweise den Wert (value) für den Aktionär (shareholder) im Auge hat. Deshalb muss auch der Manager den Shareholder Value berücksichtigen, will er auf dem Kapitalmarkt fündig werden.

Weil es keinen Entscheidungskatalog für Christen gibt, keine

Checkliste, die in jeder Situation anwendbar ist, weil jeder Mensch anders ist und keine Situation der anderen gleicht, haben die letzten Verse des 139. Psalms eine große Bedeutung: „Erforsche mich, Gott, und erkenne mein Herz; prüfe mich und erkenne, wie ich's meine. Und sieh, ob ich auf bösem Wege bin, und leite mich auf ewigem Wege."

Auf Wahrhaftigkeit kommt es an

Wenn wir die Problematik eines ethischen Kataloges sehen – Luther hat aus diesem Grund eine politische Ethik abgelehnt –, dann sollten wir fragen, gibt es nicht doch ein Kriterium? Ja, es gibt eines! Das Gebot der Nächstenliebe verbunden mit Wahrhaftigkeit und Gewissen. Ist Nächstenliebe ein wirkliches Fremdwort für Entscheidungen in der Wirtschaft? Ist es nicht so, dass der am erfolgreichsten arbeitet, der wirklichen, realen Nutzen für seine Kunden stiftet, dessen Mitarbeiter gerne in seinem Betrieb arbeiten? Versetzen wir uns in die Lage unserer Marktpartner: Was würden wir erwarten, wären wir an ihrer Stelle? Wir liegen mit unseren Entscheidungen richtig, wenn wir unsere Bedürfnisse für den Maßstab der Bedürfnisse unserer Marktpartner – ob Kunden, Lieferanten oder Mitarbeiter – nehmen. Nicht das Übervorteilen der Kunden und nicht das Auspressen der Mitarbeiter oder Lieferanten ist der Weg zum Erfolg.

Nun zur Wahrhaftigkeit. Wessen Geschäftsgebaren wahrhaftig ist, wer sich von seinem Gewissen leiten lässt, steht im Einklang mit seiner Herzenshaltung. Ist sie auf Gott gerichtet, wird das Gewissen sensibler. Ist die Haltung auf Selbstverwirklichung gerichtet, stumpft das Gewissen ab. Deshalb ist das Gebot der Nächstenliebe nicht von dem Gebot Gott zu lieben zu trennen. So führt Gott über unsere Herzenshaltung, obwohl wir die Entscheidungen vollständig selbst, ohne uns orakelnd an Gott zu wenden, treffen.

Die Aussage von Jesus „die Wahrheit macht euch frei" kann als eine Richtschnur für Managemententscheidungen angesehen werden, die sonst vielleicht Gefahr laufen, in immer mehr Winkelzügen zu ersticken. Die Erfahrung lehrt, dass Wahrhaftigkeit die langfristig erfolgreichste Unternehmenspolitik darstellt.

Wir dürfen auf Gott Vertrauen

Managemententscheidungen werden immer in Unsicherheit gefällt. Denn wenn eine Handlung sonnenklar und ohne jede Alternative ist, dann wäre eine Managemententscheidung überflüssig. Sie ist also immer dort erforderlich, wo es Alternativen gibt. Dann wird die eine Alternative von der anderen geschieden.

Eine Managemententscheidung wirkt immer in die Zukunft. Wir sind nicht Historiker, die Vergangenheitsgeschehnisse intellektuell aufarbeiten. Manager gestalten Zukunft. Aber da viele Menschen Zukunft gestalten, so wissen wir nicht, wie die Zukunft sein wird. Sie ändert sich.

Was bedeutet es, wenn wir Entscheidungen fällen in einer sich verändernden Zukunft, aber diese sich verändernde Zukunft meine eigene Entscheidung wiederum selbst verändert? Was bedeutet es zu entscheiden, wenn wir nicht wissen, wie das Umfeld sein wird, in dem unsere Entscheidung wirkt? Es bedeutet Vertrauen. Aber was heißt Vertrauen in die Zukunft? Es bedeutet, dass unsere Partner in der Zukunft so sind, wie wir mit ihnen in der Vergangenheit gerechnet haben. Vertrauen in die Zukunft bedeutet, dass die Kunden nicht aussterben und die gleichen Bedürfnisse haben, die ich zu befriedigen trachte, dass Mitarbeiter mit dem entsprechenden Können zur Verfügung stehen, dass der Staat eine verlässliche Politik macht, nicht mein Gewerbe verbietet, alle Gewinne wegnimmt, die Löhne so verteuert, dass sie unbezahlbar werden usw. Der Manager benötigt Vertrauen in einige wichtige Größen seines Kalküls. Wären alle Größen offen oder völlig unsicher, wäre eine Entscheidung nicht möglich. Es wäre keine Entscheidung, sondern ein Würfeln.

Wenn unser vorher gezeichnetes Bild von Gott und vom Menschen stimmt, dann ist Vertrauen zu Gott im Leben eines Menschen, wenn er Entscheidungen zu treffen hat, das Wichtigste. Die Basis unseres Vertrauens zu Gott liegt darin, dass Gott morgen so ist wie gestern. Gott verändert sich nicht.

Je enger die Zusammenarbeit z. B. mit Mitarbeitern oder Gesellschaftern, aber auch mit Kunden ist, desto wichtiger ist es umgekehrt, auch deren Vertrauen in den Unternehmer zu stärken. Dies erfordert auch eine Berechenbarkeit des Unternehmerverhaltens. Wird es unberechenbar, kann auch das Verhalten der Marktpartner unberechenbar werden. Dann aber kann der Manager nicht mehr kalkulieren.

Wenn es stimmt, dass Gott der Partner unseres Lebens ist, dann müsste sein Verhalten für uns berechenbar sein. Dies wäre eine unbedingte Voraussetzung für die in die Zukunft gerichtete Lebensplanung mit den dann folgenden Entscheidungen. An dieser Stelle können wir testen, ob die Annahme, dass Gott unser Partner ist, stimmt oder nicht. Also ist das Verhalten Gottes für uns berechenbar?

Gibt es eine Zusage Gottes in der Bibel, die die zentrale Grundlage für wirtschaftliches Verhalten darstellt? Ohne diese Zusage wäre wirtschaftliches Verhalten und das Entstehen von Kulturen nicht denkbar.

Der Noahbund ist ein gutes Beispiel für eine Zusage Gottes. Gott sagte zu, dass wir säen können und dann die Ernte möglich ist. Gott gab diese Zusage nach der Sintflut, die alle Kultur zerstörte. Nun lässt sich argumentieren, viele Kulturen sind entstanden, ohne dass die Schöpfer jener Kulturen von dieser Zusage wussten. Sie lernten aus Erfahrung den Wechsel des Wetters und der Jahreszeiten.

Das mag sein, aber wir wissen, dass, wenn die Erde nur um 1,5 Prozent näher an der Sonne wäre, biologisches Leben nicht existieren könnte. Dass die Erde diese Entfernung hält, hat mit der untypischen und unerklärlichen Größe des Mondes zu tun. Ein anderes von unzähligen Beispielen stellt das Kohlendioxid (CO_2) dar. Ohne die Kohlendioxidschicht würden auf der Erde Minustemperaturen von 30 Grad herrschen. Die CO_2-Schicht beträgt aber nur weniger als ein Prozent der Erdatmosphäre. Ihr Gleichgewicht wird durch die natürliche CO_2-Produktion und das Senken der CO_2-Konzentration über die Ozeane erzielt. Der konstante Ablauf ist nicht selbstverständlich. Das Gleichgewicht wird durch den Menschen derzeit empfindlich gestört. Das verbindliche Zeichen der Zusage Gottes versinnbildlicht im Noahbund der Regenbogen, der sich interessanterweise gerade dann zeigt, wenn der Wechsel von Regen zu Sonne geschieht, also in der Kombination, die Wachstum ermöglicht. So können wir Kulturen schaffen, weil wir in der Lage sind zu kalkulieren, denn die Rahmenbedingungen der Schöpfung bleiben grundsätzlich konstant.

Die Bibel lehrt uns dreierlei:

- die Berechenbarkeit des Verhaltens Gottes, weil Gott, wie es Paulus im Römerbrief ausdrückt, treu ist. Gott ist morgen der selbe wie gestern.

- dass wir Gott vertrauen sollen. Hier handelt es sich schlichtweg um die zentrale Botschaft der Bibel, der Botschaft, in der sie sich von den anderen Weltreligionen fundamental unterscheidet.
- Vertrauen reicht in die Zukunft. Wir kennen den Verlauf der Heilsgeschichte, wir haben die Zusage der Auferstehung von den Toten. Die prophetischen Aussagen in der Bibel sind zentral, weil wir somit die Verlässlichkeit von Gottes Wort anhand der Geschichte nachprüfen können.

Und was bedeutet Vertrauen in Gottes Führung konkret? Gott kennt die Zukunft, also können wir uns ihm anvertrauen, weil wir die Zukunft nicht kennen. Wenn wir Gottes Führung für die Zukunft in Anspruch nehmen, dann dürfen unsere Ziele nicht mit denen Gottes kollidieren. Sie müssen im Willen des Heilsplanes Gottes stehen.

Diese Aussage scheint leicht gesagt zu sein. Was aber ist der Wille Gottes? Eigentlich ist die Antwort einfach und im Alltag ohne weiteres umsetzbar: Die ungeschmälerte Gemeinschaft mit ihm.

Freiheit bedeutet zugleich Verantwortung

Was bedeutet es, wenn jemand frei entscheidet? Er ist verantwortlich. Wer nicht entscheiden kann, trägt auch keine Verantwortung.

Gott stellt uns in die Verantwortung, sonst gäbe es kein Gericht. Wir sind für unser Tun rechenschaftspflichtig. Wir haben uns Gott gegenüber zu verantworten. Weil dem so ist, sind wir frei in der Entscheidung.

Hier wird noch einmal das eingangs geschilderte Paradoxon deutlich: Wir sind verantwortlich und sprechen von Gottes Führung. Aber Gottes Führung bedeutet keine Prädestination. Es gibt kein unabwendbares Schicksal. Nicht nur die Verantwortung spricht dagegen, sondern auch die Annahme von Gottes Führung.

Wir wissen ferner, dass dort, wo Menschen keine Verantwortung tragen, nichts funktioniert. Also spricht die Erfahrung, dass Menschen Verantwortung tragen müssen, für die Richtigkeit des biblischen Menschenbildes.

Welches Fazit können wir daraus ziehen? Die schwere Last der Entscheidung bleibt, weil wir uneingeschränkt verantwortlich sind. Aber wir können unsere Entscheidungen im Vertrauen auf Gottes Führung treffen, das heißt, auch eine z. B. ökonomisch verkehrte Managementscheidung kann sich zum Positiven wenden oder uns einfach nicht in die Verzweiflung treiben, wenn wir Gott vertrauen. Die Schwere der Entscheidung wird in das Vertrauen zu Gott eingebunden.

Wie ich Gott persönlich erfahre

Wenn Gott führt, wie geschieht dies konkret? Da jeder Mensch und jede Situation anders ist, erscheinen allgemeine Regeln unangebracht. Sie könnten auch manchen in eine verzweifelte Situation führen. Er muss sich fragen, warum ist dies bei mir nicht so? Nun, weil er anders ist als der andere. Doch aus Erfahrungen kann man lernen. Wie sind meine Erfahrungen?

Betete ich um eine Entscheidung, so erlangte ich manchmal auch eine Gewissheit. In dieser Gewissheit konnte ich handeln. Ich sah mich in eine bestimmte Aufgabe gestellt und wusste, dass ich sie anzunehmen hatte.

Keine guten Erfahrungen habe ich mit dem orakelnden Aufschlagen der Bibel gemacht. Die Treffer überstiegen nicht die Nieten. Anders die Losungstexte oder ein beim Lesen der Bibel ins Auge springendes Wort. Sie stellen nicht selten eine Bestätigung, einen Trost, eine Gewissheit in manchen Situationen dar.

So manches tiefe Beten erfährt auch eine Antwort durch eine innere Stimme. Ist sie von Gott? Hier liegt eine nicht kleine Gefahr. Wie begegnete ich dieser Gefahr, wenn die eindeutige Gewissheit fehlte? Ich bat diese Stimme um einen bestätigenden Bibeltext. Ich erinnere mich noch dreier Fälle: zweimal habe ich mich auf hohe persönliche Risiken (einmal mit meiner beruflichen Existenz und einmal mit meiner Gesundheit) eingelassen und es war richtig. Einmal widerstand ich, obwohl das Nein gegen eine von mir zu treffende Entscheidung nicht zu überhören war und die biblische Antwort lautete: „Meine Schafe hören meine Stimme!"

Ich ließ mich von einem Christen überreden, es doch zu tun und habe viel Geld verloren und vor allem erhebliche Zeit vergeudet.

Rückschluss

Gott will uns, unser Inneres, die Gedanken des Herzens offen für sich haben. Er will, dass wir die Entscheidungen mit ihm abstimmen. Er will unsere Entscheidungen, aber wir sollten im Vertrauen auf ihn entscheiden. Wir erhalten nicht immer Zeichen und Bibelstellen, Hinweise von frommen Brüdern oder einen Blitzschlag zur rechten Zeit. Wir haben einen Verstand und eine Ausbildung im Beruf, die wir einsetzen sollten. Aber unabhängig von unserem Beruf, ob als Missionar oder Investmentbanker, ob als Krankenschwester oder Soldat, als Pfarrer oder als Politiker: Wir sollen in Gemeinschaft mit Gott leben. Und in dieser Gemeinschaft wird uns Gott prägen, uns sensibilisieren, uns Türen öffnen, uns nicht vollständig verlassen. Aber wir halten nicht immer die Gemeinschaft. Die Gedanken gehen eigene Wege, und so auch unsere Füße. Plötzlich irren wir in der Wüste, wie Mose mit den Kindern Israel. Aber dieses in der Wüste im Kreis Laufen, dieses scheinbar sinnlose Umherirren war auch eine Führung Gottes. Das Schweigen Gottes hat nichts mit Abwesenheit zu tun.

Was ist dann für uns das Allerwichtigste? Dass Gott uns nicht aus den Augen verliert. So findet sich auch im Buch Richter (18,5f.) eine bemerkenswerte Aussage: „Befrage doch Gott, dass wir erfahren, ob unser Weg, den wir gehen, auch zum Ziel führt. Der Priester antwortete ihnen: Ziehet hin mit Frieden; euer Weg, den ihr geht, ist dem Herrn vor Augen."

Gott begleitet, aber den Weg müssen wir selbst gehen. Die Entscheidung, welchen Weg wir gehen, bleibt bei uns. Wenn wir uns Gott anvertrauen, dann gewinnen wir inneren Frieden, auch auf unterschiedlichen Wegen, solange sie nicht von dem Ziel und Sinn des Lebens – der Gemeinschaft mit Gott – wegführen.

FÜHRUNG HEISST BEZIEHUNGEN LEBEN

Michael Hübner

Miteinander reden – miteinander gewinnen

1. Einleitung

In Bezug auf Kommunikation scheint manches durcheinander gekommen zu sein. Haben einerseits noch nie so viele Menschen die Möglichkeit gehabt, mit so vielen Menschen zu jeder Zeit zu kommunizieren, so fällt uns andererseits gerade in den allernächsten Beziehungen auf, wie schwer gelingende Kommunikation ist. Wir können also sagen: Je mehr Möglichkeiten Telefon, Handy, Internet und E-Mail, Bücher, Radio, Fernsehen, Zeitungen usw. eröffnen, desto größer ist der Bedarf an Kommunikationstraining. Jede selbstkritische Führungsperson wird bei Konfliktanalysen nur allzu häufig beobachten müssen: Wir redeten aneinander vorbei.

- Wir waren nicht frei genug zu sagen, was wir eigentlich meinten.
- Wir benutzten Worte mit für uns unterschiedlichen Bedeutungen.
- Wir hörten nur das, was wir hören wollten.
- Wir hörten einander nicht zu, weil wir schon mit unserer eigenen Antwort zu sehr beschäftigt waren.
- Wir wussten nicht, wie das Geredete aufgefasst wurde.

Entmutigt ziehen sich beide Gesprächspartner zurück. Besonders Männern wird es nach neuesten Forschungen zugeschrieben, dass sie bei stark negativen Affekten zum Rückzug tendieren, weil sie „autonome Erregung" langsamer abbauen als Frauen. Sie führen deshalb lieber rationale Gespräche, nehmen Gefühle nicht in gleichem Maße wahr und versuchen, Konflikten, Beratungs- und Therapiemöglichkeiten eher aus dem Weg zu gehen.

Es gibt destruktive Einstellungen über das Gespräch, die im Grunde Entmutigung durch negative Erfahrung beinhalten, aber einen kurzfristigen Gewinn versprechen, z. B.

1. „Wenn man redet, wird alles ja nur zerredet."
2. „Wo kommen wir denn da hin, wenn jedes Problem diskutiert wird?"

3. „Da können wir gar nichts tun – der Herr wird's richten."
4. „Es kann nicht sein, was nicht sein darf."
5. „Das ist nun mal so, da kann man nichts ändern."

Spätestens hier muss sich der Glaube und die Gottesbeziehung eines Christen bewähren. Hat er es nötig, so zu denken? Ist es nicht der lebendige Gott, der das Gespräch mit den Menschen immer wieder begonnen hat? Christen haben einen kommunikativen Gott.

Längst wiederholen die Humanwissenschaften in der Theorie, was der Christ täglich neu praktiziert: „Nicht die Tatsachen bestimmen einen Menschen, sondern wie er über die Tatsachen denkt."

Ohne Gottes Möglichkeiten bleiben wir den subjektiven Tatsachen unserer Wirklichkeitssicht verhaftet. Der Christ rechnet dagegen mit der unbegrenzten Möglichkeit Gottes. Er sieht deshalb den Dingen ins Auge.

2. Miteinander reden – miteinander gewinnen

Dieses Thema weist uns darauf hin, dass wir die Zukunft nur gewinnen können, wenn wir Beziehungen miteinander gestalten. Und dazu gehören immer zwei. Nicht nur das Reden gehört auf die Gewinnerseite, sondern vor allem auch das Zuhören und Verstehen.

Die Einstellung: „Ich werde reden und will verstehen – auch was ich noch nicht verstehe", spiegelt christliche Gesinnung wider, weil sie Entmutigung überwindet und den anderen gemäß der Liebe Jesu im Auge behält. Sie nimmt den anderen in seinen Gedanken an, geht kleine Schritte, muss nicht kämpfen oder fortschauen. Es bieten sich vier Kommunikationshilfen an:

a) Interaktionen besser verstehen
Wollen Sie Menschen und sich besser verstehen, müssen Sie das Zusammenspiel der Menschen untereinander begreifen.

In unseren Beziehungen und Alltagsgesprächen spielen wir alle das Spiel abgesprochener und unabgesprochener Übereinkünfte. Wenn diese Interaktionen und das, was wir erreichen wollen, nicht immer wieder bewusst gemacht werden, kann Leid entstehen in Form von Enttäuschung, Demütigung, Missverständnissen, Rückzug, Groll und Bitterkeit.

Solch ein Zusammenspiel kann sich in folgenden Mustern zeigen:
Starke Leute möchten leiten ... andere sich anlehnen und führen
lassen.

Helfertypen packen zu ... andere rufen Helfer auf den Plan.

Der eine redet ... der andere hört nicht mehr zu.

Der eine übernimmt gerne Verantwortung ... der andere lässt sich
entmündigen.

Und je mehr der eine agiert ... umso mehr reagiert der andere.

Der eine kümmert sich um Dinge ... der andere nicht mehr.

Überlegt der eine alles ... wird der andere denkfaul.

Wenn einer plant ... tut es der andere nicht.

Ihre Aufgabe ist es, im Bedarfsfall die Bedeutung dieses Zusammen-
spiels deutlich zu erkennen, zu überprüfen und dies anzusprechen.

b) Partnerschaftliche Konfliktlösungen anstreben

Zwangsprozesse, also Vorhaben, um Menschen zu verändern, weisen
auf Machtausübung hin und nicht auf Führungsqualitäten.

Zur Machtausübung gehören vielfach so genannte „Kommunika-
tionssperren", z. B. Befehlen, Anordnen, Warnen, Drohen, Moralisie-
ren, Beschimpfen, Lächerlich machen, Beschämen, Verhöhnen, Ironi-
sieren und Sarkasmus. Auf solche Machtausübung reagieren Menschen mit

- Einschränkung der Häufigkeit und Genauigkeit der Weitergabe
  von wichtigen Informationen;
- Konkurrenz, Rivalität, Auflehnung und Trotz;
- Unterwürfigkeit und Konformismus;
- Suche nach Verbündeten und Koalitionen;
- Rückzug und Flucht.

Wer Macht mit Macht entgegentritt, verlängert den Kampf und
bringt *sich* auf die Verliererseite. Wer im anderen das Gefühl der
Niederlage produziert, bringt sich durch den Machtkampf sicher auf
die Verliererseite. Jesus sagt: „Denn wer das Schwert nimmt, der soll
durch das Schwert umkommen" (Matthäus 26,52b). Er proklamiert
in der Bergpredigt die machtlose Methode.

Miteinander gewinnen – das gelingt nur, wo man nicht gegen-
einander, sondern miteinander kämpft. Partner werden heißt: „Teilhaber" werden. Wir finden es im Wort „partizipieren" – es bedeutet
„teilhaben". Das Motto muss also heißen: Führen statt entmachten.

Der Führende gibt den Ton an, er hat die Kompetenz bekommen zu sagen, wo es lang geht. Das widerspricht nicht der „partnerschaftlichen Beziehung". Die Gemeinde und die Angestellten wissen von Partnerschaftlichkeit, Beziehung und Vertrauen zu ihrem verantwortlichen Leiter. Machtausübung geschieht dagegen dort, wo Entscheidungen getroffen werden, die Menschen bevormunden, degradieren und sie unmündig halten. Im Produktionsablauf führt der Leiter. Konflikte werden außerhalb gelöst: Die Supervision zeigt Wege für Lösungen auf, Metakommunikation hilft, Verständigungswege zu vereinfachen.

Dabei wird folgendes Konfliktlösungsschema miteinander praktiziert:

- Das Problem wird erkannt und definiert.
- Alternative Lösungen werden entwickelt.
- Die alternativen Lösungen werden bewertet.
- Die Entscheidung wird getroffen.
- Die Entscheidung wird ausgeführt.
- Anschließend wird die Lösung bewertet.

c) Aktives Zuhören einüben

Was heißt „aktives Zuhören"?

- Ich höre, was du fühlst.
- Ich begreife dich, wie du im Moment bist.
- Ich bin an dir interessiert und partizipiere an dir.
- Ich verspüre keinen Wunsch, dich zu verändern.
- Ich fälle kein Urteil über dich.
- Du brauchst keine Angst vor meiner Kritik zu haben.

Das Gegenteil ist:

- beraten und Lösungen liefern;
- durch Logik überzeugen, argumentieren;
- kritisieren, widersprechen, Vorwürfe machen;
- beruhigen;
- nachforschen;
- ablenken, ausweichen.

Immer dann, wenn es Gesprächsblockaden gibt, sollten wir aktives Zuhören praktizieren. Wie geht das?

1. Sie wenden sich mit ganzer Aufmerksamkeit Ihrem Redner körperlich und geistig zu.
2. Sie zeigen Aufmerksamkeitsreaktionen durch Nicken, „Ich begreife", „Hm", „Ja" usw.

3. Sie wiederholen Inhalte und Empfindungen Ihres Gegenübers in eigenen Worten und lassen sich korrigieren, falls Sie es falsch, anders – eben in Ihrem Sinn und nicht in seinem – verstanden haben.

4. Sie unterbrechen nicht, sagen noch nicht Ihre Meinung, Ansicht, Wahrheitserkenntnis, sondern sind fest bei dem Anderen.

5. Sie fragen nach, was diese oder jene Aussage dem Redner bedeutet, zu welchen Gedanken, Gefühlen, Handlungen, Schlüssen er dadurch kommt.

Sie werden sehen, wie Sie durch diese Praxis die Selbstachtung des anderen erhöhen, sein Reden, Denken und Handeln positiv beeinflussen und die Voraussetzung zu einer positiven Verhaltensmodifikation setzen. Denn: Nehmen Sie den anderen an, wie er ist – dann verändert er sich am meisten.

d) Richtiges Reden einüben

Die folgenden fünf Hinweise werden Ihnen dabei helfen.

1. Ich-Botschaften statt Du-Botschaften. Du-Botschaften verursachen Schuldgefühle und werden als Herabsetzung, Kritik, Ablehnung, Tadel empfunden. Sie provozieren häufig reaktive Verhaltensweisen und Vergeltungsmaßnahmen, können der Selbstachtung des anderen schaden und deshalb Widerstand hervorrufen. Sie werden als bestrafend empfunden und können Verletzung und Groll wecken. Ich-Botschaften hingegen sind ehrlich, offen und direkt. Darin liegt wohl ihre Kraft. Sie besagen: „Ich bin ein Mensch mit Problemen, Gefühlen und Irrtümern wie jeder andere." – Sind Sie ärgerlich, dann auf die Tatsache, dass Sie ein Problem haben. Sie sind von dem Anderen abhängig, der die Situation verändern kann – damit behält er das Heft in der Hand (Gordon). Ich-Botschaften machen beide zu Partnern. Die meisten Menschen gehen bereitwilliger auf ehrliche Bitten ein als auf Forderungen, Drohungen, Lösungen oder Belehrungen, die immer zeigen: Ich stehe über dir.

2. Nennen Sie konkrete Situationen und was diese bei Ihnen auslösen. Unter diesem Punkt sind die Aussagen gemeint, die sich unter Allgemeinplätzen wie „alle", „immer", „nie" usw. als verkappte Lügen einschleichen. Und wir glauben häufig selbst noch an solche Aussagen. Paulus sagt deshalb: „Legt die Lüge

ab und redet die Wahrheit ... weil wir untereinander [gleich-
wertige, Anm. d. Verf.] Glieder sind" (Epheser 4,25). Mit Allgemeinplätzen, die häufig Killerphrasen sind, ziehen wir nur den
anderen und die Situation förmlich nach unten.

3. Nennen Sie konkret ihr Denken, Empfinden, Verhalten.
4. Bleiben Sie beim Thema. Viele Gespräche gelingen nicht, weil
   das Thema gewechselt wird. Sie wollen gleich auf allen Ebenen
   gewinnen? Wagen sie die Politik der kleinen Schritte. Die Erfahrung lehrt, dass ein gemeistertes Gespräch über eine Situation
   viele Gewinnersituationen nach sich zieht.
5. Öffnen Sie sich. Erklären Sie, welche Fantasien, Bilder, welche
   körperlichen Empfindungen Sie erleben. Das ist das Gegenteil
   von Vorhaltungen und Vorwürfen.

3. Zum Schluss:

Christen leben von der Liebe Gottes auf der Grundlage der Vergebung.
Miteinander gewinnen können wir nur, wenn wir die alten Zöpfe
negativer Gesprächserfahrungen abschneiden. Gott selber sagt: „Lass
es genug sein, rede mir davon nicht mehr" (5. Mose 3,26).

Gott hat seine Menschen nie zu Einzelkämpfern degradiert. Im
Volk Israel, in der Gemeinde – selbst in den Pionieraufgaben von
Missionseinsätzen der Jünger Jesu – waren immer mindestens Zwei
zusammengestellt. Der Mensch ist auf Gemeinschaft angewiesen.
Einer soll dem anderen zur Hilfe werden. Dabei steht der Helfer nicht
über dem anderen. Als Supervisor („Übergucker") erkennt er mehr,
weil er mehr Abstand hat und nicht so sehr „im System sitzt".

Der Erlösungstod Jesu ermöglicht gerade Christen nach dem
Motto zu leben: „Heute ist der erste Tag vom Rest meines Lebens."

Aus dieser Perspektive können wir auch dem andern das Feigen-
blatt reichen, wo ihn sonst Nachtragen und Entblößung zurück-
werfen würden auf die Verliererseite.

Zitierte Literatur

J. M. Gottman: What predicts divorce? The relationship between naritul
    processes and marital outcome. Hillsdale, New Jersey: Lawrence Erlbaum.
Thomas Gordon: Managerkonferenz – Effektives Führungstraining.
    München: Heyne.
Engl und Thurmayer: Wie redest du mit mir? Freiburg: Herder Verlag.

Fritz Schroth

Christliche Erziehung als Basis für Führungskräfte

„Lehret sie halten alles, was ich euch befohlen habe" (Matthäus 28,20). Damit ist nicht auswendig gelerntes Kopfwissen gemeint, nicht ein Katechismuswissen, sondern eine Haltung, die erst erworben werden muss. Eine solche Haltung wird nur durch Übung gewonnen. Dazu braucht es das gelebte Vorbild und keine Lehre als Rezept. Im Gegenteil: Eine Lehre ohne Leben macht den Menschen kaputt. Es ist wie beim Malen einer Ikone: Da Ikonen gemalte Verkündigungsbilder der Botschaft der Heilsgeheimnisse sind, bereitet sich der Maler vor – durch das Studieren der Heiligen Schrift, durch Beten und Fasten. Der Ikonenmaler weiß seine Hand beim Malen geführt von der Hand dessen, den er darstellt. Darum heißt „Ikone" auch „Abbild". Da wir Abbilder Christi werden sollen, natürlich in der Weite der jeweils eigenen Form, muss jemand dieses Bild formen.

Genau darum geht es bei der Erziehung. Und dies könnte man auch wertneutral die Erlangung sozialer Kompetenz nennen. Natürlich ist der Hintergrund wichtig, das Umfeld Familie, Freunde und Arbeitsstelle, aber auch Führungspersonen, mit denen sie konfrontiert werden, sind für Jugendliche von Bedeutung, weil sie dort mit ihrem Leben eine prägende Gestaltung erfahren. Ihr Leben gestaltet sich weithin nicht in geschützten Räumen. Jugendliche sind selbstverständlich dem Zeitgeist, den Leitbildern und Visionen unserer Zeit ausgesetzt.

1. Was ist prägend für unsere Zeit?

Bert Brecht sagt: „Wir gehen einer Zeit entgegen, in der es nur Verbrecher oder Mönche geben wird. Ich plädiere für die schwarzen Kutten."

Damit meint er mit Sicherheit nicht, dass die Menschen ins Kloster gehen müssten, aber er drückt seine Sicht aus als ein Mensch, der die verrohenden Entwicklungen schon vor vielen Jahren wach wahrnahm. Die Krise der heutigen Gesellschaft, die natürlich die Pädagogik und Erziehung in gleicher Weise betrifft wie die übrige Gesellschaft, beschrieb schon vor fünfzig Jahren Mahatma Gandhi, der schon damals die westliche Gesellschaft kritisiert hat.

Gandhi konstatiert sieben soziale Sünden, die die westliche Welt prägen: „Eine Politik ohne Prinzip, Wohlstand ohne Arbeit, Handel ohne Moral, Vergnügen ohne Gewissen, Erziehung ohne Charakter, Wissenschaft ohne Menschlichkeit, Religion ohne Opfer."

Es sind Feststellungen eines Hindus, die nachdenklich machen.

Die Gesellschaft zerfällt; das Leben wird als Seifenoper inszeniert, bei der selbst das Lachen für die Zuschauer übernommen wird. „Interpassivität" nennt der Trendforscher Prof. Peter Wippermann aus Hamburg diese Entwicklung am 31. Dezember 2000 in der „Mainpost". Für Wippermann hat sich im abgelaufenen Jahr der Trend zur „Ich AG" dramatisch verschärft.

Nach einer Studie der Weltgesundheitsorganisation WHO, so berichteten es Zeitungen am 28. Dezember 2000, kann und wird Einsamkeit die Geißel der Menschheit, die in Verbindung mit Krankheit zu einer tödlichen Mischung in den Selbstmord führt. Und dies schon in wenigen Jahrzehnten! Dies sind die Kosten, die die Moderne offensichtlich einmal mit Zinsen als Tribut von den Menschen fordert.

Die ökologischen Gleichgewichte sind in unserer Zeit ebenso gestört wie die menschlichen Ökosysteme. Nur: Bei den Ökosystemen der Natur hat es der Mensch gemerkt, bei den menschlichen Ökosystemen dagegen noch nicht. Das Fazit, das der Züricher Eheprofessor Will sinngemäß zieht, lautet: Die menschlichen Ökosysteme, die Gleichgewichte menschlichen Zusammenlebens werden aus derselben Grundhaltung heraus zerstört wie die natürlichen Ökosysteme, nämlich aus dem Glauben an ein uneingeschränktes persönliches Wachstum. „Ich habe das Recht, das, was mir gut tut, vom anderen zu fordern."

Eine Erziehung, die darauf aufbaut, ist eine Sackgasse für junge Menschen.

2. Wie aber kommen wir hier heraus?

Wie können wir Menschen Orientierung geben? Durch eine zielgerichtete Erziehung, die eine dynamische Nachhaltigkeit einschließt. Nachhaltigkeit ist ein Begriff, der aus der Forstwirtschaft stammt. Er besagt, dass ein Waldbauer, der heute Bäume in seinem Wald anpflanzt, dies für kommende Generationen tut, die er nicht mehr kennen wird. Sein Tun ist nachhaltig, da er die Grundlage für das zukünftige Leben heute legt. Die dynamische Nachhaltigkeit schließt eine kommende Entwicklung ein, um in künftigen – heute noch nicht bekannten – Herausforderungen zu bestehen. Die dynamische Nachhaltigkeit kann sich anpassen. Gottes Handeln ist auf jeden Fall dynamisch nachhaltig angelegt. Die Nachhaltigkeit des Kreuzes und seiner Liebe ist so groß, dass Sie nie aufgeben müssen – weil Christus nie am Ende ist. Nichts brauchen wir heute mehr – sowohl für das wirtschaftliche Arbeiten, den Umgang mit Menschen als auch für unsere persönliche Entwicklung – als eine Nachhaltigkeit in allem unseren Tun. Beim Umgang mit Menschen wirkt sich die Nachhaltigkeit in besonderer Weise aus. Hier kann Versäumtes womöglich nicht wieder gutgemacht werden. Darum ist die Verantwortung hier so groß, darum sind wir als Vorbild und Persönlichkeit in einer besonderen Weise gefordert.

3. Was können Sie als verantwortliche Führungsperson tun?

Sehen Sie in jungen Menschen, die in aller Regel noch nach ihrer eigenen Identität suchen, die künftige Führungselite in Deutschland. Geben Sie ihr Raum zur Entfaltung, Raum zum Lernen – auch durch Fehler. Beachten Sie, dass „der zukünftige Führungserfolg mehr und mehr in der Ausbildung von menschlichen Megaqualifikationen beruhen wird", so der Informationswissenschaftler Prof. Häfner aus Bremen. Es sind Qualifikationen, die ein Computer nicht haben wird. Dabei ist das persönliche Vorbild gefragt und gefordert. Wenn persönliches Wohlergehen, der eigene Vorteil, das Wohlfühlen in der eigenen frommen Gruppe bei Erwachsenen einen überhohen Stellenwert haben, dann werden Sie Jugendlichen nichts anderes vermitteln können. Sie werden Ihnen auch nichts anderes abnehmen. Wir brauchen eine klare Vision oder Schau für die jungen Menschen, für ihren Weg und ihre möglichen Ziele. Hier gilt wirklich das Wort aus den Sprüchen: „Wo keine Offenbarung ist, wird das Volk wild und wüst" (Sprüche 29,18).

4. Welche Persönlichkeit sind wir?

Die Persönlichkeit, die ich habe und bin, ist die wichtigste Führungskompetenz! Persönlichkeit ist wichtiger als Erfahrung, Wissen und Fertigkeit. Je höher die Position, umso wichtiger wird die Persönlichkeit der Führungskraft – gerade in der Frage der Förderung und Begleitung junger Menschen. Eine Persönlichkeit muss wachsen mit der Position! Doch gerade heute „wächst" eine Führungsperson weder in eine Funktion, noch in eine entsprechende Verantwortung. Bei „Blitzaufstiegen" in der Beförderung ist meist weder Persönlichkeit noch Sozialkompetenz mitgewachsen. Es zählt eben nur das Wissen und „Können".

Die heutige Führungsschulung und -entwicklung vernachlässigt diese Aspekte. Die meisten Organisationen entwickeln bei ihren Führungskräften nur Wissen und Fertigkeit. Dies sind jedoch die Kompetenzbereiche mit der niedrigsten Priorität im Top-Management – insbesondere dort, wo es um Menschen und deren Entwicklung geht. Wissen allein ist keine Rettungsboje.

Zur Entwicklung der Persönlichkeit gehört untrennbar das Definieren und Anwenden von Werten. Werte sind zentral für eine gute Führung. Sie sind gleichzeitig die Voraussetzung, um das Humankapital zu entwickeln, die emotionale Intelligenz zu fördern und richtig zu nutzen. Gut verankerte Werte haben einen direkten positiven Einfluss auf Resultate.

Eine Führungskraft, die ihre persönlichen Werte entwickelt, verstärkt die Wirkung ihrer Führung in folgender Weise:

- Sie muss so leben, wie sie lehrt. Worte und Handlungen müssen sich im Einklang befinden. Dadurch ist die Führungskraft eindeutig und berechenbar. Dieses schafft in der Erziehung und in der Führung gleichermaßen das notwendige Vertrauen.
- Die Führungskraft weiß, was sie selbst weiterbringt und was sinnvoll ist. Deshalb ist das eigene Zukunftsbild positiv und

attraktiv. Die Führungskraft hat es auf diese Weise leichter, Visionen zu entwickeln, die das Engagement bei anderen wecken.

● Die Führungskraft entwickelt eine gute Beziehung zu sich selbst. Indem sie sich selbst versteht, lernt sie auch, andere zu verstehen. Das ist eine wichtige Voraussetzung, um gute Beziehungen aufzubauen.

● Die persönlichen Werte dienen dem Menschen als stabile Grundlage und als gute Orientierung, um sich für die richtigen Ziele, die richtigen Prioritäten und ein angemessenes Handeln zu entscheiden.

5. Liebe ist die wichtigste Führungsfähigkeit

Eine Definition von Führung lautet nach Dr. Siegfried Buchholz: „Führungskraft ist nur der, der mit seinem Ist-Zustand unzufrieden ist, für den ein besseres Soll denkbar, vorstellbar und erreichbar ist."

Es geht um die konstruktive Unzufriedenheit mit dem Vorläufigen. So ist es auch bei Gott. Deshalb zeigt sich der Gott der Bibel immer wieder als ein Gott des Aufbruchs. Er will unsere falschen Sicherheiten nehmen. Sicherheit ist zurzeit *das* Thema bei den Menschen der Wohlstandsgesellschaft. Man denke nur an BSE, Ebola oder Aids. Am liebsten würde man eine Mauer der Sicherheit ziehen. Wir hatten doch alles so schön im Griff! Und nun diese totale Verunsicherung. Keiner wusste plötzlich mehr, was man ganz sicher essen kann.

Die Sicherheit, die Gott gibt, ist nicht mit einer Mauer vergleichbar, sondern mit der Gewissheit des Weges. Man folgt einer starken Vision und vertraut Gott. Gott ruft immer wieder zum Aufbruch ins Unbekannte. Er steht für das Ziel ein, nicht zuletzt mit den Menschen, die einen dorthin begleiten.

Dabei ist Gottes größte Investition in uns Menschen und unsere Zukunft seine Liebe, indem er uns mit seinem Geist erfüllt. Dieser große gütige Gott hat in mein Leben unendlich viel Liebe, Geduld und Geborgenheit investiert. Gott beginnt diesen Prozess jedoch nicht ohne unsere Zustimmung. Seine Liebe ist auch eine Art von Vorausleistung. Deshalb ist Liebe ein Risiko. Da Gott bei uns Menschen das Risiko eingeht, bin auch ich bereit, dieses Risiko einzugehen. Neunzig Prozent aller Führungs- und Erziehungsarbeit ist Arbeit an Menschen, der Rest ist Geld und Technik.

Darum kosten Menschen Mühe, Schweiß, Geld und Mut. Das größte Humankapital ist Liebe, die aus Gott geboren ist und zu der wir befähigt sind. Übrigens ist bei Gott Liebe immer mit Schuld verbunden. Seine Antwort auf die Schuld einer ganzen Menschheit ist Liebe: „Also hat Gott die Welt geliebt, dass er seinen eingeborenen Sohn gab, damit alle, die an ihn glauben, nicht verloren werden, sondern das ewige Leben haben" (Johannes 3,16).

Schuld kann nur durch Liebe geheilt werden. Von diesem biblischen Grundgedanken muss unser Leben durchdrungen, ja geprägt sein. Die Liebe, zu der wir befähigt sind, führt zu einer Kultur der Barmherzigkeit; sie ist nötig, weil wir nur so Menschen nachhaltig prägen können.

6. Selbstannahme als Voraussetzung

Die Selbstannahme ist nicht angeboren; sie muss erworben werden. Wer bin ich eigentlich? Wie finde ich zu mir selbst? Was sind meine Gaben, meine Grenzen, wo liegen meine Gefährdungen? Bei Luther war die Frage: Wie bekomme ich einen gnädigen Gott? Bei den Menschen der Moderne: Wie komme ich zu einem gesunden Selbst? Die Pädagogik unserer Zeit gründet sich auf die Selbstverwirklichung und das kritische Denken. Das war nicht der biblische Weg zur Entfaltung einer Persönlichkeit. Der Heiligen Schrift geht es nicht um die Selbstverwirklichung, sondern um die Lebensverwirklichung: Wie gewinne ich das Leben? Sie kennt dabei die Pädagogik des Dankens und Lobens, die gut bei den Psalmen zu erkennen ist.

Gerade im Miteinander – ob in einer Partnerschaft, dem Miteinander in einer Firma oder der Zusammenarbeit zwischen Ehrenamtlichen und Hauptamtlichen – wird ganz schnell deutlich, wie es um mich selbst steht. Wer mit sich selbst nicht klarkommt, liegt auch mit den anderen im Krieg. Eine Gemeinschaft kann nur dann stabil sein, wenn jeder Einzelne für sich stabil ist, trotz der täglichen Probleme, mit denen er konfrontiert ist, mit sich und seinem Leben „zu-frieden" ist, also Frieden hat. In aller Regel ist das eine Frage des Selbstwertgefühls.

Zu erinnern ist an das zentrale Gebot Jesu: „Du sollst deinen Nächsten lieben wie dich selbst" (Matthäus 22,39). Es besteht die große Gefahr, dass dieses Gebot, das natürlich den meisten von klein auf vertraut ist, als eine fromme Banalität gehört wird, gerade weil es schon so oft gehört wurde. Ich behaupte, dass viele nicht nur mit der Nächstenliebe, sondern gerade mit dem Zusatz der biblisch gebotenen Selbstliebe ihre Probleme haben.

7. Gelebte Gastfreundschaft als Überwindung von Feindschaft

Weithin haben wir es heute mit Mobbing, dem Psychoterror unter Mitarbeitern oder von Vorgesetzten zu Mitarbeitern zu tun. Hier stellt sich die Frage des Umgangs miteinander in drängender Weise. Viele Stätten, die man einrichtet, um Menschen einander näher zu bringen, um ihnen für ihr Leben zu helfen, sind zu geistigen Schlachtfeldern entartet. Wer in solch eine feindselige Ablehnung gerät, hat kaum mehr einen Blick für das Wesentliche. Produktive Gedanken können erst gar nicht entstehen. Ich erlebe immer wieder, wie Menschen, die sich selbst, ihrer Verwandtschaft, ihrer eigenen Kultur fremd geworden sind, nach gastlichen Stätten suchen, an denen man ohne Furcht eine Zeit verweilen kann und eine menschliche Gemeinschaft antrifft, die einem hilft. Ganz allgemein setzen wir auf Fremde keine großen Hoffnungen. Menschen, deren Sprache oder Dialekt wir nicht kennen, flößen Furcht oder auch Feindseligkeit ein. Unser Herz möchte wohl den Wunsch empfinden, anderen zu helfen: Hungrige zu speisen, Gefangene zu besuchen und Durchreisende zu beherbergen. Gewöhnlich versuchen wir es aber erst gar nicht. Es ist auch darum so schwer, weil wir von der Feindseligkeit zur Gastfreundschaft durchstoßen müssen. Wir sind, gerade weil das so schwierig ist in unserer Gesellschaft, dennoch dazu berufen, den „hostis" zum „hospes", den „Feind" zum Gastfreund zu machen und die Zone der Freiheit und Geborgenheit zu schaffen, in der man brüderliche und schwesterliche Gemeinschaft findet und erleben kann.

Gastfreundschaft betrifft und beginnt bei mir ganz persönlich. Sie ist immer Überwindung meiner inneren Feindseligkeit gegen mich selbst und gegen den Nächsten. Gastfreundschaft ist einer der dichtesten biblischen Begriffe, der unser Verständnis für unsere Beziehungen zu unseren Mitmenschen vertiefen und erweitern kann. Ganze Episoden aus dem Alten und Neuen Testament verdeutlichen uns dieses hohe Gut. Dabei habe ich eine Entdeckung in der Bibel gemacht, die sich in der Alltagswirklichkeit bestätigt hat: In den biblischen Geschichten begegnet uns immer wieder ein Geheimnis: Die Fremden, die Gäste, bringen kostbare Gaben mit, die sie nur zu gern ausbreiten vor dem Hausherrn, der ihnen die Aufnahme gewährt. Als Abraham im Hain Mamre drei Fremde aufnahm und ihnen Brot und Wasser und ein vorzügliches zartes Kälbchen vorsetzte, da offenbarten sie sich ihm als der Herr mit Verheißung: Sarah, seine Frau, werde ihm einen Sohn gebären (1. Mose 18,1-10). Oder da ist jene Witwe von Zarpat, die Elia ihre letzte (!) Mahlzeit teilte und ihm ein Dach über dem Kopf gewährte: Da offenbarte er sich ihr gegenüber als Mann Gottes und gab ihr als Gastgeschenk Öl und Mehl im Überfluss (!); außerdem erweckte er ihren Sohn von den Toten (1. Könige 17,8-24). Dagegen war die Gastfreundschaft des Lot ein Verstoß gegen die guten Sitten in Sodom und Gomorra: Dort teilte man nicht. Sie wollten der Endverbraucher ihres Geschaffenen sein. Die Gastfreundschaft, die Lot gewährte, rettete ihm sein Leben (1. Mose 19,1-16)!

Was wäre, wenn alle unsere Beziehungen untereinander – von der Verwaltung über den Service bis hin zu den vielen ehrenamtlichen Mitarbeitern – als Gastfreundschaften betrachtet und gelebt würden! Damit würden viele Ängste und Feindseligkeiten unter uns verändert werden. Wenn sich unser Christusverhältnis zum Gastverhältnis gestaltet, sind wir auf dem guten Weg, dem Weg der Heiligung. „Gastfrei zu sein vergesst nicht, denn dadurch haben einige ohne ihr Wissen Engel beherbergt" (Hebräer 13,2).

8. Aufgaben zum Erwachsenwerden

Wer mit jungen Menschen zu tun hat, muss wissen, dass es einige Aufgaben gibt, die bei der Entwicklung der Persönlichkeit, beim Erwachsenwerden zu bewältigen sind: Erwachsenwerden heißt beziehungsfähig werden.

- *Meine Situation selbst in die Hand nehmen.* Aus der engen Bindung an Vater und Mutter lösen. Vater und Mutter sind in uns integriert, darum schaffen wir eine neue Beziehung zu Vater und Mutter. Je mehr Konflikte dabei aufbrechen, desto mehr haben wir dabei zu tun. Wo Elternbilder negativ und mit vielen Verletzungen belastet waren, ist die innere Aussöhnung mit den Eltern wichtig.

- *Erwachsenwerden heißt: Verantwortung übernehmen.* Dies bedeutet den Verzicht, einen Schuldigen zu suchen und Ja zu sagen zur eigenen Autorität, zur eigenen Kompetenz, zu eigenen Fähigkeiten.

- *Erwachsenwerden heißt: Entscheidungen treffen können.* Das eigentliche Problem unserer Zeit – so scheint es mir – ist die Unfähigkeit, Entscheidungen treffen zu können. Dabei liegen wir nicht dann richtig, wenn wir immer Ja sagen! Denn jedes Ja bedeutet auch immer ein Nein! Wer sich um das Nein herummogeln will, ist unfähig zum Treffen von Entscheidungen.

- *Erwachsenwerden heißt: Den Mut haben, Konflikte durchzustehen.* Kein Leben ist ohne Konflikte denkbar. Zu lernen, Konflikte durchzustehen, ist eine Lebensaufgabe. Bei der Unlust, die auszuhalten ist, verweise ich auf ein Interview mit dem Verhaltensforscher und Nobelpreisträger Prof. Konrad Lorenz. Er schließt das SPIEGEL-Gespräch mit dem Gedanken: Kinder und Jugendliche sollten lernen, Unlust auszuhalten, damit sie später kein Leben führen müssen, in dem das Auf und Ab von Freud und Leid zu einer grauen Ebene verflacht, in der kein Sinn mehr zu erkennen ist.

- *Erwachsenwerden heißt: Lieben können – und das nicht nur sexuell.* Nur so viel: Liebe hat einige interessante Gegensätze: Wo es keine Liebe gibt, gibt es auch keine Schuld, das heißt, Lieben ist die Fähigkeit, Schuld als Schuld zu erfahren. Im Grunde kann ich nur die Liebe verletzen – und das ist Schuld. Schuld kann nur durch Liebe geheilt werden.

- *Arbeiten lernen als Fähigkeit zur Lebensentfaltung.* Das Arbeiten muss ebenso eingeübt werden wie Sprechen, Schreiben oder ein Musikinstrument. Eine Begleitstörung ist dabei, nicht dranbleiben zu können, nicht zielgerichtet genug zu sein, zu wenig Kraft zu haben, um durchhalten zu können.

- *Gefühle und Verstand in einer Beziehung zueinander bringen.* Das kleine Kind ist zunächst noch ohne Verstand, Gefühle dominieren. Später dominiert meist der Verstand und weniger das Gefühl. Beide ausgewogen zu leben, ist eine Lebensaufgabe. Übrigens: Das Lustprinzip ist ein sehr frühkindliches Gefühl! Wenn nicht das Realitätsprinzip dazu kommt, sprechen wir von Selbstverwirklichung, aber meinen die Durchsetzung des Lustprinzips. Nur ein Kind darf auf Kosten der Eltern leben.
- *Verzichten können und Leid annehmen.* Verzicht ist dabei eine schwere innere Arbeit. Ein Leben ohne Verzicht ist ein eingeschränktes Leben. Es klingt wie gegensätzlich, ist aber nicht so. Auch das Leid gehört zur Grunderfahrung: „Halte das Dunkle deines Lebens gegen die Sonne, und du wirst merken, dass man nur so in die Sonne schauen kann, ohne blind zu werden" (Reinhard Deichgräber).
- *Kritik akzeptieren und einüben.* Wenn mich niemand kritisiert, habe ich keine Lernchance und damit keine Veränderungschance. Nicht Kritik kritiklos annehmen, sondern genau hinschauen: Wo hat der andere Recht? Wo nicht? Was kann ich annehmen, was nicht? Wenn ich dem anderen keine Kritik mehr gönne, dann verurteile ich ihn dazu, dass er bei mir nichts mehr lernen kann. Aber Maßstab jeder Kritik muss sein, dass sie liebevoll und kompetent ist. Und dann sollte, ja darf die Kritik nicht von der Galle kommen, sondern vom Herzen!
- *Einen Sinn und Ziel im Dasein erkennen.* Sinn und Ziel formuliert man für sich selbst: Woher komme ich? Wo stehe ich? Wohin gehe ich? Die Fragen nach der Lebensanalyse sind kein Luxus, sondern notwendig zur Standortbestimmung. Nur so kann ich Sinn und Ziel im Dasein erkennen und werde meinen Wert nicht an bestandene Examina oder an das verdiente Geld binden.

Zusammengefasst: Erwachsenwerden ist das Erkennen des mir von Gott zugedachten Weges. Nur: Keine Beziehung kann gedeihen ohne Pflege. Wie sieht die Beziehungspflege aus:

1. Mit uns ganz persönlich?
2. Meinen Mitmenschen gegenüber?
3. Gott gegenüber?

Wenn ich die Arbeit der Beziehungspflege annehme, so erhält sie mir die Lebendigkeit zu Gott, dem Nächsten und zu mir selbst.

Volker Steinhoff

Leitung als praktisch-theologische Aufgabe

Das Thema dieses Beitrages möchte ich in sieben Punkten behandeln. Dabei werde ich immer wieder auf Gedanken zurückgreifen, die Dr. Christoph Morgner in seinem wichtigen Buch „Geistliche Leitung als theologische Aufgabe" entwickelt hat. Jeder der Punkte schließt mit einigen Fragen, die eine Hilfe sein sollen, Ihren eigenen Standpunkt zu bestimmen.

1. Wer über Leitung nachdenkt, muss über Charisma nachdenken

Leitung ist nicht erfolgreich, wenn man sie mit äußerlicher Attitüde und/oder strengem Führungsstil verwechselt. Leitung hat viel mit Charisma zu tun. Leitung ist Gnadengabe und deswegen Gottesgabe. Doch sie ist kein Geschenk, auf dem sich der Beschenkte ausruhen kann. Leitung bedeutet harte Arbeit und ist gerade deswegen bis zu einem gewissen Grad erlernbar. Dennoch ist die charismatische Eignung unabdingbare Grundvoraussetzung, insbesondere in geistlichen Führungspositionen. Die eigentliche Herausforderung der Leitungsaufgabe besteht darin, mit dem Pfund zu wuchern, das einem anvertraut ist.

Fragen: Wie wuchere ich zurzeit mit dem Pfund, das mir anvertraut ist? Was mache ich aus meiner Gnadengabe? Wie setze ich mein Charisma ein?

2. Wer über Leitung nachdenkt, muss über Christus nachdenken

Seit Christus in die Welt gekommen ist, hat er die Frage der Leitung von Grund auf revolutioniert. „Könige herrschen, Machthaber unterdrücken" – beschreibt Jesus das Problem von Menschen, die Leitungsverantwortung haben, um dann hinzuzufügen: „Aber gerade so darf es bei euch nicht sein."

Jesus setzt der Liebe zur Macht, die leitende Leute immer wieder erfasst, die Macht der Liebe entgegen.

„Wer unter euch groß sein will", sagt er, „der sei euer Diener; und wer unter euch der Erste sein will, der sei euer Knecht, so wie der Menschensohn nicht gekommen ist, dass er sich dienen lasse, sondern dass er diene und gebe sein Leben zu einer Erlösung für viele" (Matthäus 20,26ff.). Mit diesem „Kontrastprogramm" revolutioniert Jesus alle Leitungsmodelle dieser Welt.

Erst in seiner Person ist das Dienen in die Welt gekommen. Er hat es auf die Welt gebracht und als himmlisch qualifiziert. Dienend hat er die Welt für Gottes große Ziele zurückerobert. Dienen wird durch ihn zur Größe, und Größe in dieser Welt ist schlechterdings Dienen. Das Urbild und Beispiel ist Jesus Christus allein.

Der Meister war ein Diener. Daraus ergibt sich für Führungskräfte, dass die Dienstbereitschaft der Schlüssel für Leitung ist. Alle Machtausübung muss Dienstcharakter haben. Jesus praktizierte dies so, dass er nichts von seinen Leuten verlangte, was er nicht zuvor selbst getan hatte. Martin Luther schloss daraus für leitende Verantwortungsträger: „In seinem Herzen soll der Fürst auf seine Macht und sein Herrschertum verzichten: Er soll sie nicht preisgeben, nicht aufhören, Träger von Macht zu sein, aber er soll sie verwalten als Mittel des Dienstes an denen, für die er verantwortlich ist, statt sie für sich zu genießen. Das tut er dann, wenn er allen Sinn dahin richtet, dass er denselben nützlich und dienlich sei und nicht also denke, Land und Leute sind mein, ich will's machen, wie mir's gefällt; sondern also: ich bin des Landes und der Leute, (ich gehöre ihnen), ich soll's machen, wie es ihnen nutz und gut ist, wie sie mit gutem Friede beschützt und verteidigt werden." (Althaus 1965, S. 126)

Fragen: Wie gehe ich zurzeit mit Macht um? Wie komme ich zurzeit mit dem Ziel, dienend zu leiten, zurecht?

3. Wer über Leitung nachdenkt, muss über Charakterstärke nachdenken

Leitungsverantwortung vollzieht sich durch Einflussnahme. Diese soll aber nicht zuerst über Titel, Positionen oder Leistungstabellen geschehen, sondern vielmehr über menschlichen Kontakt: Ein Leben beeinflusst andere Leben, eine Person andere Personen, ein Charakter andere Charaktere.

Eine ausgeprägte Leitungsverantwortung wird vor allem durch einen starken Charakter gebildet. Charakterstärke unterstützt wesentlich jede Art von Leitungsaufgabe, indem sie Verlässlichkeit prägt. Verlässlichkeit ermöglicht Vertrauen, Vertrauen weckt Verantwortungsbewusstsein. Verantwortungsbewusstsein schafft Kreativität, Kreativität entzündet Motivation.

Fragen: Welche Charakterstärke ist bei mir zurzeit am stärksten ausgebildet? An welcher muss ich besonders arbeiten?

Resumee I:
Charisma, Christus und Charakter sind elementare Bestandteile christlicher Leitungsverantwortung. Sie konstituieren und profilieren sie. Aus ihnen leiten sich drei Zielsetzungen ab:
1. Setz deine Macht ein, um Menschen zu dienen.
2. Lass dich von der Macht der Liebe leiten.
3. Uns ist nicht leitende Macht gegeben, unsere eigenen Absichten voranzubringen und uns unnötig zu profilieren. Unser Leben soll Gott die Ehre erweisen und Menschen dienen. Paulus fragt uns darum zurecht: „Was hast du, das du nicht empfangen hast?" (1. Korinther 4,7).

4. Leitungsverantwortung in subsidiärer Haltung

Leitungsverantwortung, wie sie durch Christen wahrgenommen wird, geschieht in einer Haltung, die als subsidiär zu bezeichnen ist, und zwar ganz besonders in der christlichen Gemeinde.

Die Gemeinde Jesu Christi, auch „ecclesia" – die Herausgerufene – genannt, ist eine „vertikale, keine horizontale Größe" (Pöhlmann 1990, S.314). Sie ist entstanden durch ein Handeln Gottes. Er beruft und sammelt Menschen, er fügt sie zu einer Personengemeinschaft zusammen, die das erneuerte Gottesvolk ist. Sie gehört Gott, sie ist Gottes heiliger Bereich. Sie untersteht dem gekreuzigten, auferstandenen und erhöhten Herrn Jesus Christus. Dieser übt seine Herrschaft aus, indem er durch seinen Heiligen Geist in ihr lebt und auf sie einwirkt. Ihr eigentlicher Leiter ist also Jesus Christus selbst.

Jürgen Rohloff unterstreicht: „Weil (sie) allein Gott zugehört, darum ist sie der Verfügungsgewalt von Menschen entzogen."

Dazu schreibt Christoph Morgner: „Das macht sie zu einem Sonderfall sozialer Gemeinschaftsformen. (Sie) ist nicht Verein unter Vereinen, Institution unter Institutionen, sondern sie stellt ein einmaliges, weil von Gott gestiftetes und von Jesus Christus durch den Heiligen Geist geleitetes Sozialgebilde dar. Deshalb sind sowohl ihr Wesen, ihre innere Ausrichtung und auch ihr Ziel nicht disponibel. Darüber ‚ist bereits durch Gott unwiderruflich entschieden' (Rohloff)."

Sie „steht und fällt ... mit Christus und dem Zeugnis von ihm".

Wie wirkt sich das auf die Frage der Leitungsverantwortung aus? Noch einmal dazu Christoph Morgner: „Jede leitende Person innerhalb von Kirche und Gemeinde hat deshalb Jesus Christus und sein Leiten über sich.

Leitendes Handeln durch Menschen ist deshalb immer abgeleitetes, ‚subsidiäres' (Rohloff) Handeln. Menschen können lediglich Helfer und Handlanger des eigentlichen Leiters sein. Sie vollziehen lediglich, was Gott durch Jesus Christus tut und vorgibt."

Frage: Löst der Satz „Ich bin Leiter unter Jesus" Freude, Frust, Entlastung oder Ärger in Ihnen aus? Begründen Sie Ihre Antwort.

5. Leitungsverantwortung durch vorbildhaftes Verhalten

Leitungsverantwortung, wie sie durch Christen wahrgenommen wird, geschieht in einem Verhalten, das als vorbildhaft zu bezeichnen ist, und dies nicht nur in der Gemeinde.

Der Gedanke des Vorbilds war für die urchristliche Gemeinde wichtig. Immer wieder wurde darauf abgehoben. Christoph Morgner schreibt: „Dort zeigt sich das ‚allgemeine kulturelle Phänomen, dass wesentliche Formen der Lebensgestaltung durch Nachahmung von Vorbildern weitergegeben werden' (Von Lips 1998). Auch die Vermittlung des Glaubens bedarf des lebendigen Anschauungsmaterials."

In der Zeit der ersten Gemeinden ist alles Christliche neu. Überkommene christliche Traditionen gibt es noch nicht. Die Frage entsteht: Woran soll man sich orientieren?

Wie sollen Christen das Neue lernen, das ihren Alltag prägen soll? Dazu Christoph Morgner weiter: „Aus diesem Grund kommen den Worten und dem Verhalten der Apostel hohe Bedeutung zu (1. Korinther 4,16; Philipper 3,17). Wie andere Leitungsverantwortliche sind sie Repräsentanten des Glaubenslebens und damit Vorbilder der Gemeinde. An ihrem Vorbild lesen die Gemeinde-Mitglieder ab, was es heißt, Christen zu sein und als solche im Alltag zu leben. Deshalb sind die Maßstäbe an das Verhalten ausnahmslos hoch angelegt (1. Timotheus 4,12). Die leitenden Personen dienen als anschauliche Verhaltensmodelle. Das Vorbild leitend Tätiger orientiert sich an Jesus Christus, der sein Handeln als Beispiel versteht (Joh. 13,34). Deshalb greift Paulus auf das Vorbild Jesu Christi zurück (1. Korinther 11,1; 1. Thessalonicher 1,6). An ihm liest er ab, wie sich die eigene Vorbildfunktion gestalten soll. Das christliche Vorbild ist Abbild Jesu. Dieser Rückgriff auf das Vorbild Jesu bewahrt die christliche Vorbildfunktion vor dem Abgleiten in die Beliebigkeit."

Wichtig dabei ist zu bedenken, dass Paulus und andere ihre eigene Vorbildfunktion nicht als Kopie oder Imitation verstanden wissen möchten, sondern als „Anregung und Motivation zu eigenem, selbstverantwortetem Leben als Christ."

Fragen: Wie gehen Sie mit der Vorbildfunktion in Ihrer Leitungsverantwortung um? Bejahen Sie sie? Ganz und gar? Oder eher notgedrungen? Fliehen Sie vor ihr, möchten Sie sie abstreifen – oder arbeiten Sie weiter an ihr?

6. Leitungsverantwortung in wahrhaftiger Gesinnung

Leitungsverantwortung, wie sie durch Christen wahrgenommen wird, geschieht in einer Gesinnung, die als wahrhaftig zu bezeichnen ist, und dies in Gemeinde und Welt.

Ehrliche und wahrhaftige Leiter werden gesucht, die sich selbst und anderen nichts mehr vormachen. Leute, die auf Fragen ehrliche Antworten geben, die mit dem übereinstimmen, was sie wirklich denken und erleben.

- Nichts wäre schlimmer, als wenn wir z. B. Frust in uns aufstauen, und ihn allein und mit unseren eigenen, begrenzten Mitteln in unserem Inneren bewältigen wollen. Wir können es uns nicht leisten, so zu tun „als ob". Jesus sagt es uns mit Nachdruck: „Die Wahrheit wird euch frei machen."

- Nichts wäre schlimmer, als wenn wir in der Selbstüberschätzung verharren und unberechenbar in unseren Motiven bleiben. Wir tun dann nur so, als dienten wir Gott, in Wirklichkeit aber geht es uns um uns selbst. Die Petrusgeschichte zeigt uns, wo wir dann landen.

- Nichts wäre schlimmer, als in dieser pflichtgemäßen Art fortzufahren. Das entspräche nicht der Sichtweise desjenigen, in dessen Namen wir Leitungsverantwortung wahrnehmen. Das verdient er auch nicht, weil sein Handeln nie von Halbherzigkeit geprägt war. Jesus ist immer ganz für uns da, mit ganz viel Herz für uns, denn er trägt uns im Herzen.

- Unser Ziel muss es sein, ehrlich und wahrhaftig vor uns selbst, vor anderen, vor allem aber vor Jesus Christus zu werden.

Als ich Bundespfarrer im EC-Verband werden sollte, stellte mir ein Freund unangenehme Fragen, mit denen er meine Motive überprüfen wollte. Mir half das zur Klärung meiner eigenen Beweggründe. Wir brauchen Leute, die uns die richtigen Fragen stellen. Fragen, die uns ans Licht bringen und uns helfen zu klären, wer wir wirklich sind und was uns in unserem Denken und Handeln leitet.

Fragen: Wie gehen Sie zurzeit in Ihrer Leitungsverantwortung mit sich selbst und anderen um: echt und ehrlich oder undurchsichtig, unsicher und unberechenbar?

Resumee II

Carl Zuckmayr hat gesagt: „Ich gehe auf keine Demonstration. Ich bin eine." In ihrer subsidiären Haltung, in ihrem vorbildhaften Verhalten und in ihrer wahrhaftigen Gesinnung sind Christen, so meine ich, eine Demonstration von Leitungsverantwortung, die Gott ehrt und Menschen dient.

7. Der Spezialfall und die *praxis pietatis*

Geistliche Leitung ist ein Spezialfall der Leitungsverantwortung, auch stellt sie einen Spezialfall geistlichen Lebens dar, meint Christoph Morgner.

„Sie versteht sich als Führungstätigkeit im Raum der Kirche Jesu Christi – infolge von Berufung. Sie vollzieht sich in theologischer Verantwortung und zielt darauf ab, alle Bereiche mit dem Evangelium von Jesus Christus zu durchdringen und zu prägen. Auf diese Weise werden Gemeinde und Kirche „geweidet", „erbaut", zeugnisfähig gemacht und erhalten … Geistliche Leitung bedarf als Grundlage der stetigen persönlichen Übung der praxis pietatis. Geistliche Leitung ohne die bewusste Pflege geistlichen Lebens ist ein Widerspruch in sich selbst."

Biblische Lesung und Gebet sind laut Christoph Morgner geistlicher Minimalkanon im persönlichen Leben eines Christen – wie auch in allen Zusammenkünften in geistlicher Verantwortung stehender Personen.

Morgner: „Hier handelt es sich um unverzichtbare geistliche Elemente, nicht um solche, die nach Belieben zu handhaben wären. Es kann kein ‚zur Sache kommen' geben, ohne sich der Grundlagen zu vergegenwärtigen, aus denen die Kirche Jesu Christi lebt. Denn geistliches Leben betrifft nicht partielle Aspekte, die man irgendwann – zugunsten anstehender Tagesordnungspunkte – zurücklassen könnte, sondern sie prägt das Vorzeichen, unter dem sich das gesamte Handeln im christlichen Raum vollzieht."

Morgner schließt seine Gedanken mit dem Grundsatz: „Es gibt keinen Tagesordnungspunkt, bei dem es sachlich wäre, von Gott abzusehen."

Abschließend möchte ich die praxis pietatis, die persönliche Pflege geistlichen Lebens thematisieren, ohne die nicht nur ein geistlicher Leiter seiner Verantwortung nicht nachkommen kann. Was nutzt sie dem Leiter, was bewirkt sie ihn ihm? Dazu die folgenden sieben Punkte:

1. *Passion:* Die praxis pietatis stärkt seine Passion, ohne die Leiterschaft nicht möglich ist. Sie belebt seine Leidenschaft für Jesus. Sie klärt seine Bereitschaft zur Passion (zum Leiden), die immer auch eine Leitungsaufgabe prägt.

2. *Profil:* Sie schärft sein Profil. Sie schult sein Denken am Wort des Ewigen. Sie befreit ihn zur (neuen) Hingabe an seine Aufgabe. Sie macht ihn seiner Berufung gewiss.

3. *Proprium:* Sie klärt sein Proprium. Sie macht klar, was zu seiner eigentlichen Aufgabe gehört und was sie unverwechselbar macht und ihn in dieser Aufgabe.

4. *Prophetie:* Sie gibt den göttlichen Durchblick. Sie gibt das Wort zur Lage, das Wort, das in die konkrete Arbeit oder in das Leben eines Menschen gesagt werden muss.

5. *Partizipation:* Sie ermutigt zu partnerschaftlicher Zusammenarbeit und entlastet durch sie. Sie lässt wie Mose entdecken: Du musst die ganze Last nicht alleine tragen. Du hast doch Mitarbeiter, du hast Brüder und Schwestern. Wer andere an seinen Gedanken und Gefühlen, an seinen Zielen und Visionen beteiligt, schafft Motivation und weckt die Bereitschaft, einander mit den Gaben zu dienen, die jeder von Gott empfangen hat.

6. *Priesterdienst:* Sie gibt Raum zur Fürbitte. Sie lädt ein, Leute vor Jesus und mit Jesus durchzusprechen. Sie gibt die neue Sicht, sich als „Pontifex", als „Brückenbauer" zu verstehen.

7. *Pause:* Sie ist notwendige Ruhepause und befreiende Atempause. Sie hebt, gibt Klarheit, macht Freude. Sie lässt den Leiter von sich wegsehen und Jesus anschauen. Sie ist hilfreiche Denkpause und Dankpause.

Fragen: Muss ich meine persönliche Pflege geistlichen Lebens überdenken? Wo stehe ich zur Zeit? Brauche ich jemanden, der mir weiterhilft? Was will ich heute ändern?

Zitierte Literatur

Althaus, Paul: Die Ethik Martin Luthers. Gütersloh: Gerd Mohn 1965.

Lips, Hermann von: Der Gedanke des Vorbildes im Neuen Testament. In: Zeitschrift für Evangelische Theologie. 58. Jahrgang, Heft 4 1998. S. 295-309.

Morgner, Christoph: Geistliche Leitung als theologische Aufgabe. Präsesbericht vor der Mitgliederversammlung des Evangelischen Gnadauer Gemeinschaftsverbandes im Februar 1999 in Hohegrete.

Pöhlmann, Horst-Georg: Abriß der Dogmatik. Gütersloh 1990.

Rohloff, Jürgen: Kirchenleitung nach dem NT. In: Kerygma und Dogma, 1996.

MITARBEITER – DAS POTENZIAL EINES UNTERNEHMENS

Eberhard Jung

Mitarbeiter werte- und zielorientiert führen – Personalführung mit Zielvereinbarungen und Total-Quality-Management-Prinzipien

1. Führen mit Zielvereinbarungen

Obwohl das Führen mit Zielvereinbarungen[1] kein neues Konzept mehr ist, kommen mir immer noch viele Mitarbeiter[2] in Unternehmen und Non-Profit-Organisationen wie Menschen vor, denen man die Aufgabe gegeben hat zu kegeln, ohne dass ihnen zuvor gezeigt wurde, wo die Kegel stehen. Da ist Kegeln dann ein unerquickliches Spiel, zumal oft anschließend jemand kommt und den Prozess des Kegelns bewertet. Der Mitarbeiter bekommt eine Rüge, weil er nicht alle Neune getroffen hat. Hätte man ihm gezeigt, wo die Kegel stehen, hätte er wenigstens eine Chance gehabt.

Damit das Führen durch Zielvereinbarungen aber auch funktioniert, sollten Sie ein paar Grundprinzipien verinnerlichen. Zunächst ist einmal zu beachten, dass es unterschiedliche Zielarten gibt. Grob kann man zwischen Erhaltungs- und Gestaltungszielen unterscheiden. Bei den Erhaltungszielen geht es um die gegenwärtigen, laufenden, bei den Gestaltungszielen um die zukünftigen Unternehmensprozesse. Über diese erste Grobunterscheidung hinaus lassen sich Ziele im Wesentlichen in vier Zielgruppen aufteilen.

1. Arbeitsziele im Rahmen der Funktion eines Mitarbeiters.
2. Arbeitsziele im Rahmen eines Projektes oder eines Sonderauftrages.
3. Entwicklungsziele bezogen auf die persönliche Weiterentwicklung des Mitarbeiters.
4. Entwicklungsziele bezogen auf die Weiterentwicklung von Abteilungen, einzelner Organisationsteile oder der gesamten Organisation.[3]

Sind Ziele zu setzen, sollte man wissen, um welche Arten von Zielen es sich handelt. Des Weiteren ist beim Führen durch Zielvereinbarungen darauf zu achten, dass sie nicht mit Funktionsbeschreibungen, Aufgaben- und Tätigkeitsbeschreibungen und mit Planungen verwechselt werden.[4] All diese Dinge sind zwar wichtig und nützlich, unterscheiden sich aber eben doch zum Teil erheblich von einer Zielvereinbarung.

Sind diese Punkte hinreichend berücksichtigt, kann es unter Beachtung von einigen Grundregeln[5] losgehen.

Auf wenige Ziele beschränken

Auch und gerade beim Führen durch Zielvereinbarungen gilt der alte Grundsatz: Weniger ist oft mehr. Unter Unternehmern ist folgender Spruch sehr beliebt: „Wir lieben die 35-Stunden-Woche so sehr, dass wir sie pro Woche gleich zweimal abarbeiten." So sehen dann auch die Zielvereinbarungen für die Mitarbeiter aus. Als Konsequenz wird dem Mitarbeiter immer mehr auf den Wagen gepackt. Dabei ist das Risiko enorm, dass statt Klasse eben doch nur Masse produziert wird.

Weil Ziele eben auch sehr viel mit Prioritäten zu tun haben, müssen die Mitarbeiter lernen, die wichtigen Dinge von den dringenden Dingen zu unterscheiden. Seltener als wir meinen sind wichtige Dinge dringend und dringende Dinge wichtig. „Effective executives do first things first and second things not at all", hat Peter Drucker gesagt.[6] In der Sprache des Prioritäten-ABC haben Dinge, die nicht wirklich wichtig sind, in Zielvereinbarungen nichts zu suchen. Hier gehören eben nur die wirklich wichtigen Dinge hinein – und das sind zumeist eben nicht sehr viele.[7] Wir beschäftigen uns und andere noch zu oft und zu viel mit Dingen, die weder wichtig noch dringend sind.

Große Ziele vereinbaren

Liest man die Zielvereinbarungen mancher Unternehmen, dann begegnen einem eine Fülle von Banalitäten und Selbstverständlichkeiten. Zielvereinbarungen müssen der Tatsache, dass viele Menschen „Großes" leisten wollen, angemessen Rechnung tragen, wenn sie von den Mitarbeitern ernst genommen werden sollen. Natürlich müssen Ziele realistisch, aber eben auch eine gewisse Herausforderung für die Mitarbeiter sein, damit sie eben nicht der Banalität zum Opfer fallen.

Ziele müssen messbar sein

Wenn Sie Ihre Ziele nicht qualifizieren und quantifizieren, dann sind es keine Ziele, sondern bestenfalls Wünsche und/oder Träume. Bei allen damit verbundenen Schwierigkeiten müssen Ziele mithilfe von qualitativen und/oder quantitativen Aspekten messbar und überprüfbar gemacht werden. Ziele sind wie ein Magnet. Ohne qualitative und/oder quantitative Aspekte sind Ziele aber nur noch ein Stück Eisen ohne Anziehungskraft.

Ziele müssen persönlich sein

Hinter den Zielen müssen auch immer die Namen der Menschen stehen, die für die Erreichung der Ziele verantwortlich sind. Ziele sind nicht anonym, sondern immer personenbezogen.

Ziele gemeinsam finden und setzen

Unbeschadet der Tatsache, dass Sie manchmal Ziele vorgeben müssen, sollte die Regel sein, dass Ziele gemeinsam vereinbart werden müssen. Wenn der für die Zielerreichung Verantwortliche nicht vollständig in den Zielfindungs- und Zielsetzungsprozess mit eingebunden ist, können Sie die Realisierung des Zieles spätestens beim Auftauchen der ersten Schwierigkeiten vergessen! Denn wenn der Zielverantwortliche mit dem Ziel nicht einverstanden ist, dann wird die Motivation zur Erreichung dieses Zieles nicht über die arbeitsrechtlichen Notwendigkeiten hinausgehen. Funktionierende Ziele brauchen das Commitment[8] aller am Verfahren Beteiligten.

Richtige Ziele setzen

Sie könnten sich beispielsweise zum Ziel setzen, die besten Rechenschieber der Welt zu produzieren. Wenn es aber keinen wirklichen Markt mehr gibt für Rechenschieber, dann ist das allenfalls ein schönes Ziel, aber kein „richtiges". Was richtige Ziele sind, hängt sehr stark vom jeweiligen Unternehmen ab und ist deshalb hier nicht konkretisierbar, doch mag das oben genannte Beispiel zumindest einen Eindruck davon vermitteln.

2. Total Quality Management

Qualitätsmanagementsysteme haben ja einen ganz eigenen Charme. Über kaum etwas anderes wird in vielen Unternehmen so gestöhnt und gespottet, wie über Qualitätsmanagementsysteme. Legion sind die großen und kleinen humorigen Geschichten, die über die ISO 9000, QS9000 und andere Normen erzählt werden. Als ein Beispiel für viele steht die Geschichte der Weisheit der Dakota-Indianer.

Diese Weisheit rät zu folgender Vorgehensweise: Wenn du merkst, dass du ein totes Pferd reitest, dann steig einfach ab.

Wir haben zu dieser Strategie im Umgang mit toten Pferden eine Reihe von Alternativstrategien entwickelt: Wenn wir merken, dass wir ein totes Pferd reiten, dann gründen wir einen Arbeitskreis, um festzustellen, wie tot dieses Pferd wirklich ist.

Oder: Wenn wir merken, dass wir ein totes Pferd reiten, beauftragen wir unsere Marketingspezialisten zu untersuchen, wie viele unserer Mitbewerber auch tote Pferde reiten.

Oder: Wenn wir feststellen, dass wir ein totes Pferd reiten, dann zertifizieren wir den Prozess des Reitens eines toten Pferdes.

Qualitätsmanagementsysteme leiden oft daran, dass sie nicht wirklich verstanden und vernünftig eingeführt werden. Einer meiner Lehrer pflegte zu sagen: „Wenn ein Kopf und ein Buch zusammenstoßen und es klingt hohl, dann muss es ja nicht unbedingt am Buch liegen."

Recht hat er. Wenn in Unternehmen die Qualitätsmanagementbücher mit den Köpfen einiger Menschen zusammenstoßen und es hohl klingt ...

Die drei Begriffe Total Quality Management (TQM)[9], Kontinuierlicher Verbesserungsprozess (KVP) und Kaizen können synonym benutzt werden, wenn es darum geht, die Prozesse eines Unternehmens zu optimieren. Für welchen Begriff sich ein Unternehmen entscheidet, ist mehr eine Frage des Geschmacks als eine Frage des Inhaltes. TQM meint:[10]

Total

„Total" bezieht sich darauf, dass alle Bereiche, Abteilungen, Mitarbeiter, Produkte und Dienstleistungen in diesen Prozess eingebunden sein müssen. Kein Bereich darf hier ausgenommen werden. Dies ist in der Realität aber schon häufig das erste Hindernis bei der erfolgreichen Implementierung des Prozesses. Viele Unternehmensvorstände, Mitglieder der Geschäftsführung und andere Entscheidungsträger erklären uns Beratern: „Also, machen Sie das mal mit meinen Leuten. Das ist genau das, was wir brauchen. Bringen Sie das meinen Leuten mal bei", um sich dann nach drei Monaten, wenn man dann noch mal mit ihnen zum Essen geht, darüber zu beschweren, dass sie ja nur von Idioten umgeben seien, die das Ganze nicht auf die Reihe bekämen. Edward Deming, der amerikanische Qualitätsmanagement-Papst, hat in Vorträgen seine Zuhörer gelegentlich gefragt: „Wer von Ihnen hat eigentlich totes Holz in seinem Unternehmen?"

Mit totem Holz bezeichnete er „unfähige" Mitarbeiter. Nach anfänglichem Zögern haben sich dann die meisten gemeldet. Jeder, der da saß und sich meldetet, hat damit gesagt: Ich habe totes Holz in meinem Unternehmen, also Mitarbeiter, die eigentlich nicht das leisten, was sie leisten sollten. Und dann hat Deming sie gefragt: „Did you hire them, or did you kill them?"

Bis zum Nachweis des Gegenteils gilt: Keiner Ihrer Mitarbeiter begeht leistungsmäßig Selbstmord und gefährdet durch absichtliche Leistungsreduktion seine Stellung. Wenn Sie totes Holz in Ihrem Unternehmen haben, wenn Sie Mitarbeiter haben, die nicht das bringen, was Sie mit ihnen an Zielen vereinbart haben, dann sollten Sie sich selbst und die anderen Führungskräfte mal anschauen. Die mangelnde Leistungsbereitschaft könnte eventuell auch mit Ihnen zu tun haben. Nicht unbedingt, aber man könnte ja mal darüber nachdenken. Wenn Sie nicht alle Bereiche etc. in diesen Prozess einbeziehen, dann dürfen Sie sich nicht wundern, wenn er nicht funktioniert.

Quality

Über den Begriff der Qualität gibt es viele Abhandlungen. Dabei ist Qualität etwas ganz Einfaches. Qualität ist nichts anderes als die Übereinstimmung mit der Anforderung. So simpel ist das. Deshalb hat der Autor beim Schreiben dieses Beitrages ein Problem. So weiß ich beispielsweise nicht, wie ich Qualität produzieren soll, weil ich die Anforderungen jedes einzelnen Lesers nicht kenne. Ich mache das, was viele Unternehmen trotz und mit TQM tun: „Management by hope" – hoffentlich geht's gut …

Sind die Anforderungen nicht klar und präzise beschrieben und formuliert, dann können sie keine Qualität produzieren.

Management

„Management" sagt aus, dass es sich um eine Führungsaufgabe handelt. Wenn das Management eines Unternehmens Qualität nicht als Führungsaufgabe ernst nimmt und annimmt, dann wird der Prozess nicht gelingen.

Ich will ein Beispiel für den Umgang mit Qualitätsmanagementsystemen geben. Da gibt es einen Textilproduzenten, der sich darauf spezialisiert hat, Polsterstoffe für die Automobilindustrie herzustellen. Im Rahmen des hausinternen Qualitätsmanagements gibt es Mitarbeiter, die darauf zu achten haben, dass eine bestimmte Anzahl von Fehlern pro Meter Stoff nicht überschritten wird. Ist dies der Fall, muss der ganze Ballen Stoff gesperrt werden, d. h. er darf dann nicht an den Kunden ausgeliefert werden. Der zuständige Mitarbeiter der Tagschicht macht eine gute Arbeit. Am Abend, als er nach Hause geht, hat er 28 Ballen Stoff zur Auslieferung freigegeben und vier gesperrt. Am nächsten Morgen kommt er an seinen Arbeitsplatz und alle 32 Ballen sind weg. Ausgeliefert an den Kunden. Der Geschäftsführer des Unternehmens ist nämlich am Abend durch den Raum gegangen und hat gedacht: „Ich habe solche Lieferprobleme, wenn ich jetzt meinem Kunden nur die 28 Ballen schicke, verliere ich vielleicht dauerhaft einen guten Kunden. Nein, alle 32 Ballen müssen ausgeliefert werden, sonst kriege ich Ärger mit dem Kunden."

Dann löst er den Aufkleber „Gesperrt", und die vier fehlerhaften Ballen werden ausgeliefert. Wenn er wenigstens so klug wäre, zu seinem Qualitätsmanagement-Mitarbeiter zu gehen und ihm zu sagen: „Sie haben gestern eine gute Arbeit gemacht, herzlichen Dank! Es war vollkommen richtig, dass Sie vier Rollen gesperrt haben. Aber aus einem wichtigen Grund habe ich Ihre Entscheidung korrigiert und habe die vier fehlerhaften Rollen mit ausgeliefert."

Aber der Chef sagt nichts. Das passiert dem Qualitätsmanagement-Mitarbeiter maximal drei Mal. Beim vierten Mal sperrt er keinen Stoff mehr, weil er vollkommen verunsichert ist; weil er keine Rückmeldung darüber bekommt, ob das, was er getan hat, richtig oder falsch war.

Was heißt das? Das System ist vorhanden und könnte angewendet werden. Aber es wird durch Irritationen in dieser Art und Weise zur Karikatur. Wie war das mit dem Kopf und dem Buch?

Total Quality Management erfordert eben „Total Management Quality". Unternehmensethik, Vision und Strategie, Management und Mitarbeiterführung sind wesentliche Eckpfeiler einer Total Management Quality und damit die Voraussetzung für Total Quality Management.

An dieser Stelle habe ich eine gute und eine schlechte Nachricht für Sie. Zuerst die gute Nachricht: Management by objectives (Mbo) und TQM sind hervorragende Programme. Sie sind in der Lage, Erstaunliches zu leisten, wenn sie von geschultem Personal sachgerecht eingesetzt werden. Nun die schlechte Nachricht: MbO und TQM sind nur Programme, die wie bei jedem Computer ohne ein Betriebssystem nicht installierbar, geschweige denn lauffähig sind. Viele Unternehmen und Organisationen haben viele gute Programme, aber kein funktionierendes Betriebssystem. Aber das Betriebssystem ist die Voraussetzung dafür, dass die Programme auch arbeiten.

3. Gemeinsame Werte als „Betriebssystem"

Seit 1972 wurden weltweit über 17 Millionen Menschen gefragt, was für sie am Arbeitsplatz nötig und erwünscht ist, damit sie die bestmögliche Leistung erbringen und dabei glücklich und ausgefüllt sind. Das Ergebnis dieser Befragung lautet in Kürze:

- dass man die Wahrheit erfährt;
- dass einem Vertrauen entgegengebracht wird;
- dass man Unterstützung erhält, wenn es nötig ist;
- dass die Firmenleitung eingebrachte Ideen in Betracht zieht;
- dass Neues ausprobiert wird, um die Leistung zu verbessern;
- dass man gelobt wird, wenn es angebracht ist;
- dass man für ein integeres, moralisch einwandfreies Unternehmen arbeitet;
- ein Umfeld, in dem Menschen die Interessen anderer vor die eigenen Interessen stellen.

Diese Antworten zeigen, dass die Menschen müde sind, morgens die „Sicherungen" ihrer Werte „heraus zu drehen", zur Arbeit zu gehen und abends, wenn sie nach Hause kommen, die „Sicherungen" ihrer Werte wieder „hinein zu drehen", weil sie ja Werte haben. Die Menschen haben ein tiefes Bedürfnis danach, mit ihren persönlichen Werten in ihrem Arbeitsumfeld vorkommen zu dürfen. Gelebte Werte sind kein Relikt antiquierter Sozialpolitik, sondern grundlegendes Bedürfnis vieler Menschen – gerade auch in der Arbeitswelt.

„Stellen Sie sich vor, Sie arbeiten in einer Organisation, in der die Menschen die *Interessen anderer* an die erste Stelle setzen, in der jeder jeden *unterstützt*, in der *Wahrheit* und *Vertrauen* vorhanden sind. Wo *neue Ideen*, wo auch immer sie herkommen mögen, willkommen sind, jeder ermutigt wird, *Entscheidungen zu treffen* und für seine Erfolge *gelobt* wird."[11]

Zu schön, um wahr zu sein? Nein, sondern konkrete Option. Nur solange Sie Ihre Mitarbeiter nicht danach fragen, wie wichtig ihnen die Werte Ehrlichkeit, Vertrauen, Integrität, Anerkennung, Risikobereitschaft, Mentoring, Offenheit für neue Ideen und eine die Interessen anderer berücksichtigende Verhaltensweise sind, wird es zu schön bleiben, um wahr zu sein. Fragen Sie Ihre Mitarbeiter doch einmal danach, was diese glauben, wie wichtig diese Werte den Führungskräften sind. Und fragen sie Ihre Mitarbeiter doch einmal danach, wie hoch die gelebte Praxis dieser Werte in Ihrem Unternehmen ist. Und wenn Ihnen dann Ihre Mitarbeiter sagen, dass sie eine erhebliche Diskrepanz zwischen ihrem Bedürfnis, diese Werte zu leben und dem Umsetzungsgrad dieser Werte in Ihrem Unternehmen erleben, dann sollten Sie sich nicht darüber wundern, dass Ihre Programme nicht wirklich funktionieren.

Mitarbeiter, die im Zustand der inneren Kündigung arbeiten, werden nicht freiwillig die Verantwortung für Ziele und Qualität übernehmen. Die Bereitschaft, Verantwortung zu übernehmen und zu übergeben, ist aber der Punkt, auf den es letztendlich ankommt. Solange Verantwortung nur für „die da oben" bestimmt ist und Verantwortung nicht von allen Mitarbeitern für ihre jeweiligen Aufgaben freiwillig und gerne übernommen wird, können Sie so viele „Management by"-Programme in Ihr Unternehmen einführen, wie Sie wollen, keines wird wirklich funktionieren, weil ein gelebtes Betriebssystem gemeinsamer Werte nicht vorhanden ist.

Wenn Sie mit Ihrem Unternehmen in Führung gehen wollen, dann geben Sie Ihren Mitarbeitern das, was sie am meisten brauchen: Ehrlichkeit, Vertrauen, Anerkennung, Unterstützung, Integrität, Offenheit für neue Ideen, Entscheidungsfreiheit und das Erleben, dass die Interessen anderer wichtiger sind als die eigenen. Werte müssen gelebt werden, sonst sind sie nichts wert. Es gilt das Gesetz von Saat und Ernte. Wenn Sie wertvolle Mitarbeiter haben wollen, dann müssen sie die Rahmenbedingungen in Form eines wertvollen Betriebssystems schaffen. Dann und nur dann funktionieren auch Ihre Programme.

[1] Ursprünglich als „Management by objectives" (Mbo) bezeichnetes Konzept, das auf Peter Drucker zurückgeht. Ursprünglich als „Management by objectives" (Mbo) bezeichnetes Konzept, das auf Peter Drucker zurückgeht.

[2] Wenn vom Mitarbeiter die Rede ist, dann ist immer an Frau und Mann gedacht. Um der flüssigeren Lesbarkeit willen wird aber auf die Doppelnennungen von Mitarbeiterin und Mitarbeiter bzw. sie und er verzichtet.

[3] Nach Klaus Doppler, Christoph Lauterburg: Change Management – Den Unternehmenswandel gestalten. Frankfurt/Main/New York: Campus 1995. S. 216.

[4] Ebd. S. 215.

[5] Nach Fredmund Malik: Führen, Leisten, Leben – Wirksames Management für eine neue Zeit. Stuttgart/München: Deutsche Verlags-Anstalt 2000. S. 177ff.

[6] Zitiert nach Fredmund Malik, aaO, S. 178.

[7] Empfehlenswert dazu: Stephen R. Covey u. a.: Der Weg zum Wesentlichen – Zeitmanagement der vierten Generation. Frankfurt/New York: Campus 1997.

[8] Empfehlenswert dazu: Reinhard K. Sprenger: Das Prinzip Selbstverantwortung – Wege zur Motivation. Frankfurt/New York: Campus 1996. S. 214ff.

[9] Ein gutes Buch zum Thema: Walter Simon. Die neue Qualität der Qualität – Grundlagen für den TQM- und Kaizen-Erfolg. Offenbach: Gabal 1996..

[10] Ebd. S. 28

[11] Quelle: DISG Training GmbH, Remchingen.

Martin L. Landmesser

Mitarbeiter in Zeiten schneller Veränderungen authentisch führen

Mitte der 90er-Jahre machte ein Wort Schlagzeilen, das unsere Wirtschaft heute prägt wie kein anderes: „Shareholder value". Alles was zählt, ist der Erfolg und nur der Erfolg. Wir müssen Ergebnisse vorlegen, die den Erwartungen der Eigentümer und des Marktes entsprechen. Stimmen unsere Zahlen nicht, bekommen wir sehr schnell die Konsequenzen zu spüren. Der Markt bewertet gnadenlos die Ergebnisse eines Unternehmens – und damit natürlich auch die Manager. Also richten wir alles auf gute und kurzfristig erreichbare Ergebnisse aus. Die langfristige Entwicklung wird dabei oft außer Acht gelassen.

Viele Unternehmen stehen unter enormem Wettbewerbs- und Kostendruck und müssen dem schnellen Wandel Tribut zollen. Neue Organisationsformen und Führungskonzepte werden erprobt und eingeführt, die die Welt der Beteiligten teilweise dramatisch verändern. Besonders Entlassungen und Betriebsstilllegungen zerstören, was einem menschlichen Grundbedürfnis gleichkommt – die Berechenbarkeit des Arbeitslebens. Ein Wertfaktor droht damit erheblich Schaden zu nehmen, der jede Organisation im Innersten zusammen- und das Engagement der Beteiligten wach hält.

Können wir auf diesem Hintergrund heute überhaupt noch den Anspruch erheben, führen zu wollen und führen zu können? – Oder: Sind wir nicht alle Gefangene der Umstände, unter denen wir arbeiten müssen? Nachfolgend finden Sie in zehn Schritten Impulse zu einem bewussten und authentischen Führungsverhalten:

1. Die Führungslücke

Was heißt eigentlich führen? Viele Menschen glauben irrtümlich, „managen" und „führen" seien Synonyme. Gerade das „Shareholder value"-Denken hat bis heute diesen Trugschluss eher verfestigt.

Manager haben ihren ganzen Glauben auf Zahlen gesetzt. Wir haben nach bestimmten Arbeitsmethoden unsere Unternehmen gemanagt, Organisationen und Strukturen geschaffen, die uns einen möglichst großen Erfolg verschaffen.

Führung beruht auf einem – in den meisten Fällen ungeschriebenen – Übereinkommen, das Führer und Mitarbeiter an ein gemeinsames intellektuelles, emotionales und moralisches Ziel bindet. Sie können anhand von drei Fragen leicht überprüfen, ob Sie ein Führer oder ein Manager sind:

- Haben Sie ein gemeinsames intellektuelles Ziel?
- Haben Sie ein gemeinsames emotionales Ziel?
- Haben Sie ein gemeinsames moralisches Ziel?

Als Führer kann man entweder aus Tradition oder aus seinen persönlichen Eigenschaften legitimiert werden. Wer als Führer akzeptiert werden will, muss über außergewöhnliche Kompetenz und besondere – bewunderte – Qualitäten verfügen. Ist dies jedoch nicht der Fall, geht die Führungsautorität sehr schnell verloren.

Das Management hat heute weniger das Image der selbstlosen Führerschaft, und oft kann ihm auch nicht die selbstlose Hingabe an eine Sache nachgesagt werden. Vielmehr hat man eher den Eindruck, dass das Management sich „vergoldete Fallschirme" gewoben hat. Dem Unternehmen kann es gut oder schlecht gehen – dem Topmanagement geht es in der Regel immer gut! Die Regel sind extrem hohe Gehälter, Optionen auf Stammaktien und im Vertrag garantierte Abfindungen, die für einen „normalen" Menschen undenkbar sind.

Menschen, die an die Spitze einer Organisation aufgestiegen sind, sind vielfach nur noch Manager und nicht mehr Führer. Schlimmer noch: Sie sichern in erster Linie sich und ihren Wohlstand ab und fühlen sich nur in zweiter Linie für das Unternehmen, für das sie ja Verantwortung tragen, verantwortlich. Was sie vielfach dabei übersehen: Das Management an der Spitze eines Unternehmens hat eine Vorbildfunktion, das sich auf die Kultur einer Organisation und die nachgeordneten Führungskräfte auswirkt. Dies lässt sich nicht vermeiden, ob gewollt oder ungewollt.

Damit entsteht vielfach eine Führungslücke. So bleiben viele grundsätzliche Fragen offen: Können wir heute noch Sinn vermitteln? Ist Autorität heute noch gefordert? Was ist die zentrale

Führungsaufgabe? Wie authentisch bin ich als Führungskraft? Welche Werte prägen unser Führungsverhalten im 21. Jahrhundert?

Auf diese und weitere Fragen müssen wir Antworten finden, wenn wir führen und nicht nur managen wollen.

2. Veränderungsdruck, Angst und Misstrauenskultur

Man kann den Eindruck gewinnen, dass die Zeiten vorbei sind, in denen Unternehmen ihren Mitarbeitern wirtschaftliche Sicherheit, Selbstverwirklichung und Anerkennung für gute Leistungen bieten konnten. Druck, Angst und Unsicherheit sind Realität. Misstrauen steht vielfach auf der Tagesordnung. Gerade in schwierigen Phasen scheint die vielfach hochgelobte Unternehmenskultur in nicht wenigen Fällen schlicht in Vergessenheit geraten zu sein.

In vielen Organisationen sind Menschen nicht mehr in der Lage, die Ergebnisse ihrer Arbeit verlässlich zu steuern. Trotz aller Erfahrung und ihres Know-hows sind sie vielfach nicht fähig, die Rahmenbedingungen und Voraussetzungen wirksam direkt zu beeinflussen. Dies kann zu Unsicherheit und Orientierungslosigkeit im Leben von Menschen führen.

Die Folge ist, dass die Betroffenen in vielen Fällen ihre Zwischenbilanz unter sehr persönlichen Gesichtspunkten ziehen. Beschäftigte werden dann nicht mehr länger von der Frage bewegt: „Was kann ich tun, um Werte zu schaffen?" Sie stellen sich vielmehr ganz andere Fragen: „Was erwarten die Vorgesetzten von mir?", „Wie werde ich beurteilt und von wem?", „In welcher Weise bin ich betroffen, wenn umstrukturiert wird?"

Für viele Manager, Führungskräfte und Mitarbeiter stellen sich zunehmend Fragen: Wie gehen wir in dieser Zeit der Veränderung miteinander um? Passen wir uns an oder setzen wir etwas dagegen – und wenn ja, was? Diese Problematik stellt sich heute gerade Christen in verantwortlichen Positionen in besonderer Weise.

Zunächst ist festzuhalten: Die wirtschaftlichen und gesellschaftlichen Rahmenbedingungen haben sich verändert. Es wäre sicherlich falsch, Vergangenem nachzutrauern oder die „guten alten Zeiten" wieder zurückholen zu wollen. Allerdings wäre es ebenso verkehrt, die Gegebenheiten nur hinzunehmen.

In immer mehr Unternehmen lässt sich beobachten, dass Menschen unter den gegebenen Umständen leiden. Dies gilt sowohl für Mitarbeiter wie für Manager. Die Flucht in Suchtmittel wie Alkohol und Drogen oder Krankheit ist keine Seltenheit. Die Folge ist zwangsläufig eine verminderte Leistungsfähigkeit, höhere Fehlerquoten, geringere Motivation etc. Deshalb brauchen wir in unseren Unternehmen und Organisationen eine neue Besinnung auf sinnorientierte Führung.

3. Sinnorientierte Führung

Wer Leistung fordert, muss Sinn bieten. Es reicht nicht mehr aus, seinen Kunden die richtigen Produkte und Problemlösungen zum richtigen Zeitpunkt anzubieten. Auf Dauer kann nur der schneller und besser sein, der auch nach innen für seine Führungskräfte und Mitarbeiter attraktiv ist und Nutzen bietet. Auf diese beiden zentralen Trends muss Führung reagieren und Einfluss nehmen. Diese Ziele können jedoch nur dann erfolgreich um- und durchgesetzt werden, wenn das Management sich der Führungsaufgabe aktiv stellt.

Führen unter diesen Bedingungen heißt auch anders zu führen. Klassische Führungsansätze bringen nicht mehr den gewünschten Erfolg. Sie führen vielfach zu einem manipulativen Verhalten – oder doch zumindest zu gespielten Rollen, Masken oder taktischem Vorgehen, das von den Mitarbeitern als den Betroffenen in der Regel schnell durchschaut wird. Für immer mehr Menschen steht die Suche nach einem Sinn und Wert, der über Geld und Erfolg steht, im Mittelpunkt ihres Denkens und Handelns. Gefordert sind Ehrlichkeit, Einfachheit, Natürlichkeit, Offenheit und Verbindlichkeit.

Neben diesen Ansprüchen ist unverkennbar die Bereitschaft zur Leistung vorhanden. Nur werden Leistung oder Arbeit nicht mehr um ihrer selbst willen als alleiniger Sinn und Lebensinhalt verstanden. Man klagt Erklärungen ein. Ein moralischer Zeigefinger richtet dabei nichts aus. Es ist mehr gefordert.

Auf diesem Hintergrund gilt es einen ausgewogenen Leistungsethos zu entwickeln, in dem die Kunden, Eigentümer des Unternehmens, Führungskräfte sowie Mitarbeiter eine zentrale Rolle einnehmen. Daraus ergibt sich ein Regelkreis eines ausgewogenen Leistungsethos: Eigentümer schaffen Möglichkeiten für Führungskräfte, die Potenziale freisetzen für Mitarbeiter, die Werte schaffen für Kunden, die Gewinne generieren für Eigentümer, die Möglichkeiten schaffen ...

Die Führung hat in diesem Prozess regelmäßig für ein Gleichgewicht aber auch für den erforderlichen Fokus zu sorgen. In der Vergangenheit ist man mehr von dauerhaft gleich bleibenden Zielen eines Unternehmens und seiner Mitarbeiter ausgegangen. Heute wird ein Unternehmen nicht als Zustand betrachtet, sondern als ein Netzwerk unterschiedlicher und komplexer Prozesse. Führung ist damit inhaltlich und formal nicht auf Dauer angelegt, sondern ist ein dynamischer und situativ sich ständig verändernder Prozess und muss somit permanent der Situation entsprechend angepasst und entwickelt werden.

Erfolgreiche Unternehmen schaffen eine Kultur, die Freiräume für individuelle Entwicklungen möglich macht und es doch verstehen, diese Freiräume für zielorientiertes Handeln des Einzelnen zum Erreichen der Gesamtziele zu nutzen. Dabei ist die Sinnhaftigkeit des Handelns, sowohl was die Arbeit des einzelnen Mitarbeiters wie auch die Gesamtaktivitäten des Unternehmens betrifft, klar und eindeutig zu kommunizieren.

4. Fairness als Herausforderung begreifen

Für Unternehmensinhaber, Manager und Führungskräfte muss es grundsätzlich darum gehen, ihre Organisation so effizient wie möglich zu gestalten. Aber dieser Herausforderung zu genügen heißt auch, andere mit einzubeziehen. Dies gilt sowohl bei der Gestaltung von Prozessen als auch bei der Übernahme von Erfolgsverantwortung.

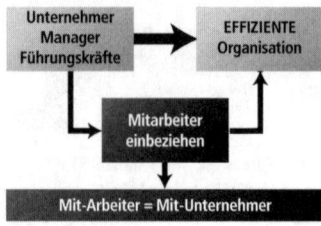

Wenn wir Menschen in unternehmerisches Denken und Handeln einbeziehen wollen, haben wir uns zu vergegenwärtigen, dass wir hier Partner haben und nicht einen „Produktionsfaktor", den es zu steuern gilt. Gerade in schwierigen Zeiten, die von komplexen und schnellen Veränderungen geprägt sind, geht es darum, die Mit-Arbeiter zu Mit-Unternehmern und Partnern zu gewinnen. Als Partner können wir unsere Mitarbeiter allerdings nur gewinnen, wenn wir die Menschen als Person akzeptieren – mit ihren Stärken und Schwächen – und sie nicht instrumentalisieren. Ebenso wichtig ist, dass wir uns selbst als Person authentisch einbringen, ebenfalls mit unseren Stärken und Schwächen. Auch Führungskräfte machen Fehler. Dazu zu stehen, ist ein wichtiger Anfang, um als Führungskraft authentisch erlebt zu werden. So werden Voraussetzungen geschaffen, um alle Energien auf das Ziel neu auszurichten.

Gibt es eigentlich einen christlichen Führungsstil? Nach meiner Erfahrung und Überzeugung kann es weder einen speziell „chrislichen Führungsstil" noch ein „christliches Führungsmodell" geben. Christen sollen ihre Wertvorstellungen und Überzeugungen konsequent und bewusst einbringen. Es geht um ein konsequentes ganzheitliches Leben als Christ und Führungskraft. Sicherlich sind damit nicht automatisch stetige Erfolge garantiert. Aber die persönlichen Wertvorstellungen sind die Basis für authentisches Führen.

Ich habe einmal eine Genossenschaft in Südamerika beraten. Nachdem ich am Wochenende ankam, war mein erster Kontakt am Sonntag ein Gottesdienst. Der Gemeindeleiter war zugleich der Aufsichtsratsvorsitzende der Genossenschaft. Am Montag begann ich meine Beratung mit einem gemeinsamen Workshop von Vorstand und Aufsichtsrat. Schon bald wurde heftig diskutiert. Ich habe mich zunehmend gewundert, wie diese Leute miteinander umgegangen sind, wusste ich doch, dass sie alle sehr fromm waren. Nachdem ich mir diese Szene einige Zeit angesehen haben, unterbrach ich das Streitgespräch. Mir fiel ein Zitat des Gemeindeleiters vom Sonntag ein. So sagte ich ungefähr: „Herr Soundso, Sie haben gestern im Gottesdienst doch Folgendes gesagt ..."

„Ja", antwortete er, „aber was hat das jetzt mit unserer Diskussion zu tun?" –

„Nun", sagte ich, „ich stelle mir die Frage, wie Ihre Worte von gestern mit der Realität von heute zusammenpassen."

Der Mann schaute mich entgeistert an und sagte: „Herr Landmesser, gestern war Sonntag, heute ist Montag!" –

Dies ist genau das Gegenteil eines guten Beispiels für authentisches Führen.

5. Persönliche Situationsanalyse und Ansatzpunkte zur Neuorientierung

Die folgenden sieben Fragen bieten eine Situationsanalyse, die zu einer persönlichen Neuausrichtung des Umgangs mit Mitarbeitern, Partnern, Kollegen etc. verhelfen kann. Gleichzeitig können Sie anhand dieser Fragen auch prüfen, wie authentisch Ihr Führungsverhalten ist.

5.1 Gehen wir offen miteinander um?

Offenheit ist eine Voraussetzung für einen fairen Umgang miteinander, auch und gerade in schwierigen Situationen. Sie sollte sowohl auf die Lage und Entwicklung des Gesamtunternehmens als auch bei der persönlichen Leistungsbeurteilung und Perspektiven angewendet werden. Offenheit ist gleichzeitig eine Voraussetzung, um Vertrauen zu schaffen, ohne das ein fairer Umgang nicht möglich ist *(siehe Sirach 51,18)*.

5.2 Vertraue ich meinen Mitarbeitern – vertrauen meine Mitarbeiter mir?

Vertrauen kann nicht „angeordnet" werden. Es wird durch ein langes „Einüben" entwickelt und braucht viel Zeit. Dabei kann es auch nicht um ein blindes Vertrauen gehen, das zwangsläufig zu Enttäuschungen führt. Vertrauen, das aufgrund gegenseitiger Verlässlichkeit gebildet wurde, trägt dagegen auch in schwierigen Zeiten *(siehe 2. Korinther 3,4)*.

5.3 Handle ich verlässlich und berechenbar?

Verlässlichkeit und Berechenbarkeit sind eine Grundvoraussetzung für Partnerschaft. Bin ich anderen gegenüber Verpflichtungen eingegangen und sind Absprachen getroffen worden, so sind diese einzuhalten und einzufordern. Sicherlich gibt es in Zeiten schneller Veränderungen auch neue Gegebenheiten, die zu anderen Verhaltensweisen führen müssen. Dabei ist dann allerdings wichtig, die neue Situation deutlich zu machen und die veränderte Vorgehensweise zu begründen *(siehe Tobias 5,4)*.

5.4 Habe ich den Mut, die Dinge klar beim Namen zu nennen, auch wenn sie unbequem sind oder wenn es gilt, eigene Fehler einzugestehen?

Mut ist ein wesentlicher Faktor im Umgang mit Menschen. Es kann immer wieder beobachtet werden, dass schwierige Situationen entstehen, weil Menschen der Mut fehlt, aufeinander zuzugehen, Dinge anzusprechen und zu handeln. Dabei darf es nicht darum gehen, sich durchzusetzen, sondern Klarheit in angemessener Weise sowie einen offenen und ehrlichen Umgang zu schaffen *(siehe Sprüche 18,14)*.

5.5 Bin ich in dem, was ich sage und tue, ehrlich?

Ohne Ehrlichkeit und Wahrhaftigkeit ist ein vertrauensvoller Umgang miteinander nicht möglich. Menschen haben dafür eine empfindliche Antenne und stellen sehr schnell fest, ob man es ehrlich mit ihnen meint. So können Barrieren abgebaut werden *(siehe Sirach 29,3)*.

5.6 Handle ich in allem, was ich sage und tue, so, dass ich den anderen als eigenständige Persönlichkeit achte?

Die Achtung des Menschen ist im Umgang miteinander eine Grundvoraussetzung. Dabei geht es darum, niemals die Person anzugreifen oder infrage zu stellen, sondern objektiv nachvollziehbare Tatbestände zu beschreiben und wenn nötig auch zu kritisieren. Dazu gehört, dass Vorgänge nachvollziehbar und transparent gemacht werden *(siehe Philipper 2,3f.).*

5.7 Schaffe ich in meinem Umfeld Transparenz?

Wenn schwierige Situationen, die Grundlage für Entscheidungen, Ergebnisse von Leistungsbeurteilungen etc. transparent gemacht werden, schafft man damit die Voraussetzung für Einsichten des oder der Betroffenen. Das kann immer wieder die Basis für einen Neuanfang sein *(siehe Weisheit 7,22f.).*

Frage:	Ist-Situation	Veränderungsbedarf
Gehen wir offen miteinander um?		
Vertraue ich meinen Mitarbeitern – vertrauen meine Mitarbeiter mir?		
Handle ich verlässlich und berechenbar?		
Habe ich den Mut, die Dinge klar beim Namen zu nennen und kann ich eigene Fehler eingestehen?		
Bin ich in dem, was ich sage und tue, ehrlich?		
Handle ich in allem, was ich sage und tue, so, dass ich den anderen als eigenständige Persönlichkeit achte?		
Schaffe ich in meinem Umfeld Transparenz?		

6. Persönliches Engagement

Ein fairer Umgang miteinander fordert ein hohes persönliches Engagement jedes an diesem Prozess Beteiligten. Jeder Einzelne bringt sich aktiv – und auch anfechtbar – in diesen Prozess ein. Voraussetzung dafür ist authentisches Verhalten. Als Regel gilt, dass persönliche Vorschläge und Meinungen in den Kommunikationsprozess eingebracht werden dürfen und eingefordert werden.

7. Lern- und Veränderungsbereitschaft entwickeln und fördern

In Zeiten schneller Veränderungen ist die bewusste Entwicklung einer Lern- und Veränderungsbereitschaft oft überlebensnotwendig. Gerade in dieser Phase entscheidet ein fairer Umgang miteinander oft über Erfolg oder Misserfolg.

Lern- und Veränderungsbereitschaft kann nicht verordnet, sondern nur entwickelt und durch eine gezielte Förderung aller Beteiligten unterstützt werden. Einerseits darf niemand überfordert und andererseits müssen Veränderungen konsequent umgesetzt werden. Bei starkem Veränderungsdruck entsteht bei unzureichender Vorbereitung möglicherweise eine existenzielle Frustration als Folge von Sicherheitsverlust. Das Goldene Zeitalter liegt dann nicht mehr in der Zukunft, sondern in der Vergangenheit. Die Unternehmenskultur büßt damit ihr wichtigstes Stimulans ein: die strategische Vision und damit die Fähigkeit zur rechtzeitigen und konfliktfreien Veränderung.

Allerdings ist auch immer wieder zu beobachten, dass Veränderungen, die heute Zukunftsangst auslösen, morgen die Tatbestände sind, auf die wir übermorgen mit nostalgischer Verklärung zurückblicken. Die wichtigste Fähigkeit und Aufgabe des Managements und vor allem der Führung ist es, Vordenker mit Visionen zu sein und eine Innovationsorientierung sicherzustellen – das heißt Veränderungen nicht nur zu erdulden oder zuzulassen, sondern diese aktiv und engagiert zu fördern und zu initiieren.

8. Team- und partnerorientierte Führung

Nur wer sich den Herausforderungen mit seiner ganzen Persönlichkeit stellt, kann glaubwürdig führen. Dazu gehört der Mut, klare Entscheidungen zu treffen und diese zeitnah sowie umfassend zu kommunizieren. Teamorientiert und partnerschaftlich führen darf nicht mit einer „Soft-Führungs-Kultur" verwechselt werden, die mehr oder weniger alles erlaubt und vieles entschuldigt, um dem Mitarbeiter nicht wehzutun.

Es zeichnet sich immer mehr ab, dass die Zeit der Einzelkämpfer wie auch der Spezialisten, die allein zum Erfolg kommen, vorbei ist. Langfristiger Erfolg ist vor allem durch die Nutzung und Vernetzung aller Potenziale möglich, die in einer konsequenten Teamorganisation partnerschaftlich zusammenarbeiten.

Es ist hilfreich, wenn die Führungskräfte ihren partnerschaftlichen Umgang mit den Mitarbeitern in Führungsgrundsätzen transparent machen. Allerdings dürfen Führungsgrundsätze nicht nur formuliert und den Mitarbeitern auf Hochglanzpapier zur Kenntnis gebracht werden. Sie müssen praktisch gelebt und in der täglichen Wettbewerbswirklichkeit für die Mitarbeiter glaubwürdig und nachvollziehbar interpretiert werden.

9. Versöhnungsstrategie entwickeln

Es ist oft zu beobachten, dass Konflikte ignoriert oder verdrängt werden, anstatt sie offen anzusprechen und gemeinsam zu klären. Dieses Verhalten kann nur in eine Sackgasse führen. Es gilt Versöhnungsstrategien zu entwickeln, die aus unseren Sackgassen herausführen und befreien. Die folgenden Schritte können eine Anleitung zur Entwicklung eigener Versöhnungsstrategien sein:

1. Schritt: Den anderen als ganzheitlichen Menschen und Partner annehmen, mit seinen Stärken und Schwächen.
2. Schritt: Eigene Standpunkte und konstruktive Kritik sowie das Hinterfragen anderer Standpunkte sind grundsätzlich immer willkommen.
3. Schritt: Konstruktive Kritik wird als Teil einer lernenden Organi-

sation begriffen und nicht als Belästigung oder gar persönlich gemeinter Angriff.

4. Schritt: Grundsätzlich wird gemeinsam nach möglichst optimalen Problemlösungen gesucht. Floskeln, Killerphrasen und deutlich demonstrierte Gleichgültigkeit werden vermieden, denn sie können die Beziehungen auf Dauer belasten.

5. Schritt: Durch gemeinsam gefundene Problemlösungen werden Erfolgserlebnisse geschaffen, die alle Beteiligten ermuntern, immer wieder aufs Neue nach einer Optimierung der gemeinsamen Arbeit und des Zusammenlebens zu suchen.

10. Fazit

Authentisch zu führen sollte gerade für Christen in der Wirtschaft eine Selbstverständlichkeit sein. Allerdings will dies miteinander eingeübt werden. Geben Sie sich Zeit, besonders dann, wenn es nicht immer und nicht in jeder Situation gleich funktioniert. Wir haben immer wieder und jeden Tag die Chance eines neuen Anfangs. Gottes gute Botschaft ermutigt uns immer wieder neu dazu.

Zitierte Literatur

Czwalina, Johannes: Karriere ohne Sinn. Frankfurt/München: Frankfurter Allgemeine und Verlag Dr. Resch 1997.

Herzog, Rainer: Unternehmensführung in Genossenschaftsbanken – Erfolgsfaktoren jenseits von Managementmethoden. Wiesbaden: DG-Verlag 1998.

Landmesser/Sczepan (Hg.): Was morgen zählt … Holzgerlingen: Hänssler 1997.

Landmesser/Sczepan (Hg.): Wie gehen wir mit uns und anderen um. Holzgerlingen: Hänssler 1999.

Rank/Wakenhut (Hg.): Bildungscontrolling – Erfolg in der Führungskräfteentwicklung. München/Mering: Rainer Hampp Verlag 1996.

Zaleznik, Abraham: Führen ist besser als Managen. Freiburg im Breisgau: Haufe 1990.

Joachim Loh

Der Umgang mit Betriebsräten in schwierigen Situationen

1. Einleitung

Am 1. November 2000 fing ein neuer Werksleiter in dem von mir übernommenen Unternehmen an. Sechs Wochen später traf ich ihn und fragte, wie es ihm ginge. Seine erste Antwort: „Nach vier Wochen Schulung, Einarbeitung und vielen Gesprächen mit Mitarbeitern bin ich stark motiviert, denn ich stelle fest, dass die Leute eine sehr positive Einstellung zum Unternehmen haben und gerne hier arbeiten. So etwas habe ich nur in meiner ersten Stelle und danach nicht mehr erlebt."

Das war nicht immer so. Als ich Ende 1996 zum ersten Mal durch die Werkshallen ging, begegnete man mir mit Skepsis, um nicht zu sagen Argwohn. Ich möchte mit diesem Praxisbeispiel zeigen, wie der Wandel vom Konzernbetrieb zum mittelständischen Familienunternehmen vollzogen worden ist und sich dabei die Zusammenarbeit mit den Betriebsräten entwickelte.

2. Philosophische Menschenbilder und eigene Werte

Zunächst möchte ich kurz auf unterschiedliche Vorstellungen vom Menschen eingehen:

Das *biblische Menschenbild* sieht so aus: Gott schuf die Welt und alles darin um des Menschen willen. Der Mensch ist Herr der Welt. Gott hat eine positive Einstellung zum Menschen. Der Mensch hat eine positive Einstellung zu seinem Mitmenschen, zu jedem Einzelnen. Er weiß um seine Sünde, um sein Versagen. Gott schenkte durch den Opfertod Jesu Christi, seines Sohnes, Vergebung für den einzelnen Menschen und damit die Chance eines Neubeginns. Der Mensch kann deshalb durch das Vorbild der Liebe Gottes selbst Nächstenliebe üben.

Im Laufe der Geschichte haben die Menschen – insbesondere die Philosophen – versucht, ein Menschenbild zu entwickeln, das ohne Gott auskommt. Hier einige Beispiele:

- *Marx und Engels* sahen den durch Eigentumshunger verkommenen Menschen. Sie wollten im Sozialismus den paradiesischen Zustand wieder herstellen, in dem die Menschen friedlich miteinander auskommen.
- Der englische Philosoph *Thomas Hobbes* sah im Menschen das „wölfische" Wesen und schlussfolgerte, dass der Mensch deshalb eine obere Ordnung braucht, ohne die er nicht leben könne.
- Durch *Charles Darwin* und die Evolutionstheorie wird der Mensch wie auch das Tier im Kampf ums Dasein gesehen. Der Fittere gewinnt. Die Folge: Egoistisches Handeln zulasten anderer.
- *Adam Smith* sieht den Menschen in seinem Handeln getrieben vom wirtschaftlichen Angebot und der Nachfrage – der klassische Kapitalismus!
- Die *Philosophen des 17. Jahrhunderts* – unterdrückt durch die mächtigen Monarchien – zettelten die französische Revolution mit den Grundgedanken an: Freiheit, Gleichheit, Brüderlichkeit.
- Die deutschen Philosophen *Hegel, Humboldt* und andere entwickelten das humanistische und liberale Menschenbild, das auf der kreativen und Verstandesleistung des Menschen aufbaut.

Alle diese Philosophien sind mehr oder weniger deutlich sichtbar gescheitert.

Nicht von ungefähr ist die Frage nach den handlungsleitenden Werten bei den Menschen unserer Zeit besonders stark, denn auch das immer stärker praktizierte liberale Menschenbild funktioniert nicht. Unsere Mitmenschen werden bei immer häufiger praktizierter Beliebigkeit des Handelns nicht glücklicher, sondern unglücklicher.

Ich bin *Christ*. Die Leitkultur, die mein Handeln bestimmt, speist sich aus der Bibel, aus Gottes Wort. Trotz oder gerade im Wissen um meine persönliche Unvollkommenheit, meine Fehler, Mängel und Schuldhaftigkeit kann ich aus der Tatsache der Vergebung durch meinen Gott die Verantwortung als Unternehmer und Führer freudig wahrnehmen. Gleichzeitig gestehe ich, dass die Freude doch durchaus unterschiedlichen Niveaus sein kann.

3. Die betriebliche Ausgangssituation

Ein Konzern unterhielt in der Nähe von Dortmund eine Produktions-stätte für Regalanlagen und Wechselkoffer. Da der Standort Verluste produzierte, wurde entschieden, das Werk zu verkaufen oder zu schließen. Die Lagertechnik-Produkte, deren Produktion und ihr Vertrieb passten gut zu der mir gehörenden Firma Meta Regalbau. Die über ein halbes Jahr geführten Verhandlungen endeten schließlich mit der Übernahme des Standorts.

Ich hatte zwei Motivationen:

- das Lagertechnik-Geschäft vom Sortiment und Umfang her zu verdoppeln und damit größere Marktbedeutung zu erlangen;
- an diesem Beispiel praktisch deutlich zu machen, dass auch am Standort Deutschland am Rande des Ruhrgebietes eine Sanierung möglich ist und nicht gleich alles „platt" gemacht werden muss.

Im Folgenden will ich weniger auf die sachliche Seite der unternehmerischen Entscheidungen und Entwicklungen eingehen als auf das *Beziehungsmanagement,* vor allem zu den Betriebsräten, und auf die handlungsleitenden Werte. Ich möchte deutlich machen, wie sich die von mir in anderen Unternehmen meiner Gruppe praktizierten Führungswerte am übernommenen Standort praktisch auswirkten.

Schon während der Verhandlungen mit dem Konzern fanden erste Kontakte und Gespräche mit dem amtierenden Betriebsrat statt. Ebenso mit den Führungskräften am Ort. Mein Ziel war die *Einbeziehung möglichst vieler Mitarbeiter in die Veränderungsprozesse.* Veränderungen waren unbedingt erforderlich zur Beseitigung der Verluste.

Es bestand bis dahin kaum Vertrauen zwischen Führung und Betriebsrat sowie zwischen Führung und Mitarbeitern. Alle Handlungen wurden irgendwie anders interpretiert und nicht für das genommen, was sie sein sollten. Die Äußerungen des Managements wurden immer auf einen eigentlichen Zweck hinterfragt. So kam zum Beispiel sehr schnell nach der Übernahme das Gerücht auf, ich habe das Werk nur gekauft, um es schnell wieder zu verkaufen oder es stillzulegen, weil der Konzern das ja von seinem Image her nicht könne.

Bei allen notwendigen sachlichen Änderungen ging es daher vorrangig darum, in den Köpfen der Mitarbeiter eine Veränderung des Denkens herbeizuführen. Die sachlichen Ziele waren:

1. die Lagertechnik-Produkte im Vertrieb bei Meta zu integrieren,
2. für den Bereich Wechselkoffer eine eigene Firma mit eigenem Namen und eigenem Marktauftritt zu gründen,
3. das Entlohnungssystem völlig in Richtung Leistungsentlohnung zu erneuern,
4. das gesamte Hard- und Software-Organisationssystem zu erneuern.

4. Die Bereitschaft zur Veränderung

Die vorrangigen Werte, welche dabei mein Handeln leiteten, waren vor allem Offenheit, Ehrlichkeit und Verbindlichkeit im Umgang miteinander. In der ersten Pressemitteilung habe ich das so ausgedrückt: „Wir reden sauerländisch geradeaus." Der Umgang miteinander sollte ehrlich sein. Auch unbequeme Botschaften mussten klar und deutlich vermittelt werden. Im Handeln galt es, bei den Führungskräften Mut zu wecken, auch Risiken zu übernehmen und beim Betriebsrat die Bereitschaft zu Veränderungen von negativ auf positiv zu drehen.

5. Der Prozess der Veränderungen

Die Übernahme fand am 1. April 1997 statt. Am 1. Juli 1997 wurde die Vertriebsmannschaft für Lagertechnik aus beiden Unternehmen in einer großen Konferenz in Bad Wildungen bei Meta integriert. Dabei zeigten sich sehr schnell unterschiedliche Auffassungen über die Vertriebsstrategie. Dann stellten wir fest, dass die Entlohnungssystematik undurchsichtig war und zu großen Ungerechtigkeiten führte. Die Lohnhöhe war nicht wettbewerbsfähig. Deshalb wurde mit dem Betriebsrat über ein neues Entlohnungssystem verhandelt. Ende 1997, also knapp ein Dreivierteljahr nach der Übernahme, wurden die notwendigen Betriebsvereinbarungen unterzeichnet. Dies war eine besonders spannende Zeit, weil die Betriebsleitung einzelnen Betriebsratsmitgliedern und umgekehrt unlautere Absichten und persönliche Interessen unterstellten. Normalerweise klärt man vor dem Kauf eines Unternehmens die Bedingungen, u. a. auch die einer Entlohnung. Dies war hier aber aus rechtlich-formalen Gründen nicht möglich. Ich habe also die Kaufentscheidung getroffen im

Vertrauen darauf, hinterher mit dem Betriebsrat zu einer einvernehmlichen Regelung zu kommen. Ein großes Wagnis. Ich vertraute darauf, auch mit Menschen, die ich nicht gut kannte, eine so schwierige Frage wie die Entlohnung klären zu können. Dieses Vertrauen wurde später während der Verhandlungen mehrfach sehr strapaziert.

Jedenfalls begannen wir zum 1.1.1998 mit der Einführung des neuen Systems. Es sah eine arbeitsplatz- statt personenorientierte Leistungsentlohnung mit dem Ziel vor, eine gerechtere Entlohnung und eine Senkung der Lohnkosten bei gleichzeitiger Leistungssteigerung zu erreichen. Jeder Mitarbeiter erhielt einen neuen Arbeitsvertrag, den einige unterschrieben, die meisten allerdings nicht.

Das neue Abrechnungssystem führte in der Konsequenz überwiegend zu Lohnreduzierungen, aber auch zu Anhebungen. Gegen die Senkungen protestierten natürlich die betroffenen Mitarbeiter. Die Gewerkschaft blies in das gleiche Horn und drohte Klagen an. Die erwartete Leistungssteigerung trat zunächst nicht ein!

Als dann im Frühjahr 1998 der Betriebsrat neu zu wählen war, wurde der alte Vorsitzende, unter dessen Führung die Verhandlungen geführt und die Vereinbarung getroffen worden waren, nicht wieder gewählt. Die Zusammensetzung des Betriebsrats änderte sich ebenfalls sehr stark. Das Misstrauen gegen den bisherigen Betriebsrat, der die aus Sicht vieler Mitarbeiter „falsche Vereinbarung" unterschrieben hatte, war sehr groß.

Nach und nach kamen immer mehr Arbeitsgerichtsklagen ins Haus, forciert durch die Gewerkschaftsleitung. In der Spitze waren es 85. In der Führungsmannschaft kam verstärkt der Wunsch auf, doch – wie zu Konzern-Zeiten üblich – irgendwelche mehr oder weniger faulen Kompromisse zu schließen, um den Konflikt zu beenden. Das hätte die Rückkehr zur teilweise ungerechten Bezahlung bedeutet: unterschiedliche Lohnhöhe bei gleicher Arbeit. Weiter hätte es zu Individualregelungen geführt, zu dem, was man „Nasenfaktor" nennt. Ich habe das mit der Begründung abgelehnt, dass Lohnsysteme transparent, also durchsichtig und für jedermann nachkontrollierbar sein müssen. Ebenfalls, dass Leistung belohnt werden müsse. In der Mitarbeiterschaft gab es mehrere Lager. Einzelne wollten zum alten Konzernsystem zurückkehren, andere irgendeinen Kompromiss, und ein weiterer recht ansehnlicher Teil sah die Chancen für das Unternehmen unter der neuen Führung größer und wollte sich dem neuen System anschließen.

Formell war die Rechtslage sehr kompliziert. Es hätten Einzelverträge abgeschlossen werden müssen. Allerdings kann man einen Betrieb nicht führen, wenn Einzelverträge mit unterschiedlichen Inhalten abgeschlossen werden. So zogen sich die Gespräche und Verhandlungen über ein Jahr hin, ohne dass sich tatsächlich etwas bewegte. Der Ruf nach Einigung wurde lauter. Einige Mitarbeiter wollten den ungewissen Zustand nicht länger sehen und unterschrieben die neuen Verträge. Andere weigerten sich standhaft. Die Abrechnungen erfolgten nach dem neuen System. Die Produktionsleistungen stiegen – allerdings langsamer als von uns erwartet. Die Betriebsräte waren hin und her geworfen zwischen dem Willen, eine gute Einigung zu erreichen und der Rückkehr zu alten Verhältnissen.

Unabhängig von der sehr spannenden und teils frustrierenden Lage und Stimmung habe ich die Investitionen in den Markt und die Fertigung voll weiter laufen lassen.

Inzwischen war der Regalbauteil rechtlich in eine eigene Gesellschaft, die Regalbau Loh GmbH & Co. KG eingebracht worden. Deshalb musste ein weiterer Betriebsrat gewählt werden.

Die geschäftliche Entwicklung zeigte sich gedeihlich. Es wurde eine zusätzliche Halle gebaut, die bestehenden Hallen gründlich saniert, einige neue Maschinen angeschafft und alte grundüberholt oder entsorgt.

Der neue Markenname TULO für Wechselkoffer fand eine gute Aufnahme am Markt, ebenso die Produkte. Nur Mitte 1999 gab es vorübergehend eine Absatzdelle, die sogar im Bereich TULO zu kurzfristiger Kurzarbeit führte. Das ehemalige Führungsteam hatte sich am Standort reduziert auf die Betriebsleitung für den Regalbau und die Führungsmannschaft für TULO. Bei TULO hatte inzwischen ein neuer Geschäftsführer begonnen. Der bisherige war zu Meta gewechselt und hatte dort die Führung übernommen. Für den Betriebsrat wechselte also der Verhandlungspartner auf der Geschäftsleitungsebene. Dies war eine neue Chance, weil alte gewachsene Abneigungen und Vorurteile dadurch abgebaut wurden.

Die bessere Verhandlungsatmosphäre bei TULO hatte auch positive Auswirkungen im Regalbau. Die Arbeitsgerichte hatten inzwischen versucht, irgendwelche Vergleiche hinzubekommen. Die Richter scheuten sich, selbst ein Urteil zu fällen, da die Materie sehr komplex und mit Revisionen zu rechnen war. Ich habe während der gesamten Verhandlungs- und Auseinandersetzungszeit immer betont: „Wir haben von Anfang an gesagt, was notwendig ist, um das Unternehmen zu sanieren. Die ergriffenen Maßnahmen sind rechtlich formal sauber und ehrlich vollzogen worden. Wir haben keine Bedenken, die Klagen zu gewinnen."

In von beiden Seiten unter Einschluss der Gewerkschaft zähen Verhandlungen gelang es dann, Mitte 1999 einen Weg zu finden, einige Härtefälle zu beseitigen und gemeinsam ein Anstellungsvertragswerk für die Mitarbeiter zu vereinbaren. Die Arbeitsverträge wurden den Mitarbeitern dann zur Unterschrift vorgelegt. Die Empfehlung der Gewerkschaft, den Vertrag zu unterschreiben, lag dieses Mal bei. Mit der Unterschrift konnten dann die Klagen zurückgezogen werden. Die Entscheidung zu unterschreiben war für jeden Mitarbeiter individuell zu treffen. Die überwältigend große Mehrheit hat sie auch getroffen. Einige wenige haben nicht unterschrieben und auch ihre Klage zunächst nicht zurückgezogen. Heute – anderthalb Jahre später – sind immer noch zwei Mitarbeiter nicht bereit, den gültigen Arbeitsvertrag zu unterschreiben und ihre Klage zurückzunehmen. Dies hat anscheinend ganz persönliche Gründe und keine Auswirkung mehr auf die übrige Mitarbeiterschaft, den Betriebsrat, das Unternehmen oder auch sie selbst. Sie haben keinerlei Nachteile in ihrer Bezahlung.

Sie können sich vorstellen, dass dieser gewaltige Veränderungsprozess für alle Betroffenen schwer war. Für die Arbeiter und Angestellten genauso wie für die obere und mittlere Führung und auch die Betriebsräte. Obwohl ich von Anfang an die Zielsetzung und die damals schon bekannten Maßnahmen offen ausgesprochen hatte, war sehr viel Angst „in den Bäuchen" der Menschen. Teilweise schon berechtigt, denn Leistung und Qualität stimmten tatsächlich nicht. Teilweise aber auch unberechtigt und nur durch die Veränderung hervorgerufen.

Sie mögen fragen, warum macht man so etwas? Warum setzt man Energie, Geld, Zeit ein, um einen solchen gewaltigen Veränderungsprozess in einem Unternehmen und bei den Menschen zu initiieren und durchzuführen?

Mein persönlicher Antrieb bestand darin, die Arbeitsplätze am Standort zu erhalten. Ich bin sehr glücklich, dass dies gelungen ist. Heute sind trotz starker Automatisierung etwa gleich viele Mitarbeiter beschäftigt wie zum Übernahmezeitpunkt.

Ein zweiter Antrieb war, die Menschen dazu zu bewegen, im Miteinander Lösungen für die Probleme zu entwickeln und dann auch als Unternehmensgemeinschaft am Markt zu gewinnen. Das war das Schwierigste und ist nur teilweise gelungen. Es war am Anfang sehr wenig Bereitschaft zur persönlichen Veränderung da. Inzwischen ist diese aber spürbar gewachsen.

Und der dritte, geschäftlich motivierte Antrieb lag bei mir darin, dass Meta durch die Ergänzung der Lagertechnik-Produkte gestärkt würde. Das ist voll eingetreten.

6. Wo lagen die Probleme?

Weil die Wertmaßstäbe – die *handlungsleitenden Werte* – bei dem Geschäftsführer und mir anders als bei den meisten Führungskräften und Mitarbeitern lagen, kam es dazu, dass heute nur noch einer von sieben übernommenen Führungskräften im Unternehmen tätig ist. Dieser allerdings mit großem Engagement und mit großer Freude. Die anderen haben das Unternehmen verlassen oder sind auf Veranlassung des Unternehmens ausgeschieden.

Es gab Menschen in der Organisation, die die Art des Umgangs, wie von den neuen Werten vorgegeben, nicht vertragen konnten. So hat der Personalchef, der ein hervorragender Sachkenner der juristischen Materie war, den Schwerpunkt seiner Tätigkeit mehr in der „Entsorgung" von Mitarbeitern als in deren Motivation und Förderung gesehen. Das entsprach nicht unserem Wertekodex. Es war für ihn selbstverständlich, dass jede Trennung von einem Mitarbeiter durch einen Arbeitsprozess begleitet wurde. Auch das entsprach nicht meinen Wertmaßstäben im Umgang miteinander.

Im Konzern spielt natürlich die Gewerkschaft eine sehr große Rolle. Sie sitzt ja im Aufsichtsrat. Gewerkschaften sind in Deutschland nötig, aber sie verfolgen sehr starke Eigeninteressen, die nicht unbedingt im Einklang mit den Interessen der Mitarbeiterschaft einzelner Unternehmen stehen. Das trifft für Arbeitgeberverbände ebenso zu.

In meinem Wertesystem ist keine Mitgliedschaft im Arbeitgeberverband vorgesehen. Ich möchte nicht, falls es mal zu einem Streik kommen sollte, meine Mitarbeiter aussperren müssen.

Es war für viele Mitarbeiter völlig ungewöhnlich, selbst Entscheidungen zu treffen, z. B. im Betriebsrat, die sich gegen die Eigeninteressen der Gewerkschaft richten würden. Das ist auch ein sehr starker Konflikt, der zunächst einmal ausgestanden werden muss. Ich habe sehr hohe Achtung vor den Mitarbeitern und Betriebsratsmitgliedern, die die Zivilcourage aufgebracht haben, im Sinne ihrer Mitarbeiterkollegen und des Unternehmens als Ganzes Regelungen mitzutragen, die nicht im Einklang mit der allgemeinen Richtung der IG Metall standen. Auch für die IG Metall war es ein Sprung über den Schatten, solche Regelung zu tolerieren. Wenn dann alles gut läuft, wie in unserem Falle, haben Sie hinterher die Sympathien auf Ihrer Seite, aber zum Zeitpunkt der Entscheidung ist es ein großes Wagnis.

7. Wie sieht das Beziehungsgeflecht heute aus?

Es herrscht eine offene Gesprächskultur in allen Situationen und Bereichen des Unternehmens. Es werden keine faulen Tricks oder Ränkespiele, es hat kein Mobbing von Führungskräften eingesetzt. Es wird kein Mitarbeiter ins offene Messer laufen gelassen oder – wie man so sagt – in die Pfanne gehauen. Natürlich passieren auch heute noch Fehler, aber dann werden sie offen besprochen und untereinander bereinigt.

Die Klarheit in der Führung, gerade wenn Schwierigkeiten auftreten, wird praktiziert und akzeptiert. Mitarbeiter werden gefördert durch Weiterbildung und Schulung, aber auch als Menschen. Die Führungskräfte sind in den dreieinhalb Jahren alle im kooperativen Führungsstil geschult und trainiert worden, ebenso sehr viele Mitarbeiter in KVP (Kontinuierliche Verbesserungs-Prozesse). Heute wird in Teams für bestimmte Projekte ad hoc oder ständig zusammengearbeitet. Ein transparentes Informationssystem unter Nutzung modernster EDV-Technik dient dazu, dass alle Mitarbeiter über die Zahlen und den Stand der Geschäfte informiert sind.

8. Wie ist es nun zu dem guten Ergebnis gekommen?

Einen sehr großen Ausschlag gab das persönliche Vorbild einzelner Führungskräfte und Mitarbeiter sowie Betriebsratsmitglieder. Es wurden außerordentlich viele Gespräche geführt. Die Mitarbeiter sind – auch wenn sie gegensätzlicher Auffassung waren – einbezogen worden. Meine Erfahrung ist: Ein solcher Sanierungsprozess, in dem nicht nur sachlich saniert werden muss, sondern auch in den Beziehungen und im Denken der Menschen, braucht viel Zeit. Und viel Zeit aufzubringen, wenn die Sache Eilbedürftigkeit signalisiert, ist nicht einfach. Das erfordert Geduld trotz der Sachzwänge. Und es braucht Vision trotz aktueller Probleme.

9. Wie war meine Erfahrung in diesen drei Jahren als Christ?

Ich habe persönlich erlebt, dass Gebet, die Zwiesprache mit dem eigenen Herrn und Gott, wirklich hilft. Das Gebet hat mir Gewissheit gegeben bei der Frage des Kaufs der Unternehmung. Es hat mir Gewissheit gegeben bei den vielen Einzelentscheidungen. Es hat mir Mut zur Vergebung gemacht, denn auch ich habe Fehler in dieser schwierigen Phase gemacht. Im Gebet habe ich auch Kraft bekommen, den Menschen als Mensch zu begegnen und nicht als ein Chef, der aus seinem Amt heraus Macht ausüben kann. Und schlussendlich hat mir das Gebet Kraft gegeben, den Stress gegen allen Widerstand auszuhalten.

Wir konnten in den Unternehmungen unsere Umsätze steigern. Das Ergebnis nach drei Jahren ist trotz hoher Abschreibungen durch die Investitionen eine schwarze Null. Die Arbeitsplätze sind sicher. Die Arbeitsbeziehungen zwischen Betriebsrat, Geschäftsleitung, zwischen Führung und Mitarbeiter sind positiv, zielorientiert und kooperativ. Die Verdienste der Mitarbeiter haben sich von 1999 auf 2000 trotz Veränderung der Lohnsysteme erhöht, ebenso die Leistung.

Mein Fazit: Bei allen Beteiligten ist durch diese Erfahrung der Mut zum Vertrauensvorschuss gewachsen. Die Bereitschaft zu Veränderungen ist ebenso gewachsen wie das Ansehen des Unternehmens am Ort, in der Umgebung und im Markt.

Petra Pientka

Wertvolle Mitarbeiter sind (k)ein Zufall

Da ich in meinem Beruf mit Automobilen zu tun habe, möchte ich die Gedanken zu diesem Thema nach den Buchstaben eines sicherheitsrelevanten Systems im Fahrzeug gliedern, ABS:

- A wie Anforderungen an einen wertvollen Mitarbeiter
- B wie Bestandsaufnahme – Beobachtungen zur Mitarbeiterqualität
- S wie Strategie – wie wertvolle Mitarbeiter gewonnen, gefördert und erhalten werden.

A wie Anforderungen an einen wertvollen Mitarbeiter

Als Mitarbeiter eines Autohauses steht man in einem gewissen Blickfeld, in dem verschiedene Menschen zum Teil Großes von einem erwarten. So wünscht sich ein *Kunde* zum Beispiel von einem für ihn „wertvollen" Automobilverkäufer, dass er sich für ihn Zeit nimmt und ehrlich, freundlich, fachkundig und fair berät. Der *Autohauschef* erwartet, dass der Verkäufer genau so auf den Kunden eingeht, aber zusätzlich, dass er eigenmotiviert fleißig arbeitet, dem Unternehmen gegenüber loyal und treu ist, ehrlich bei der Fahrzeuginzahlungnahme handelt und die vielen Autos, die er verkauft, mit möglichst wenig Nachlass weitergibt. Hier muss der Verkäufer die Interessen des Kunden und die des Autohauses zusammenbringen.

Andere Verkäufer betrachten ihren Kollegen als wertvoll, wenn er neben den Qualitäten, die dem Kunden und dem Unternehmer wichtig sind, sich seinen Mitstreitern gegenüber fair verhält, d. h. auch einmal eine Arbeit für den Kollegen erledigt oder sogar eine Unterschrift des Kunden für die Provision seines gerade abwesenden Kollegen einholt, der wissentlich vorher Kontakt mit diesem Kunden hatte. Er sollte auch mit Stress gut umgehen können und jedem auf gleiche Weise freundlich begegnen. Das sind ganz hohe Anforderungen an einen Automobilverkäufer!

B wie Bestandsaufnahme

In der Beobachtung des Geschehens in unserer Gesellschaft klingen die Worte aus der Bibel (2. Timotheus 3,1-4) gar nicht so fremd: „Das sollst du aber wissen, dass in den letzten Tagen schlimme Zeiten kommen werden. Denn die Menschen werden viel von sich halten, geldgierig sein, prahlerisch, hochmütig, Lästerer, den Eltern ungehorsam, undankbar, gottlos, lieblos, unversöhnlich, verleumderisch, zuchtlos, wild, dem Guten feind, Verräter, unbedacht, aufgeblasen. Sie lieben die Wollust mehr als Gott." Dies sind Worte, mit denen man genau das Gegenteil von wertvollen Mitarbeitern charakterisiert.

Die sich verändernde Arbeitswelt, der Einfluss von neuen Maschinen und die Entwicklung neuer Technologien ändern die Beziehung der Menschen zu ihrer Arbeit. Ist der Beruf als Lebenssinn heutzutage ein Auslaufmodell? Schon das neudeutsche Wort „Job" kennzeichnet die derzeitige Einstellung zur Arbeit: eine Beschäftigung auf Zeit, die ich – wenn ich keine Lust mehr habe – immer wieder niederlegen kann, um einen neuen „Job" anzunehmen.

Diese zunehmende Fluktuation in einer Firma hält aber die Kräfte der Unternehmensleitung gebunden, da das sich ständig drehende „Personalkarussell" immer wieder in seinen Lücken mit neuen Mitarbeitern geschlossen werden muss. Diese müssen jedes Mal aufwendig integriert und eingearbeitet werden, bis sie vielleicht auch diesen „Job" mehr oder weniger bald wechseln, um dem Paradies auf Erden doch etwas näher zu kommen. Kann das hier je ein Mensch erreichen? Wir wissen ja, dass das Gras in Nachbars Garten immer grüner ist als der eigene Rasen!

Innerhalb der letzten Jahre haben wir in unserem Unternehmen viele Enttäuschungen mit Mitarbeitern erlebt, die wir schmerzlich entlassen mussten, weil sie unser Vertrauen missbraucht hatten.

Parallel zu ihrer Anstellung betrieben sie ohne unser Wissen und Genehmigung ihr eigenes Gewerbe in der Kfz-Branche, oder sie kassierten Geld von Kunden, das dem Unternehmen zustand.

Auch aus Bewerbungsgesprächen heraus erfahren wir immer mehr die Not unserer Gesellschaft, in der die Schere größer wird zwischen den extrem hart arbeitenden Menschen und anderen, die sich der Arbeit verweigern und sich auf den Früchten der Fleißigen ausruhen. Es wird trotz der vielen Arbeitslosen immer schwieriger für uns, wirklich arbeitswillige, treue und beständige Mitarbeiter zu finden. Bei dem allgemein akzeptierten Anspruchdenken, ein Recht zu haben auf bestimmte Dinge, fehlt oft die Einstellung, dass jeder

Mensch auch Pflichten und Aufgaben hat. Wirkliche Verantwortung – nicht nur laut Titel auf dem Papier – zu übernehmen, erfordert wirklichen Mut, den viele aus Bequemlichkeit und aus Mangel an guten Vorbildern nicht mehr haben! Andererseits ist es eine Freude, mit wertvollen Mitarbeitern, von denen es auch in unserem Unternehmen nicht wenige gibt, zusammenzuarbeiten.

S wie Strategie

Was also tun, um wertvolle Mitarbeiter für das Unternehmen zu erhalten? Hier kann die Fragestellung helfen, was ein wertvoller Mitarbeiter von seiner Führungskraft erwartet.

Ein solcher Mitarbeiter sucht Sinn und Spaß in seiner Arbeit; er möchte als wichtig – eben wertvoll – geachtet werden; er möchte das Vertrauen und Zutrauen seines Vorgesetzten genießen; er möchte gezielt informiert werden, mitgestalten und mitentscheiden; er wünscht sich das stets offene, ehrliche und regelmäßige Gespräch mit seiner Führungskraft, die ihm ein zeitnahes Feedback – positiv und auch negativ – gibt; die Führungskraft sollte die richtige Balance zwischen begleitender Nähe, die sich nicht aufdrängt, und gesunder Distanz und Freiraum für seinen Mitarbeiter halten, beständige und durchgängige Führungspolitik betreiben (der berühmte „rote Faden"). Im Umgang mit schwierigen Situationen zeigt sich dann auch eine wirklich wertvolle Führungskraft, die statt unterschwelliger Vorwürfe wie beim Mobbing faire, sachliche Kritik unter vier Augen mit dem Betroffenen übt, während der Mitarbeiter sich auch nach offen geäußerter Kritik trotzdem als Mensch wertgeachtet weiß und fühlt. Des Weiteren ist eine ausstrahlende Begeisterung einer Führungskraft wünschenswert.

Als Führungskraft sollte ich mir also die Frage stellen, was ich tun kann, um meinen Mitarbeitern ein angenehmeres und zugleich produktiveres Arbeitsumfeld zu geben. Während ein verantwortungsbewusster Vorgesetzter hierbei sinnvollerweise seiner eigenen Persönlichkeitsstruktur auf die Spur geht, sollte er sich bei jedem einzelnen Mitarbeiter auf dessen Persönlichkeit individuell einstellen. Zusätzlich kann die Beachtung folgender Ratschläge aus der Literatur und aus der Praxis dabei helfen, eine wertvolle Führungskraft zu werden und zu bleiben, um so auch wertvolle Mitarbeiter zu gewinnen und zu fördern:

Kenneth Blanchard und Spencer Johnson geben in ihrem Buch ein ganz einfaches 3-teiliges Führungsmodell an:

1. Die „1-Minuten-Zielvereinbarung": Erwarte nur genau das von einem Mitarbeiter, was du ganz klar mit ihm vereinbart hast und was unter den gegebenen Voraussetzungen machbar ist.

2. Das „1-Minuten-Lob": Nach Übertragung der Aufgabe suche bewusst nach positiven Aspekten in der Art und Weise der Aufgabenbewältigung und gib dem Mitarbeiter durch ein Lob Ansporn und Ermutigung zu weiterer guter Arbeit. Hierdurch wird auch die persönliche Verbindung zwischen Führungskraft und Mitarbeiter gestärkt.

3. Die „1-Minuten-Kritik": Wenn der Mitarbeiter sich anerkannt weiß und schon erfahrener in seinen Aufgaben ist, mache ihn aufmerksam auf Schwachstellen, damit er die Qualität seiner Arbeit noch verbessern kann. Hierbei zählt nur die Arbeitsqualität, das heißt die Leistung bzw. der Fehler des Mitarbeiters. Der menschlichen Wertschätzung sollte durch ermutigende Worte, Mimik und Gesten Ausdruck verliehen werden. Sie federt negative Kritik ab.

Durch die nötige Arbeitsnähe erfährt ein Mitarbeiter das Interesse seiner Führungskraft an ihm und seiner Arbeit. Andererseits hat nur so ein Vorgesetzter die Chance, früh genug aufzunehmen, dass sich bei seinem Mitarbeiter eine innerliche Kündigung anbahnt, um einer echten Kündigung eventuell rechtzeitig entgegenzuwirken.

Zusätzlich kann ein regelmäßiges Mitarbeiter–Bewertungsgespräch Ausdruck dieser durch offene Kommunikation in beide Richtungen geprägten Zusammenarbeit sein, in dem auch der Mitarbeiter Anregungen an seinen Vorgesetzten äußern darf und soll.

Nach der gründlichen Auswahl eines neuen Mitarbeiters gilt es, einen gewonnenen wertvollen Mitarbeiter auch nach der oft durch höchste Motivation gekennzeichneten Probezeit zu erhalten. Hierfür ist eine auf den Mitarbeiter individuell zugeschnittene Einarbeitungsphase sehr wichtig, denn falsche Einstellungen und falsches Verhalten, die sich in dieser ersten Zeit bilden können, sitzen sehr fest und lassen sich später nur mit großer Mühe korrigieren.

Es gibt in unserem Unternehmen zahlreiche positive Beispiele dieses Prinzips. Von den 130 derzeitigen Mitarbeitern sind 35 ehemalige Auszubildende aus unserem Haus. Damit die Langfristigkeit von Arbeitsverhältnissen auch in Zukunft bestehen bleiben kann, befinden sich im kaufmännischen und technischen Bereich zurzeit 38 junge Menschen in ihrer Ausbildung bei uns. Wir hoffen auf einige Übernahmen in Arbeitsverhältnisse, denn wir sind uns bewusst, dass sich eine intensive, und zunächst zeitaufwendige aber langfristig Zeit sparende Investition in die Berufsausbildung lohnt!

In dem Buch „Mitarbeiter Führen – Der biblische Weg" von Myron Rush wird dies verdeutlicht. Jesus Christus war nur ungefähr drei Jahre unterwegs mit zwölf jungen Männern, seinen Jüngern. Während dieser kurzen Zeit hat er sein Leben ganz eng mit ihnen geteilt, ihnen Aufträge zur Erledigung gegeben, sie mit Feedbacks unterstützt. Vor allem hatte Jesus immer das Bestreben, seinen Jüngern Erkenntnis weiterzugeben, statt sie als seine „untergebenen" Mitarbeiter klein und dumm zu halten. Sie sollten genauso handeln und von Gottes Liebe bezeugen wie es Jesus selbst tat. Dass dieser Führungsstil Erfolg hatte, beweist, dass die Botschaft Jesu bis heute überall in der Welt verkündet und angenommen wird!

Bei aller Strategie muss aber berücksichtigt werden, dass die Mitarbeiterführung eine Arbeit mit und für Menschen bedeutet. Sowohl die Persönlichkeit der Führungskraft als auch die Persönlichkeit und Art der Führungsbedüftigkeit jedes einzelnen Mitarbeiters müssen abgewogen werden. Führungsarbeit ist so aufwendig wie die gute Aufrechterhaltung einer jeden menschlichen Beziehung! Und wie wenig diese Fähigkeit heute ausgeprägt ist, zeigen die zahlreichen Ehescheidungen!

Zusammenfassung: ABS

Zusammenfassend stellen wir fest, dass sich der echte Wert eines Mitarbeiters in Krisenzeiten zeigt. Stößt man auf unüberwindbare Hindernisse, muss man rechtzeitig bremsen. Und es ist gut, wenn sich ein „Anti-Blockier-System" wie beim Auto einschaltet, sodass man nicht ins Schleudern kommt, sondern sicher auf dem geraden Weg gemeinsam weiterfahren kann. Wertvolle Mitarbeiter zu gewinnen und zu erhalten ist harte, kontinuierliche Arbeit, die unbedingt notwendig ist zur langfristigen Sicherung eines Unternehmens wie der gesamten Wirtschaft, ja sogar unserer Gesellschaft.

Ich bin immer wieder dankbar, dass Gott mir für diese tägliche Führungsarbeit viel Kraft schenkt und uns in der Vergangenheit schon oft wertvolle Mitarbeiter zur Seite gestellt hat. Eine große Stärkung sind viele Bibelworte in diesem Zusammenhang, u. a. 2. Korinther 3,5: „Nicht dass wir tüchtig sind von uns selber, uns etwas zuzurechnen als von uns selber; sondern dass wir tüchtig sind, ist von Gott."

Zitierte Literatur

Kenneth Blanchard und Spencer Johnson: Der Minuten-Manager. Reinbek bei Hamburg: Rowohlt Taschenbuch Verlag.

Myron Rush: Mitarbeiter führen – der biblische Weg. Asslar:

Barbara Freifrau von Schnurbein

Lebenslanges Lernen –
Lust an Leistung und Kompetenz

Lebenslanges Lernen ist im Zusammenhang mit den Veränderungen unserer modernen Gesellschaft ein zentrales Thema bei allen Überlegungen zur Vorbereitung auf die Zukunft. Immer mehr Menschen machen die Erfahrung, dass ihr einmal erworbenes Wissen ungeheuer schnell zu veralten scheint und sie ständig Neues dazulernen müssen. So ist nicht erstaunlich, dass es eine Fülle wissenschaftlicher Arbeiten und Ratgeber zu diesem Thema gibt.

Entscheidend für unsere Wettbewerbsfähigkeit wird sein, ob es gelingt, die generelle Lernmotivation zu stärken, d. h. junge und ältere Menschen dazu zu bringen, sich immer wieder weiterzubilden und so mit den rasanten Entwicklungen unserer Zeit Schritt zu halten – zumindest soweit das sinnvoll und nötig ist.

1998 entstand eine Diplomarbeit an der Ludwig-Maximilians-Universität in München mit dem Titel „Was bleibt vom Abitur?" (Schillo 1998). Dazu befragte die Verfasserin Studenten verschiedener Semester und unterschiedlicher Studienrichtungen, was im Rückblick auf ihre Schulzeit für ihr Studium am wichtigsten war bzw. was ihnen am meisten fehlt. Interessanterweise wurde als bei weitem größter Mangel empfunden, dass man nicht gelernt hatte, sich selbst zum Lernen zu motivieren. Ein weiteres Ergebnis im Hinblick auf unser Thema ist auch die Angabe einer großen Mehrheit, dass die „außerhalb des Unterrichts erworbenen Kompetenzen" für das Studium besonders wichtig seien, die Selbstständigkeit, Verantwortung und Teambereitschaft förderten.

Was muss sich also ändern in unserer Gesellschaft und im persönlichen Leben, damit wir bereit werden zu lebenslangem Lernen und fähig sind, mit den immer schnelleren Entwicklungen Schritt zu halten?

1. Was sich verändern muss

Die Einstellung der Gesellschaft zu Schule und Lernen muss sich ändern

„Lernen" verbindet sich für die meisten von uns zunächst wahrscheinlich mit der Schule. Die guten oder schlechten Erfahrungen unserer Schulzeit können unsere Haltung und Bereitschaft zum Lernen lebenslang bestimmen. Wenige von uns kamen in der Schule an den Punkt, wo sie Lernen als Freude und Privileg empfanden, was es ja eigentlich ist. Warum aber bleibt das in der Schule erworbene Wissen oft so „träge"? Vielleicht erinnern wir uns auch an Mitschüler, die mehr als andere lernten und deswegen als Streber angesehen wurden. Heute ist uns klar, dass ohne Weiterbildung kaum noch ein Berufsleben möglich ist. Lernen hat nichts mit negativem Strebertum zu tun, sondern ist absolute Notwendigkeit geworden.

Deswegen müssen wir eine neue Haltung zu Schule und Lernen, zu Arbeit und Anstrengung entwickeln. Das muss bei den Erwachsenen beginnen. Ausbildung, Weiterbildung, Berufstätigkeit sollten als Vorrecht und nicht als notwendiges Übel angesehen werden. Sehr deutlich hat ja die TIMS-Studie (die 3. Internationale Mathematik- und Naturwissenschaftsstudie) die hohe Wertschätzung von Bildung und das große Ansehen von Lehrern in Japan als Teilaspekt für den Erfolg japanischer Schüler dokumentiert. Diese gesellschaftliche Akzeptanz von Schule und Lernen fehlt derzeit bei uns. Es ist auch unaufschiebbar, die Zusammenarbeit aller im Bildungsbereich tätigen Verantwortlichen zu verbessern und den Kontakt zu den „Abnehmern" der Absolventen zu intensivieren. Dazu gehört angesichts der Vielzahl von Berufsfeldern auch eine verbesserte Beratung. Qualität von Bildung, Lernen und Schule muss auch daran gemessen werden, inwieweit sie zur erfolgreichen Gestaltung des späteren Lebens und zur Orientierung in einer sich immer schneller verändernden Welt beitragen.

Das Lernen selbst muss sich verändern

Mit unserer bisherigen Vorstellung von Lernen werden wir angesichts der komplexen und schnell zunehmenden Lerninhalte scheitern. Wir brauchen also eine grundsätzlich andere Art des Lernens: neue Lernstrategien, Konzentrationsförderung als Voraussetzung für erfolgreiches Lernen, Hinführung zu selbstständigem Lernen und eigenen Lösungswegen. Im selbstständigen Lernprozess werden Fehler eine wichtige Rolle spielen und keineswegs nur negativ zu beurteilen sein. Dabei muss sich Lernen auch viel stärker als bisher auf die nicht rein theoretisch erfassbaren Inhalte beziehen und die Bildung der ganzen Persönlichkeit umfassen, d. h. in verstärktem Maße auch ethische Grundlagen vermitteln. Die „Wissens"-Gesellschaft wird nur funktionieren, wenn sie auf Toleranz, Verantwortungsbereitschaft und Menschlichkeit basiert. Das bedeutet z. B., dass die Schulung in Informationstechnologie ganz eng verbunden sein muss mit dem Bewusstsein vom Wert und der Würde jedes einzelnen Menschen. Wissen ohne Ethik kann zur Katastrophe führen!

Die Begriffe Lernen und Leistung werden sich auch wieder stärker mit Freiwilligkeit und Freude verbinden müssen. Anstrengung kann durchaus Freude bereiten, wie uns Sportler, Bergsteiger und andere Menschen vermitteln, die durch hartes Training selbstgesteckte Ziele erreichen. Das Entscheidende ist dabei, dass uns die Bereiche, für die wir uns engagieren, brennend interessieren. Wo unser Interesse geweckt ist, fällt Lernen viel leichter. Je mehr wir schließlich auf einem Gebiet wissen, desto leichter werden weitere Informationen an bestehendes Wissen „angehängt" und dauerhaft behalten.

Vera Birkenbihl, die bekannte Management-Trainerin, belegt dies mit einem einleuchtenden Beispiel. Sie fragt: „Wie oft setzen Sie sich wohl mit dem nackten Hintern in Brennnesseln? Aha, nur einmal? Eben!" (Birkenbihl 2000, S. 299). Das Beispiel ist deshalb so treffend, weil wir uns alles, was für das „nackte" Überleben notwendig ist und alles, was uns „brennend" interessiert, sofort merken. Wir müssen es nicht oft wiederholen oder pauken, es landet auf Anhieb in unserem Langzeitgedächtnis. Das bezeichnen wir als *natürliches Lernen*.

Zum besseren Verständnis möchte ich einige Grundlagen der Gehirnforschung einbeziehen, die zwar inzwischen allgemein bekannt sind, aber doch weitgehend unberücksichtigt bleiben bei den üblichen Lernprozessen in unseren Schulen und Weiterbildungsangeboten.

Längst ehe die moderne Gehirnforschung die Grundlage für veränderte Lerntechniken legte, hatten die Griechen schon Gedächtnishilfen entwickelt, die man Mnemotechniken nennt (griech. Mnemosyne: Gedächtnis). Damit gelang es der damaligen intellektuellen

Elite, in der Öffentlichkeit erstaunliche geistige Leistungen zu vollbringen, die persönliche, wirtschaftliche und politische Vorteile brachten.

Grundlage dieser Techniken war die Tatsache, dass das Gedächtnis großteils aus Assoziationen besteht. Wenn ich „Rose" sage, fällt jedem von Ihnen sofort etwas dazu ein, aber wahrscheinlich jedem etwas anderes. Der eine denkt mehr an die Farbe, der andere stellt sich den Duft vor, ein dritter kennt aus Erfahrung die Dornen. Ebenso können bestimmte Erlebnisse, die wir mit Rosen hatten, als Assoziationen in unserem Gedächtnis gespeichert sein. Wir verbinden also ein Wort mit anderen Sinnen, z. B. mit Geruch, Gefühl oder Geschmack.

Bekannt war den Griechen außerdem die Kraft der Vorstellung und dass sich etwas umso fester in unser Gedächtnis einprägt, je mehr Sinnesorgane diese Vorstellung anspricht.

Der dritte Aspekt der Mnemotechniken betrifft den „Speicherplatz", d. h. wie wir eine Information im Gehirn ablegen und an bereits vorhandenes Wissen ankoppeln – vergleichbar einer Bibliothek, wo die Bücher katalogisiert sind und deshalb schnell gefunden werden.

Warum funktionieren die Mnemotechniken? Das menschliche Gehirn ist in zwei Hälften geteilt, die unterschiedliche Aufgaben haben. Wenn wir nur eine benutzen, vergeuden wir wertvolle Ressourcen. Um unser Potenzial auszunutzen, müssen wir die Spezialisierung kennen. Es heisst: Die linke Hälfte arbeitet *digital*, während die rechte *analog* arbeitet. Was das bedeutet? Denken Sie an die Nachrichtensendung bei Wahlen: Einerseits werden wir durch Zahlen, meist Prozentzahlen informiert (digital), andererseits durch Grafiken und Farbsäulen, die die Relationen dieser Zahlen bildlich darstellen, als Analogie, als Gleichnis. Als digitale Information für die linke Gehirnhälfte bezeichnen wir Zahlen, Zeichen, Buchstaben, Wörter usw., die rechte Gehirnhälfte dagegen ist zuständig für Bilder und Vorstellungen, die den Wörtern zugeordnet werden. Taucht nun ein Begriff auf, zu dem die rechte Hälfte kein Bild zuordnen kann, d. h. können wir uns „kein Bild machen", dann haben wir Verständnisschwierigkeiten. Je mehr solcher Begriffe uns aber begegnen, desto weniger verstehen wir. Die Folge ist, dass uns der Text oder der Lernstoff trocken, schwierig oder auch langweilig erscheint. Bekommen wir dagegen eine Information, die wir mit bereits vorhandenen Bildern verknüpfen können, geschieht genau das Gegenteil: Wir erweitern unser Wissen, finden die Information interessant und speichern sie.

Neben dem mit dem Brennnesselbeispiel dokumentierten „natürlichen Lernen" kennen wir alle das „Schul-Lernen", wo uns erklärt wurde, dass allein durch Wiederholung etwas dauerhaft im Gedächtnis bliebe. Denken wir nur an die Vokabeln in den Fremdsprachen! Wie oft haben wir sie wiederholt und später trotzdem nicht gekonnt? Woran liegt das?

Die Informationen, die ohne echtes, „brennendes" Interesse aufgenommen werden, landen im Kurzzeitgedächtnis. Erscheinen sie dort nur einmal, werden sie schnell als unwichtig abgetan und vergessen. Durch Wiederholung bekommen sie größere Wichtigkeit und wandern schließlich ins Langzeitgedächtnis.

Dass das Lernen in der Schule oft so frustrierend ist, hängt vor allem mit der Art der Wissensvermittlung zusammen. Schule und Ausbildung trainieren vor allem die linke Gehirnhälfte durch Rechnen, Buchstabieren, Lesen, Schreiben. Die rechte Hälfte – und damit die Vorstellungskraft – wird kaum trainiert.

Die Lehrerausbildung muss sich ändern

Damit ist klar, dass eine weitere Voraussetzung für die Bereitschaft zu lebenslangem Lernen deutliche Veränderungen in der Lehrerausbildung und in der Fortbildung sein müssen, auf die ich hier jedoch nicht näher eingehen möchte. Lehrerbildung muss Wege aufzeigen, wie Lernende zu Aktivität und Eigenverantwortung motiviert werden, und wie neues Wissen mit bestehendem in Theorie und Praxis verknüpft wird.

Mit den Unterrichtsmethoden des 19. Jahrhunderts (Humboldt) werden wir jedenfalls nicht die Lernenden im 21. Jahrhundert ausbilden können. Es ist völlig klar, dass die Schulen und Hochschulen nicht die Defizite der Gesellschaft ausgleichen können, aber sie müssen sich öffnen für eine bessere, partnerschaftliche Zusammenarbeit, die den veränderten Voraussetzungen und Zielen gerecht wird. Viel zu lange wurden im Bildungsbereich die Entwicklungen unserer Gesellschaft und unserer Welt ignoriert. Die Konsequenzen bekommen wir bereits durch Mangel an Fachkräften zu spüren.

Gesellschaftliche Veränderungen müssen bedacht werden

Vieles, was Kinder früher selbstverständlich in der Familie, im Geschwisterkreis lernten, kann angesichts der zerfallenden Familienstrukturen nicht mehr vorausgesetzt werden. Ein gutes Beispiel für die Wichtigkeit dieses familiären Lernens finden wir in 5. Mose, Kapitel 4 und 6: Die Eltern werden beauftragt, ihre Kinder im Wort Gottes zu unterweisen. Damit haben die Juden durch die Jahrhunderte in der Zerstreuung überlebt.

Schule und Weiterbildung werden Funktionen übernehmen müssen, die nicht primär mit Lernen im Sinne von Wissensvermittlung zu tun haben, die aber doch lebensnotwendige Lernprozesse umfassen. Das betrifft vor allem das soziale Lernen, den ganzen Bereich der Kommunikation und der zwischenmenschlichen Beziehungen, die Offenheit für andere Menschen und den Respekt vor fremdem Eigentum.

Wie aber ist *unsere* Einstellung zu Lernen und Weiterbildung? Erkennen wir die Notwendigkeit an?

2. Wie setzen wir das im Alltag um?

Es gibt verschiedene Möglichkeiten des Lernens und der Fortbildung. Entscheidend ist, dass jeder herausfindet, welche Methoden seinen Begabungen entsprechen und dass er seinen persönlichen Lernrhythmus findet. Zunächst ein paar ganz einfache Grundregeln:

a) Arbeitsplatz
- Es kann hilfreich sein, bestimmte Arbeiten immer am selben Platz zu erledigen, d. h. im Sinne einer „Konditionierung" die erhöhte Lernbereitschaft an diesem Platz zu nutzen. Hier müssen die äußeren Bedingungen stimmen: richtiges Licht, wenig Ablenkung, möglichst viel Anregung.

b) Arbeitsplanung
- Sinnvolle Arbeitsplanung: Überblick verschaffen; eigene Arbeitsleistung einschätzen; Zeitreserven und Pausen einplanen. Wenn man deutlich mehr Zeit einplant, als man wahrscheinlich braucht, kann man ohne Hektik erfolgreich lernen.

- Mithilfe eines Zeitplaners, eines Wochenplanes oder eines individuellen Planungsinstrumentes kann man den Lernstoff so aufteilen, dass er überschaubar bleibt und zu bewältigen ist.
- Erfolg motiviert! Größere Aufgaben sollten in kleinere Abschnitte geteilt werden, deren Bearbeitung jeweils ein Erfolgserlebnis garantiert und zum Weiterarbeiten motiviert.

c) Persönlicher Arbeitsstil
- Es ist wichtig zu wissen, zu welchem Grundlerntyp man gehört: visuell, auditiv oder kommunikativ? Am nachhaltigsten wird Lernstoff über mehrere „Kanäle" im Gedächtnis haften bleiben, z. B. schreiben, laut lesen, vom Tonband hören und mit anderen darüber reden.
- Wann haben Sie Ihr Leistungshoch, wann Ihr Leistungstief?
- Welche Hilfsmittel benutzen Sie gerne (z. B. eine Lernkartei, Mind Maps, Tonband oder PC)?

d) Konzentration
- Störungen sind hinderlich. Alles, was Sie gleichzeitig mit dem Lernen gefühlsmäßig in Anspruch nimmt, kann „Lernhemmungen" erzeugen und lenkt ab. Vor dem Lernen sollten nach Möglichkeit diese Hindernisse geklärt werden, damit der Kopf frei ist.
- Ausreichend Schlaf, richtige Ernährung, sinnvolle Freizeitgestaltung und Bewegung spielen eine wichtige Rolle. Konzentration ist aber auch Trainingssache und muss geübt werden.
- Leistung heißt auch: Arbeit unter Zeitvorgabe. Deshalb ist es hilfreich, sich für ein bestimmtes Pensum auch eine Zeit zu setzen, in der es erledigt sein soll. Anfangs mit einer Uhr geübt, entwickelt sich daraus ein Zeitgefühl, sodass Sie bald die Uhr nicht mehr brauchen.
- Geben Sie dem Stress keine Chance! Arbeitsüberlastung, Hetze und Zeitdruck umgeben uns überall. Negative Aussagen wie „Das schaffe ich nie!" wirken nur lähmend. Im Vertrauen auf Gottes Hilfe können Sie die Aufgaben mutig anpacken, sich sinnvolle Etappenziele stecken und so die Anforderungen bewältigen. Hier muss jeder seinen individuellen Weg finden.

e) Lernerleichterungen

- Lesen bzw. „Schnell-Lesen" lässt sich üben und kann viel Zeit sparen, wenn man den Inhalt eines Textes erfassen will.
- Eselsbrücken und Merkverse eignen sich gut als Gedächtnishilfen (z. B. „333 bei Issos Keilerei").

  Als Beispiel für gehirngerechtes Lernen soll uns das 1x9 dienen. Viele meinen, man könne mit den Fingern nur bis 10 rechnen. Das folgende Beispiel (nach Birkenbihl 1999, S. 78ff.) zeigt jedoch eine weitergehende Rechnung.

  Legen Sie einmal beide Hände vor sich auf den Tisch. Nun stellen Sie sich eine Aufgabe aus dem 1x9, z. B. 3x9. Sie zählen von links an ab und knicken den 3. Finger für die 3 ab. Nun lesen Sie das Ergebnis ab: Links vom abgeknickten Finger sehen Sie die erste Ziffer des Ergebnisses, also 2 (Finger), rechts lesen Sie die zweite Ziffer an der Zahl der Finger ab, also 7. Hintereinander gesetzt heißt das Ergebnis also: 27, wie es auch die Abbildung zeigt.

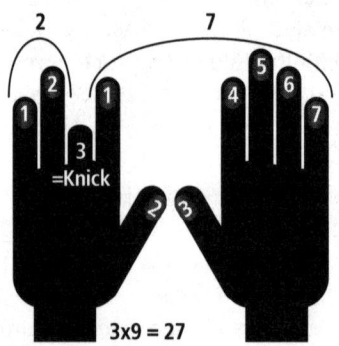

- Des Weiteren können Sie Ihr Gedächtnis trainieren durch vielerlei Spiele wie „Stadt, Land, Fluss", durch Memory, Merkspiele und Scrabble. Auch das Auswendiglernen von Bibelversen oder Gedichten ist ein gutes und noch dazu sehr aufbauendes Training.
- Deutlich erweitert werden unsere Lernmöglichkeiten durch die neuen Medien. Auch hier gilt, dass jeder selbst herausfinden muss, was ihn beim Lernen unterstützt.

3. Ziele und Konsequenzen

Weiterbildung muss jederzeit möglich sein
Ein wichtiges Kriterium für die Verwirklichung von lebenslangem Lernen ist die Möglichkeit der nahtlosen Weiterbildung, d. h. auch bereits eingeschlagene Ausbildungswege müssen korrigierbar sein nach der Maxime „kein Abschluss ohne Anschluss". Die Abschlüsse müssen vergleichbar sein, innerhalb Deutschlands zunächst, aber auch innerhalb Europas. Ebenso muss der Wechsel zwischen staatlichen und privaten Bildungseinrichtungen in gegenseitiger Anerkennung möglich sein.

Die Möglichkeiten der neuen Medien müssen sinnvoll genutzt werden
Den neuen Medien kommt sicherlich große Bedeutung zu. Die technische Innovation revolutioniert auch den Bildungsbereich. Wir dürfen den Anschluss nicht verpassen! Voraussetzung für einen verantwortlichen Umgang ist jedoch, dass der sinnvolle Gebrauch der mit den neuen Medien verbundenen Möglichkeiten von klein auf eingeübt wird. Wie in allen Bereichen kann auch hier nur eine solide ethische Grundeinstellung der Lehrenden und Lernenden vor Missbrauch schützen. In diesem Zusammenhang sind auch die entsprechenden Gesetze zu überprüfen. Journalisten, Redakteure und Politiker sind ebenso verantwortlich wie Eltern und Erzieher. Die Untersuchungen des Militärpsychologen Dave Grossman (Grossman 1999; vgl. auch Landeselternvereinigung 2000, gelbe Mittelseiten) zeigen, dass Missbrauch der neuen Medien katastrophale Folgen haben kann. Er hat nachgewiesen, dass die gleichen Konditionierungsschemata, die man zur Überwindung der Tötungshemmung bei Soldaten anwendet, auch in Videospielen verwandt werden. Er sieht einen deutlichen Zusammenhang zwischen einigen Spielen und dem fürchterlichen Amoklauf in Littleton.

Lernen und Weiterbildung bewirken Verantwortung
Mit unserem Wissen und unserer Ausbildung wächst auch die Verantwortung für unsere Gesellschaft. Jeder kann seinen Begabungen und Möglichkeiten entsprechend etwas zum Gelingen beitragen.
Unsere Gesellschaft kann nur funktionieren, wenn jeder von uns in

dem ihm möglichen Umfang Verantwortung übernimmt. Das bedeutet zunächst: für sein eigenes Leben und für seine Familie. Dann aber auch für seine Umgebung und für die Gesellschaft. Darüber hinaus haben wir sogar Verantwortung für globale Zusammenhänge, z. B. wie wir mit Natur und Umwelt, mit Menschen und Ressourcen umgehen.

Jeder von uns, der sich über seine eigenen Interessen hinaus schon für die Belange anderer Menschen eingesetzt hat, wird bestätigen können, dass er bei diesem Engagement nicht nur der Gebende, sondern oft auch der Empfangende war. Selbst wenn ein solcher Einsatz einige Anstrengung und den Einsatz von Zeit und Geld erforderte, waren wir hinterher froh und oft motiviert zu weiterer Aktivität.

Warum? Weil wir erleben, dass wir durch solche selbstauferlegten Herausforderungen kompetenter werden. Wir erfahren vieles, was wir sonst nicht wüssten, wir „lernen" durch Vorbereitung und Durchführung und erleben im Erfolgsfall eine Befriedigung, ohne die wir deutlich ärmer wären. Wenn also unser Thema „Zukunft gewinnen" heißt im Rahmen des Kongressthemas „Mit Werten in Führung gehen", dann ist auch lebenslanges Lernen in diesem Kontext zu sehen: Zunächst dient es uns selbst und ist unabdingbare Voraussetzung für unsere persönliche Zukunft. Daneben aber dient es unserer gesamten Gesellschaft, wenn möglichst viele Menschen ihr Lernpotenzial nutzen und sich als Persönlichkeiten weiterbilden. „Gebildet" ist dann nicht mehr der, der am allermeisten weiß, sondern derjenige, dem es gelingt, das ihm von Gott gesteckte Lebensziel zu erreichen, indem er alle seine Begabungen und Möglichkeiten optimal nutzt.

Zusammenfassend lässt sich also sagen, dass bei aller notwendigen Betonung von lebenslangem Lernen, von Leistung, Qualität und Qualifikation gerade im Bereich von Schule und Ausbildung die ganze Persönlichkeit des einzelnen Menschen gesehen und gefördert werden muss. Wettbewerbssteigerung ist nur dann auf Dauer erfolgreich, wenn auch ein „moralischer" Wettbewerb stattfindet und so die gewonnenen Vorteile wieder zum Wohl der ganzen Gesellschaft eingesetzt werden. Ist das nicht der Fall, führt der Wettbewerb zu verstärktem Karrierestreben, wobei die zwischenmenschlichen Beziehungen in Betrieben und Familien verkümmern. „Lebenslanges Lernen" ist also eine ganzheitliche gesellschaftliche Aufgabe, die

nicht alleine von Eltern, Schulen, Universitäten oder Ausbildungs-
stätten geleistet werden kann. Hier muss der vom früheren
Bundespräsidenten Roman Herzog geforderte „Ruck" durch unsere
Gesellschaft gehen! Er hat auch gesagt: „Wir brauchen in der
Wissensgesellschaft insgesamt nicht mehr zu lernen – aber wir
müssen das Richtige lernen."

Persönlich bin ich überzeugt, dass die Botschaft der Bibel in einer
zeitgemäßen Umsetzung in Verbindung mit gelebtem Glauben an
Jesus Christus die beste Basis zur Bewältigung der Zukunft ist. Die
Zusage Jesu: „Ich bin bei euch alle Tage bis an der Welt Ende"
befähigt uns, nicht nur eigene, sondern auch gesellschaftliche
Probleme mutig anzupacken und zu lösen.

Zitierte Literatur

Vera F. Birkenbihl: Das „neue" Stroh im Kopf, 36. Auflage. – Offenbach:
Gabal-Verlag 2000.

Vera F. Birkenbihl: Stichwort Schule: Trotz Schule lernen!. Landsberg: mvg-
Verlag 1999.

Dave Grossman: Stop Teaching our Kids to Kill, New York: Random House
1999.

Landeselternvereinigung der Gymnasien in Bayern: Infoheft 1/2000.
München 2000.

Thekla Schillo: Was bleibt vom Abitur? – München, Diplomarbeit der LMU
1998.

Weitere Literaturtipps

G. Beyer: So lernen Schüler leichter. Düsseldorf: Econ Tb-Verlag 1986.

R. Geißelhart und C. Burkart: Gedächtnis-Power. Offenbach: Gabal-Verlag
1997.

B. Meister Vitale: Lernen kann phantastisch sein: kinderleicht, kindgerecht,
kreativ. Offenbach: Gabal-Verlag 1997.

I. Svantesson: Mind Mapping und Gedächtnistraining. Offenbach: Gabal-
Verlag 1997.

Werner Then

Der Mitarbeiter als Mitunternehmer – eine neue Kulturstufe der Arbeit

Mit den Bereichsvorständen für Personal der Deutschen Lufthansa und der Deutschen Bank habe ich vor knapp zwei Jahren die Initiative „Selbst-GmbH" ins Leben gerufen, weil unsere Volkswirtschaft und das System Arbeit zunehmend im globalen Wettbewerb stehen. Jeder Beschäftigte sollte sein Geistpotenzial zum Erfolg des Unternehmens einbringen, so wie er auch durch ständiges Lernen seine Beschäftigungschancen und -sicherheit eigenverantwortlich erhalten muss. In diesem Netzwerk Selbst-GmbH arbeiten jetzt 120 Personen aus unterschiedlichen Branchen und Betriebsgrößen zusammen.

Das Anliegen ist die Mobilisierung des gesunden Menschenverstandes und die Aktivierung von Eigenverantwortung. Wir sollten unseren Mitarbeitern mehr zutrauen und eine interne VW-Aktion in allen Betrieben als Anregung nachmachen: „Das Mitdenken während der Arbeitszeit ist ausdrücklich erlaubt."

Wir entwickeln uns gegenwärtig zu einer Wissensgesellschaft. Deshalb ein Hinweis auf die Explosion des Wissens und seine schnellen technologischen Anwendungen: Napoleon brauchte, um von Paris nach Rom zu kommen, die gleiche Zeit wie Caesar. Dazwischen liegen 1.800 Jahre. Hier tat sich fast nichts. Bereits hundert Jahre nach Napoleon überquerte das erste Flugzeug den Ärmelkanal, sechzig Jahre darauf landeten die Menschen auf dem Mond. Unser Wissen verdoppelt sich inzwischen etwa alle vier bis fünf Jahre. Nach Angaben der Siemens AG gibt es jede vierte Minute eine neue medizinische Entdeckung, jede dritte Minute neue physikalische Erkenntnisse und jede Minute eine neue chemische Formel. Die für den Laien unvorstellbare und noch zunehmende Speicherfähigkeit eines Mikrochips zeigt die gegenwärtige Geschwindigkeit von Neuerungen. Die Herstellung eines Mobiltelefons benötigte vor kurzem 15 Arbeitsstunden, heute 15 Minuten. Jetzt können wir in Minutenschnelle rund um den Globus Angebote und Preise einholen. Niemand kann sich diesem schnellen und tief greifenden Wandel entziehen.

Die gegebenen politischen Bedingungen und das alte System Arbeit passen hierzu nicht länger. Die in Deutschland gültigen 68.000 Gesetze und Verordnungen – mehr als in unseren Nachbarländern zusammen – wirken eindeutig kontraproduktiv. Die Frage ist deshalb: Wie können wir Mitarbeiter im Unternehmen dazu gewinnen, mehr Eigenverantwortung wahrzunehmen und die Führenden herauszufordern, mehr Gestaltungsfreiräume anzubieten?

1. Das alte System Arbeit ist überholt

Das alte System Arbeit huldigte der Ideologie der Arbeitsplatzsicherheit, die es nicht geben kann. Jahrzehnte während Dienstzeiten wurden bisher gefeiert. Die Arbeitnehmer waren auf Dienst nach Vorschrift getrimmt und glaubten zu lange, dass „die da oben" es schon richten und für Aufträge und Innovation sorgen. Man gewöhnte sich an fast schon militärische Ordnung hinsichtlich Organisation, Arbeitszeit oder Führung. Feste Regeln, eine Weisungskultur und zahlreiche betriebliche Vorgaben führten dazu, dass mehr als die Hälfte unserer Mitarbeiter einem „Dienst nach Vorschrift" huldigt und sich damit innerlich von der Verantwortung und ihrer Arbeit selbst distanziert. Arbeitsprozesse wurden am Reißbrett konstruiert. Ein autoritärer Führungsstil mit Weisungskultur nach „Gutsherrenart" tat ein Übriges. Die Vorgaben erstickten das Geistpotenzial und die kreativen Fähigkeiten, die in jedem Mitarbeiter stecken. So kommen nur zwischen zwanzig und dreißig Prozent des Geistpotenzials der Menschen im Unternehmen überhaupt zur Geltung.

70 Prozent unserer Mitarbeiter arbeiten unter Ängsten. Der so entstehende Schaden wird nach Wolfgang Stiegmann, einem Wissenschaftler aus Köln, mit 100 Milliarden jährlich beziffert.

2. Die Evolution zu einem neuen System Arbeit ist sichtbar

Modern geführte Unternehmen lassen ihre Mitarbeiter mehr und mehr Träger der Gestaltungs- und Wandlungsprozesse sein. Beschäftigungssicherheit durch ständige Weiterbildung ist die Prämisse für das neue System Arbeit. Der Unternehmensprozess wird nicht mehr am „Reißbrett konstruiert", sondern der Organismus Betrieb entwickelt sich in einem offenen, von allen beeinflussten Prozess mit höchster Anpassungsfähigkeit. Bewegliche Betriebszeiten, flexible Arbeitszeiten, innovative Lohnsysteme und selbststeuernde Arbeitsgruppen sind erste Signale. Immer mehr Menschen dürfen für sich selbst handeln. Es gibt weniger Vorgaben, man stellt Aufgaben und fordert damit zur Eigenverantwortung heraus. Mitarbeiter werden Unternehmer für die eigene Arbeit, sozusagen eine „Selbst-GmbH". Sie dürfen ihre Kreativität, ihr Geistpotenzial und ihre unternehmerischen Fähigkeiten voll entfalten. Dies führt in den Unternehmen zu mehr Anpassungsfähigkeit und Innovationen und damit zur Verbesserung ihrer Wettbewerbsfähigkeit, Erhöhung der Gewinne, aber auch zu mehr Beschäftigungschancen. Dabei lernen die „Unternehmer für die eigene Arbeit" Mitverantwortung für den Erfolg des Unternehmens zu tragen.

Jeder muss jedoch die Verantwortung für seine eigene Arbeitsmarktfitness, also Beschäftigungsfähigkeit oder Employability tragen. Durch ständige Weiterbildung und wachsendes Selbstbewusstsein reduziert sich die Angst vor neuen beruflichen Aufgaben oder dem Wechsel in andere Betriebe. Die Arbeitsgesetzgebung, die Tarifpolitik, aber auch unsere Arbeits- und Sozialgerichtsbarkeit wird dem neuen System Arbeit und der neuen Stellung der Mitarbeiter als „Unternehmer für die eigene Arbeit" im Sinne einer „Selbst-GmbH" Rechnung tragen müssen. Entmündigende Reglementierungen bis ins Detail werden auch im Arbeitsalltag ein Ende finden. Es werden nur noch die Rahmenbedingungen geregelt. Deshalb sind Öffnungsklauseln, z. B. im Tarifsystem, unabdingbar.

Nach dem Subsidiaritätsprinzip können die Betriebsparteien dann größere Freiräume im Interesse der Menschen und der Unternehmen gestalten. Wir werden eine Individualisierung der Arbeitsverträge erleben, normierte Vordrucke passen nicht zu der notwendigen Vielfalt.

Unsere Unternehmensführungen werden weniger führen und Macht abgeben müssen, weil sich nur so das Geistpotenzial der unternehmerischen Mitarbeiter entfalten kann. In den Unternehmen werden weniger eindeutige Arbeitsplatzstrukturen vorherrschen, sondern eher Aufgabenfelder. Alle müssen vielfältig einsetzbar sein. Die Arbeit fügt sich nicht mehr herkömmlichen starren Arbeitsplatzbeschreibungen, sondern verändert sich ständig, verliert ihren festen Standort. Laptops und Modems erleichtern die Verlagerung von Arbeit, auch in die private Wohnung in Form von Telearbeit.

3. Mehr Erfolg durch mehr Menschenwürde

In Zukunft wird die Einstellung der Führenden zum Mitarbeiter – also deren Menschenbild – und ihre Werteordnung erfolgsentscheidend sein, denn im neuen System Arbeit ist der Mensch wettbewerbsentscheidend. Er ist eine Person mit Ideenreichtum und unternehmerischen Fähigkeiten. Er ist nicht Faktor Arbeit, sondern Person.

Vor dem Hintergrund einer Dienstleistungs- und Wissensgesellschaft gewinnt das christliche Menschenbild – es ist auch die Basis unserer Verfassung – eine sinnvolle und notwendige Nähe zu ökonomischen Prinzipien. Die „Selbst-GmbH" und der Gedanke, dass jeder „Unternehmer für die eigene Arbeit" sein muss, möchte auch auf dem Hintergrund dieses Menschenbildes für mehr Freiheit, Autonomie, Souveränität und Eigenverantwortung – also grundlegende Menschenrechte – werben. Gleichzeitig wird auch zu mehr Selbstbewusstsein, Selbstvertrauen und Authentizität motiviert. Jeder muss er selbst sein dürfen. Dieses Selbst ist aber immer in Bezug auf andere Menschen und in Bezug auf die Leistungsgemeinschaft Unternehmen, den Sozialverband und dessen Sinngemeinschaft gerichtet. Das Selbst bedeutet, dass keiner fremdbestimmt sein soll, aber auch dass niemand auf sich alleine angewiesen ist. Jeder ist eingebunden in die Vielfalt des Miteinanders, gerade im Betrieb.

Der Mensch ist Ziel und Zweck der sozialen Marktwirtschaft. Seine Würde und Freiheit haben Verfassungsrang. Er ist ausgestattet nicht nur mit Wissen, Können und Erfahrung, sondern auch mit menschlicher Intuition, Erfindergabe, Unternehmungsgeist, Organisationsfähigkeit, Kooperations- und Partnerfähigkeit, Initiative, Lust am

Neuen, Entdeckerdrang und Innovationsfähigkeit. Genau dies alles brauchen wir in Zukunft nicht nur in den Betrieben, sondern auch im gesellschaftlichen Zusammenleben als Bürgergesellschaft und im Blick auf die Neugestaltung unserer sozialen Sicherungssysteme. Aktivieren wir zu mehr Eigenverantwortung, damit die Menschen nicht geistig verkrüppeln und ihre Fähigkeiten ersticken.

Man könnte die Leitidee der „Selbst-GmbH" mit dem Satz zusammenfassen: Mehr Erfolg durch mehr Menschenwürde! Dies ist möglich, wenn wir den Menschen mehr zutrauen und Führende weniger führen.

4. Kollektivistische Einheits- und Detailreglementierung muss ihr Ende finden

Wir müssen uns vom Bild des Industriearbeiters lösen, der nach Vorgaben arbeitet und im Normal-Arbeitsverhältnis „gefangen" ist. Die Vormünder in Politik und Tarifparteien, aber auch wir Führungspersonen im Unternehmen haben mit dem „Babysitter-Komplex" den Arbeitnehmern den Wunsch, sich eigenverantwortlich und kreativ zu entfalten, systematisch ausgetrieben. Die Überregulierung hat ein Klima der Bevormundung geschaffen, das „Selbermachen" verhindert und Eigenverantwortung sozusagen verbietet. Die Vormünder suchen eher noch mehr Regulierung und Kontrolle. Ihr kollektivistisches Menschenbild führte zu dem gefährlichen Irrtum, dass alles zentral bis ins Detail zu regeln sei. So können wir den Übergang von der Industrie- zur Dienstleistungs- und Wissensgesellschaft nicht schaffen. Wir dürfen das alte System Arbeit nicht konservieren. Wir sollten im Dialog miteinander auf eine Verständigungs- und Beteiligungsgesellschaft hinarbeiten, in der alle Mitglieder Eigenverantwortung übernehmen. Um die sozialen Belange der arbeitenden Menschen kümmern sich nicht mehr ausschließlich Arbeitgeberverbände, Gewerkschaften oder die Politik, sondern vor allem die Arbeitnehmer selbst. Sie gestalten ihre soziale Absicherung und ihr berufliches Fortkommen eigenständig. Tarifverhandlungen sollten künftig die Beschäftigungsfähigkeit einbeziehen und den persönlichen Handlungsfreiraum erweitern.

5. Es gilt, Freiheitsstrukturen zu schaffen

Unsere Misstrauens- und Weisungskultur ist ein entscheidendes Hemmniss für den Erfolg von Menschen und Unternehmen. Notwendig ist es, Routinen abzustreifen, Regeln aufzubrechen und Hierarchien zu beseitigen. Im Sinne des Subsidiaritätsprinzips müssen Gestaltungsfreiräume entwickelt werden. Das bedeutet Dezentralisierung, kleine überschaubare Einheiten, die sich selbst organisieren und steuern können. So entstehen Entscheidungsfreiheiten für die Gruppe wie für den einzelnen Mitarbeiter. Die „Selbst-GmbH" ist nicht die Mitbestimmung durch Besserwisserei, sondern verantwortungsbewusstes Handeln engagierter „Unternehmer für die eigene Arbeit". So findet selbstbestimmte Arbeit statt, die Spaß macht. Hier werden eigene Fähigkeiten entdeckt und Selbstentfaltung praktisch erfahrbar.

Durch eine neue Freiheitsstruktur und Mut machende Führung erhöhte sich die Zahl der Verbesserungsvorschläge bei Porsche von vor der Krise 5.000 jährlich auf 40.000 danach. Nachdem die Audi-Mitarbeiter das „Wie" ihrer Arbeit im Rahmen des neuen Unternehmensprozesses selbst festlegen durften, verdoppelte sich in den ersten vier Wochen der Anlaufzeit eines neuen Modells die Produktionszahl, wogegen sich die Fehlerquote halbierte. Selbst die Berliner Stadtreinigungsbetriebe haben großen Erfolg, nachdem die einzelnen Reinigungsgruppen auf Selbststeuerung und Eigenverantwortung umstellen konnten.

Es ist doch fatal, dass sich die meisten Menschen erst nach Feierabend im aufrechten Gang bewegen und das unternehmen, was sie im Unternehmen nicht unternehmen durften. Sie erbringen in der Freizeit Spitzenleistungen: beim Hausbau, im Sport, handwerklich, künstlerisch – und dies alles nach dem Lustprinzip! Das sollte uns zu denken geben.

6. Mut zur unternehmerischen Eigenverantwortung machen

Es gilt Mut zu machen, das private wie auch das Berufsleben persönlich in die Hand zu nehmen und in eigener Verantwortung zu gestalten. Jeder muss sich als Unternehmer für die eigene Arbeit und für sein eigenes Leben verstehen. Jeder optimiert seinen persönlichen Erfolg, indem er seine unternehmerischen Fähigkeiten und sein Potenzial zum Erfolg seines Beschäftigungsunternehmens, aber auch für die Ausgestaltung seines privaten Lebens und seiner sozialen Absicherung nutzt. So sieht sich ein „Selbst-GmbHler":

- Ich bin Person und habe die Fähigkeit, mich selbst weiter zu entwickeln, meine Probleme selbst zu lösen und unternehmerisch zu handeln.
- Ich bin in meinen Entscheidungen weitgehend frei und auch bereit, deren Konsequenzen zu tragen.
- Ich begegne anderen Menschen mit Respekt und Wertschätzung, fördere und fordere Unterschiedlichkeit, aber auch Ergänzung und Dialog.
- Ich verhalte mich anderen gegenüber so, dass sie in ihrer Weiterentwicklung und Entscheidungsfreiheit gefördert werden.

Gut ausgebildete mündige Wirtschaftsbürger sind – wenn wir es zulassen – bereit und in der Lage, ihre Chancen wahrzunehmen und in persönlicher Freiheit mitzugestalten. Wir müssen ihnen dafür jedoch die Beteiligung am Erfolg anbieten. Beides ist notwendig, wenn wir zu mehr Glaubwürdigkeit und zur Erneuerung der sozialen Marktwirtschaft finden wollen.

Beispiele für Felder der eigenverantwortlichen Mitgestaltung im Betrieb wären:

- Details des Arbeitsplatzes,
- Arbeitsausführung,
- Gestaltung der Ablauforganisation,
- Arbeitsvorbereitung,
- Wahl der Arbeitszeiten,
- Arbeitsverteilung in der Gruppe,
- personelle Zusammensetzung der Arbeitsgruppen,
- Verteilung von Gruppenprämien,
- Mitsprache und Bewältigung der alltäglichen Problemstellungen und Konflikte,
- Organisation von gruppeninternen Lernprozessen,
- Planung von Weiterbildungsmaßnahmen,
- Ausgestaltung und Verbesserung der Produkte,
- Beschaffung von Werkzeugen, Ausrüstungsgegenständen, Materialien und Maschinen.

Jeder „Selbst-GmbHler" ist an der Steuerung des Unternehmensprozesses beteiligt. Ein Unternehmen ist kein Uhrwerk, keine Maschine, die man konstruieren kann und die dann reibungslos funktioniert. Es ist ein lebendes System, ein Organismus, der sich ständig verändert und immer wieder Anpassung erfahren muss. Dieser immer offene Unternehmensprozess bedeutet Umgang mit einem hohen Maß an Ungewissheit. Diese ist keinesfalls im mechanistischen Sinne durch Regelung bis ins Detail zu überwinden. Alle im Betrieb tätigen Personen beeinflussen das Geschehen auf vielfältige Weise. Es gilt, hier vom Fußballspiel zu lernen. Die Spielregeln setzen Verhaltensmaßstäbe auf dem Spielfeld, an die sich alle halten müssen. Dabei werden den Spielern keinesfalls beim Spiel alle ihre Bewegungen und Spielzüge vorgeschrieben. Sie lassen viel Varietät und Gestaltungsfreiheit zu. Wenn die Mannschaft gut trainiert ist, setzt sie eigenverantwortlich und effizient das Gelernte um. Jede Erfolgschance wird genutzt. Wenn nötig wechseln die Spieler im Sinne von Selbstorganisation auch ihren ursprünglichen Platz. Nur die Spieler vor Ort können auf die jeweilige Situation in der notwendigen Geschwindigkeit reagieren. Der Trainer greift nicht in den Ablaufprozess ein. Er ist aber indirekt bei seiner Mannschaft, wessen sich die Spieler sicher sein können.

Wir wissen alle, dass sich der Verlauf eines Fußballspiels trotz vorhandener vielfältiger Erfahrungen nicht bis ins Detail im Voraus planen und festlegen lässt, und dies gilt auch weitgehend für den Unternehmensprozess.

7. Lebenslanges Lernen fördert Beschäftigungsfähigkeit

Beschäftigungssicherheit ist mehr als Arbeitsplatzsicherheit. Arbeitsplatzsicherheit ist nie zu garantieren. Das war auch bisher so. Der traditionelle Glaube an die Arbeitsplatzsicherheit muss durch eigenverantwortliche Beschäftigungssicherheit im neuen System Arbeit mit einem funktionsfähigen, offenen Arbeitsmarkt ersetzt werden. Dabei werden nicht Arbeitnehmerrechte abgebaut, sondern es geht um erweiterte Rechte wie mehr Eigenverantwortung und Freiheit der Arbeitnehmer in dem Sinne, dass sie ihre Sache selbst in die Hand nehmen. Die Unternehmen werden keinesfalls aus ihrer Verantwortung gegenüber den Mitarbeitern entlassen, sondern Loyalität wird neu definiert. Sie muss auch von „oben" nach „unten" praktiziert werden. Unternehmern wird eine höhere Verantwortlichkeit hinsichtlich der Weiterbildung ihrer Mitarbeiter zugemutet, damit sich deren Beschäftigungsfähigkeit im Betrieb wie auf dem Arbeitsmarkt erweitert.

Das Wissen und Potenzial der Mitarbeiter ist künftig von höherer Bedeutung als die Kapitalausstattung.

Wenn wir bedenken, dass das Wissen sich etwa alle vier bis fünf Jahre verdoppelt, ist eine Ausbildung sozusagen auf Vorrat im ersten Lebensabschnitt vor der Berufsarbeit – was im alten System Arbeit sicherlich sinnvoll war – überholt und absurd. Es gibt kaum noch berufliche Aufgaben, deren Inhalte langfristig unverändert bleiben. Auch die Trennung von Lernen und Berufsarbeit ist kontraproduktiv. Lernen und Arbeit müssen zusammenwachsen. Jeder muss auch „Unternehmer für die eigene Weiterbildung" werden, und alle, auch die Firmen, müssen für die „Wartung und Entfaltung der Köpfe" mehr Zeit investieren, denn Weiterbildung nutzt ja beiden Seiten. Selbst das Sozialgesetzbuch III § 2 sieht vor, dass in erster Linie der Arbeitnehmer selbst für seine Weiterbildung und Arbeitsmarktfähigkeit verantwortlich ist. Dabei darf Weiterbildung in Zukunft nicht allein dem Ziel dienen, innerhalb eines Betriebes oder einer Arbeitsgruppe multifunktional einsetzbar zu sein, sondern es gilt, sich auch für völlig neue Berufsaufgaben, selbst in anderen Betrieben, fit zu halten. Dies ist der Weg zu einer Qualifizierungsoffensive, die Beschäftigungsfähigkeit und Beschäftigungssicherheit zur Folge hat. Dabei gewinnt das „soziale Lernen" größere Bedeutung, denn Lernprozesse in der Gruppe, mit der Gruppe und durch die Gruppe sind erfahrungsgemäß am wirksamsten. Sie verkürzen die Zeitspanne zwischen Lernvorgang und Umsetzung. Jobrotation ist eine weitere Alternative, um Wissen, Können und Erfahrung zu erweitern. Zur Gesunderhaltung gehen wir in Kur – jetzt gilt es, auch „Kuren zur Pflege des Kopfes" einzuplanen und dafür Zeit einzusetzen.

8. Innovative Lohnsysteme beteiligen am Erfolg

„Unternehmer für die eigene Arbeit" in einer „Selbst-GmbH" müssen als risiko- und chancenbeteiligte Partner gesehen werden. Man geht sozusagen eine gegenseitige Verpflichtung ein. Wenn wir Mitverantwortung für den Unternehmensprozess, mehr Flexibilität, mehr Weiterbildung und Engagement erwarten, müssen möglichst alle am Produktivvermögen und am Gewinn des Unternehmens beteiligt sein. Diese materielle Beteiligung entkrampft auch das Denken in Arbeitgeber- und Arbeitnehmerkategorien und führt zur neuen Verständigung, was Voraussetzung für eine Beteiligungsgesellschaft ist. Wir müssen den Mut haben, die alten Lohnpfade zu verlassen und sie stärker an die Wertschöpfung zu binden, Gewinn- und Projektlöhne zu bezahlen sowie von der Vergütung nach Arbeitszeit abzugehen.

Hunderte von mittelständischen Unternehmen beteiligen ihre Mitarbeiter längst und machen dabei höhere Gewinne: „Seit ich Geld abgebe, ist der Gewinn in die Höhe gegangen", ist die Erfahrung von Unternehmern.

Ein innovatives Lohnsystem müsste vier Komponenten enthalten:

- Den Grundlohn (Basislohn, wie tarifvertraglich geregelt),
- eine variable Wertschöpfungskomponente oder Gruppenprämie,
- flexible, tarifliche wie betriebliche freiwillige Sozialleistungen als erfolgsabhängige Sonderzahlungen,
- eine Gewinnlohnkomponente, auch zur Beteiligung am Produktivvermögen bzw. dem Aufbau einer Altersvorsorge.

Die notwendige Flexibilität im Lohnsystem nach unten wie nach oben schaffen die beiden letztgenannten Komponenten, die sich in schwierigen Phasen reduzieren oder wegfallen, andererseits im Erfolgsfall steigen. Bei Dunlop in Hanau gibt es bereits drei erfolgsorientierte Lohnkomponenten. Im Tarifvertrag Chemie wurden Öffnungsklauseln eingeführt, die vermögenswirksame Leistungen und das Urlaubsgeld durch eine Erfolgsbeteiligung ersetzen. Wenn kein positives Gesamtergebnis erreicht wird, verbleibt ein Sockelbetrag.

9. Ein neues Verständnis von Führung sichert den Erfolg und fördert die Eigenverantwortung

Mündige Wirtschaftsbürger können heute nicht länger hierarchisch, patriarchalisch oder nach Gutsherrenart geführt werden. Eine neue Führungskultur im Sinne von dialogisch-partnerschaftlicher Führung, nicht nach Befehl und Gehorsam, wird jetzt unabdingbar. Eine wertschätzende und zutrauende Führung wird Wettbewerbsbedingung, weil sie das Geistpotenzial freisetzt.

Eigentlich brauchen wir eine Revolution unserer Führungs- und Organisationskonzepte. Jedes Subsystem, jede Abteilung enthält ein hohes Maß an Gestaltungs- und Veränderungskompetenz. Die damit verbundene Selbstentmachtung der Führenden zahlt sich für alle aus, weil sich die Wirtschaftlichkeit verbessert. Jeder Führende muss begreifen, dass es nicht nur eine beste Lösung, sondern mehrere beste Lösungen gibt. Nicht „entweder-oder", sondern „sowohl-als-auch" heißt das neue Handlungsmodell. Die Führungspersonen müssen begreifen, dass jeder sowohl Mitarbeiter als auch in gewissem Maße Führungsperson in unterschiedlich ausgeprägter Form ist. Sie müssen erkennen, dass Führung ein kreativer Prozess ist, in dem Mitarbeiter und Führung gemeinsam ergebnisorientiert arbeiten und lernen. Dieser Prozess ist ein Geben und Nehmen.

Auf der Basis von gegenseitigem Respekt und Wertschätzung ist es die Aufgabe der Führenden, Individualität zu integrieren. Konfliktfähigkeit und -bereitschaft wie Vertrauen und Zutrauen sind dabei unabdingbar. Dies verändert die Beziehung zu den Mitarbeitern. Der Führende muss loslassen können und ertragen, dass sie Ideen haben und Ergebnisverantwortung tragen können. Psychosoziale und emotionale Kompetenz werden unabdingbar, Begleitung und Beratung zur Kernaufgabe. Ein angemessener Umgang mit Fehlern und Irrtümern muss aus betriebswirtschaftlichen Gründen entwickelt werden. Fehler zu machen heißt lernen, und in vielen steckt der Ansatz für Innovationen oder der Anstoß für Weiterbildungsmaßnahmen und besserer Kommunikation. Fehler und Irrtümer ohne Ängste begehen zu können, fördert die Risikobereitschaft und die Experimentierfreude. Im BMW-Werk Regensburg wurden nicht nur Verbesserungsvorschläge, sondern auch der Flop des Monats finanziell honoriert, um Risikobereitschaft und Experimentierfreude zu fördern.

Ein von Dialog und Partnerschaft gekennzeichnetes Unternehmer-Unternehmen ist eine Vertrauensorganisation, die geprägt ist von:

- offener Information anstelle von Geheimnistuerei,
- Freiräumen anstelle von Zwängen,
- Mut machen statt Angst erzeugen,
- Kontrolle als Hilfe statt Überwachung,
- Führung als Dienstleistung anstelle von Machtausübung,
- dialogische Gesprächsbereitschaft anstelle einseitiger Vorgaben,
- Vertrauen statt Misstrauen,
- Toleranz bei Fehler und Irrtum statt Suche nach Schuldigen.

Lassen Sie uns der Würde und Freiheit des Menschen mehr Beachtung schenken, wir sind es unserer eigenen Würde schuldig. Es ist der Weg zur Bürger- und Beteiligungsgesellschaft.

MUT ZUR VERANTWORTUNG

Volker Diehl

Verantwortung tragen – Aspekte aus Sicht eines Arztes

Es ist ein starker Kontrast: Wer ohne Orientierung ist, läuft Gefahr zurückzubleiben, zu verlieren oder gar verloren zu gehen. Wer andererseits Orientierung hat, kann zu den Siegern gehören und bereit werden, Verantwortung und Leitung für andere Menschen zu übernehmen. Verantwortung heißt: jemandem Antwort geben und sich rückbeziehen auf eine Instanz, die außerhalb von mir selbst ist, die größer ist als ich.

Dieser Kongress, wo wir uns als Christen treffen, ist wie ein geschützter Raum. Im Alltag herrscht hingegen eine Art „Frontsituation". Dort müssen wir uns als Christen mehr exponieren, „outen", also deutlicher als Christen zu erkennen geben: Besonders in einer Welt der Singles und der autonomen Bürger, deren Ziele Genuss und Gewinn sind und bei denen das Prinzip „Lass mich in Ruhe" gilt.

Meine eigene Situation ist schnell beschrieben: Ich bin Arzt, Wissenschaftler, Hochschullehrer, Chef einer großen Universitätsklinik mit vielen schwer kranken Krebs- und AIDS-Patienten. Ich bin fast täglich vom Sterben umgeben.

Die Aufgaben des Arztes sind bekannt: Diagnose stellen, eine Therapie finden, eine Prognose geben. Als jemand, der tagtäglich Umgang mit Menschen in existenziellen Krisensituationen hat, weiß ich, dass sich bei Menschen, die mit der Diagnose Krebs oder AIDS konfrontiert sind, alle Werte und Prioritäten ändern und verschieben. Statistisch erkrankt jeder vierte Europäer an Krebs, und jeder Fünfte wird daran sterben.

Die Diagnose Krebs bedeutet ein Schockerlebnis für den Patienten, sie ist weniger eine wissenschaftliche Wahrheit für den Patienten, sondern vielmehr eine existenzielle, d. h. sie hat performativen Charakter. Mit anderen Worten: Sein Leben wird nach dieser Diagnose nie wieder so sein, wie es vorher war.

Der Arzt ist in dieser Situation gefordert – als kompetenter Spezialist, als weiser, verstehender Mensch und als Navigator oder Lotse durch die schwierigen Phasen der physischen und psychosozialen Rückwirkungen, die die Mitteilung der Diagnose und die extrem toxische Therapie auslösen. Die Möglichkeiten der Therapie sind im besten Fall Heilung, häufig jedoch nur Palliation, d. h. Linderung der Beschwerden, aber nicht Lebensverlängerung. Oft jedoch ist das schnelle Fortschreiten des Tumors nicht zu verhindern – das bedeutet den baldigen Tod.

Die Verantwortung und Herausforderung für mich als Arzt besteht in folgenden drei Aspekten:

1. Erarbeiten von Kompetenz als Krebsspezialist mit höchsten wissenschaftlichen Kenntnissen,
2. verständnisvolle und einfühlsame Führung des Patienten und der Angehörigen,
3. Anleitung, Ausbildung und Führung der jungen Ärzte und des Pflegepersonals.

Aus meiner Erfahrung heraus lassen sich vier unterschiedliche Ärztetypen voneinander abgrenzen:

1. Reine Wissenschaftler ohne menschliches Engagement,
2. Technokraten und Manager der Apparatemedizin,
3. „Hilflose Helfer",
4. Gute Ärzte als „barmherzige Samariter" mit einem Auftrag von Gott.

Die möglichen negativen Folgen in der Übernahme der Verantwortung als Krebsarzt sind jedoch offensichtlich: Sie können sein

- Versagen,
- Überforderung,
- „Burn Out",
- Depressiver Rückzug,
- Flucht in die Sucht.

Jedoch bieten sich meiner Meinung nach auch Auswege und Lösungsversuche an:

- Enge Verbindung zu Jesus,
- Höchste Selbstdisziplin,

242 Mit Werten in Führung gehen

- „Charisma" des Nein-sagen-Könnens,
- Geistliche Hygiene in Form von Seelsorge und Beichte,
- Christliche Gemeinschaft.

Und da ich selbst mit diesen Punkten gute Erfahrungen gemacht habe, möchte ich Ihnen dazu Mut machen, sie auch in Ihrem Leben zu beachten – welchen Beruf Sie auch immer ausüben.

Volker Kreß

Verantwortung aus kirchlicher Perspektive

Wir leben in einem säkularen Land. Das gilt nicht nur für den östlichen Bereich Deutschlands. Auch in den formal noch volkskirchlich geprägten westlichen Bundesländern hat die Kirche ihre prägende Kraft für das geistige Klima und die Grundwerte unseres Volkes verloren. Mit Werten in Führung zu gehen und in dieser Weise Verantwortung zu tragen, ist heute ein Akt bewusster Entscheidung für den christlichen Glauben und ein bewusstes Leben in und mit der Kirche.

Unabhängig von dem, was Kirche und was kirchliche Verantwortliche dennoch öffentlich zu sagen haben, ist das zuerst eine Frage der persönlichen Haltung. Ich erinnere mich an ein Zusammensein mit christlichen Unternehmern vor einigen Jahren. Es war eine große Runde. Im Verlauf des Gespräches sagte einer der Teilnehmer: „Vor wenigen Tagen hatte ich mit einem anderen Unternehmer eine harte geschäftliche Auseinandersetzung. Heute Abend entdecke ich ihn plötzlich hier unter den Teilnehmern dieser Runde. Wenn wir gewusst hätten, dass wir beide Christen sind, hätten wir möglicherweise anders miteinander verhandelt."

Ich konnte nur behutsam feststellen: Beide haben doch gewusst, dass sie je für sich Christen sind. Warum wurde das an ihrer Verhandlungsführung nicht erkennbar?

Das ist für mich die ganz praktisch entscheidende Frage: Was machen wir anders als die Welt?

Das Neue Testament gibt klare Vorgaben. Die wichtigsten Werte für Verantwortungsträger sind schnell benannt:

- Am Ende des 12. Kapitels seines Römerbriefes schreibt der Apostel Paulus im Vers 21: „Lass dich nicht vom Bösen überwinden, sondern überwinde das Böse mit Gutem." Das ist die kürzeste Zusammenfassung neutestamentlicher Ethik, die ich kenne. Diese Grundregel konfrontiert uns Menschen und jede Gesellschaft mit einem Ethos, das weit über bürgerliche Moral hinausgeht, was diese auch immer sei. Wer danach handelt, bleibt ein fairer Partner auch in härtesten Situationen.

- In Markus 10,43 sagt Christus zu seinen Jüngern: „Wer groß sein will unter euch, der soll euer Diener sein." Das ist eine Grundhaltung, mit der es jeder Arbeitgeber – aber auch jeder Arbeitnehmer – schwer hat, wenn er danach und damit lebt. Aber es ist für mich eine Grundregel menschlicher Nähe, die für jeden in Verantwortung stehenden Menschen gelten sollte.
- In Matthäus 6,24 sagt der Bergprediger: „Ihr könnt nicht Gott dienen und dem Mammon." Das ist im Blick auf die heutige harte Wirtschaftswelt, die der feinsinnige Schriftsteller Hans Cibulka einmal eine „gnadenlose Zeit" genannt hat, wohl der entscheidende Satz für grundsätzliche Verantwortungsübernahme aus und in christlicher Glaubenshaltung. Es gehört Kraft des Glaubens dazu, der Wahrheit dieses Satzes im Koordinatensystem unserer Gegenwart nachfolgen zu wollen.

Von der Kirche erwarte ich, dass sie ihren in Verantwortung stehenden Gemeindegliedern, Schwestern und Brüdern ohne unnötiges Frömmlertum die geistliche Nahrung gibt, die Menschen brauchen, um in diesem Sinne mit Werten in Führung zu gehen und Verantwortung zu tragen. Natürlich muss sich Kirche auch öffentlich zu Wort melden. Im Blick auf folgende vier Werte scheint mir das besonders nötig:

Die Achtung vor dem Recht

Wir leben in einer Zeit, in der das hohe Gut des Rechts seiner inneren Substanz beraubt ist und zu einer Art mit Raffinesse zu handhabender Technik geworden ist. Recht bekommt, wer am gewieftesten mit dem Recht umgehen kann. Das ist ein schlimmer Zustand. Recht ist keine Technik. Recht hat mit Gerechtigkeit zu tun. Gerechtigkeit ist in der Bibel ein Beziehungsgeschehen zwischen Gott und Mensch und zwischen den Menschen.

Die Ehre des bzw. der anderen

Martin Luther hat im Großen Katechismus einmal zum achten Gebot („Du sollst nicht falsch Zeugnis wider deinen Nächsten reden") geschrieben: „Über unseren eigenen Leib, über unseren ehelichen Gemahl und irdischen Besitz hinaus haben wir noch einen Schatz, nämlich die Ehre und guten Ruf, die wir nicht entbehren können. Darum will Gott des Nächsten Ansehen und Gerechtigkeit genauso wenig genommen und verkürzt sehen wie sein Geld und Gut." In einer Zeit, in der es eigentlich keine Tabus mehr gibt, bedarf diese Feststellung kaum noch einer Erläuterung.

Treue

Treue ist ein Wert, der nahezu versunken ist. Am bittersten ist das zwischen Mann und Frau der Fall. Aber das gilt nicht nur dort. Wo kann man sich noch trauen? Wo gilt noch ein einander gegebenes Wort? Die ungute Zahlungsmoral unseres Landes, die so viele kleine Unternehmer in den Ruin treibt, ist nur ein Beispiel für diese Not.

Das Alter

Altsein beginnt heute bereits in der Mitte des Lebens, in der der Mensch die ganze Härte einer rein wirtschaftlich ausgerichteten Gesellschaft erfahren muss. Sie führt ihm vor Augen, dass er eigentlich nicht mehr gebraucht wird. Das ist unmenschlich. Es entspricht nicht dem biblischen Menschenbild. Die Zeiten, in denen ein Mensch jung, flexibel und dynamisch ist, sind begrenzt. Weiße Haare sind in der Bibel ein Ausdruck von Würde. Wohl unserem Land, wenn das wieder zum Bewusstsein käme.

Dies sollte als eine kurze Anregung genügen. Die genannten Punkte haben hoffentlich deutlich gemacht, dass die christliche Auffassung davon, was es heißt, mit Werten in Führung zu gehen und dabei Verantwortung zu tragen, einigermaßen alternativ zu den gegenwärtigen Spielregeln der Geschäftswelt steht.

Joachim Loh

Verantwortung tragen – 16 Stichworte aus Unternehmersicht

1. Verantwortung ist unteilbar

Im Unternehmen sind klare Verantwortungseinheiten zu bilden. Je besser Verantwortung abgegrenzt ist, umso effizienter die Organisation, umso gesünder das Unternehmen. Jedes „Gemauschel" an Verantwortung zerstört sie. Deswegen bin ich ein Freund von Profit Centern.

2. Mit verantwortlichem Handeln lassen sich Probleme des Lebens lösen

Und das kreativ. Wenn ein Problem auftaucht – was passiert? Die Menschen schreien nach dem Staat – siehe BSE –, statt das Problem selbst in die Hand zu nehmen.

Unternehmer sind dazu da, Probleme in die Hand zu nehmen und sie zu lösen. Das ist ihre Funktion in der Gesellschaft. Probleme werden gelöst mit Ideen – und zwar neuen Ideen – und durch Kreativität.

3. Wer verantwortlich handelt, geht ein Risiko ein

Es gibt Führungskräfte in Unternehmen, die gehen ein Risiko ein beim Autofahren, Tiefseetauchen oder Bungeespringen. Was wir jedoch brauchen sind Führungskräfte, die im Unternehmen ein Risiko eingehen, indem sie Probleme, z. B. die ihrer Kunden, anpacken.

Das hier ist ein Buch für christliche Führungskräfte. Deshalb möchte ich noch ein paar Stichworte zum Thema „Arbeit" liefern, genauer: zur christlichen Auffassung von Arbeit.

4. Warum arbeite ich als Christ überhaupt?

Um Zeit für Gott, für die Gemeinde, für den Nächsten zu bekommen. Um mehr Freiraum dafür zu haben, bin ich selbstständig und arbeite nicht abhängig beschäftigt.

5. Wer arbeitet und etwas schafft, hat auch Zeit zur Ruhe
Deshalb hat Gott den Christen den Sonntag und den Juden den Sabbat geschenkt. Das haben die Heiden nicht. In unserem Land leben immer mehr Heiden. Viele von ihnen wollen auch noch sonntags arbeiten!

6. Vor Gott sind die Menschen gleichwertig
Dabei ist es egal, welche Tätigkeit sie ausüben, ob sie über tausend Menschen regieren oder vor einem Bildschirm im Bürohochhaus oder am Fließband sitzen. Volkesmeinung ist anders: Der Chef gilt immer mehr als der Mitarbeiter, der Untergebene weniger als der Vorgesetzte.

Wir haben in den letzten Jahren gelernt, dass bei Anwendung von Lean-Management diese Pyramide umgekehrt werden soll. An der Spitze steht der Bedarf des Kunden und nicht der Wunsch des Chefs im Unternehmen.

Übrigens: Bei Jesus war das schon immer so, er sagte: Liebe deinen Nächsten wie dich selbst! Der Beruf und die Berufung sind nach Gottes Willen immer auf den anderen ausgerichtet und nicht auf persönliche Karriere oder Geldverdienen.

7. Die Leitkultur des Christen speist sich aus der Bibel
Andere Werte gelten hier nicht. Und arbeiten heißt im biblischen Sinne „dienen" und nicht „verdienen".

8. Der Lohn, der Erfolg der Arbeit kommt für den Christen von Gott
Er kommt nicht aus ihm selbst heraus, obwohl Anstrengung, Ausdauer, Fleiß und Tatendrang dazugehören. Die Ehre für den Erfolg gehört immer Gott. Es steht nirgendwo in der Bibel „Ehre die Arbeit". Die Arbeit, der Beruf ist nicht der Götze. Es ist auch nicht die Arbeit, der wir dienen, sondern Gott unserem Herrn, der uns eine Fähigkeit, eine Gabe gegeben hat. Aus meiner Sicht ist deshalb – andere mögen anders denken – die Kombination von Arbeit und Beruf einerseits und Dienst in der Gemeinde oder in den Werken der Gemeinde Jesu Christi andererseits der richtige Weg. Deshalb ist Selbstständigkeit, also eine gewisse Freiheit der Zeitverwendung, sehr vorteilhaft, um Mitarbeiter Gottes zu sein.

9. Gott sieht jeden Menschen nur in seiner Gesamtheit
Für Christen ist es unmöglich, in zwei Welten zu leben, also einerseits im Beruf, in der Arbeit, in der Firma und andererseits in der Familie, in der Gemeinde. Es gilt: ganzheitlich Christ zu sein!

10. Nicht das fromme Reden, sondern die saubere Arbeit, die gute Leistung überzeugt
Der Nichtchrist betrachtet seine Arbeit und seinen Beruf in Konkurrenz zu seinem Nächsten. Hier kommt der teuflische Gedanke der Evolution, „der Stärkere siegt immer", zum Zuge. Und das führt zu Neid, zu Feindschaft, zu Mobbing, Seilschaften usw. Die Motivation des Christen ist etwas ganz anderes, nämlich Gott zu dienen in allen Bezügen des Lebens. Dann ist auch der Beruf Gottes-Dienst.

11. Wer Verantwortung trägt, soll auch Verantwortung abgeben
Junge Leute brauchen Anreize, Vorbilder, um Verantwortung zu übernehmen. Sie brauchen auch Übungsfelder dafür. Jesus ist ein gutes Beispiel für das Delegieren von Verantwortung: Er hat seine Jünger in die Welt geschickt mit einem klaren Auftrag und mit einer klaren Vollmacht.

12. Erfahrene Führungskräfte können ideale Helfer sein bei Existenzgründungen
Menschen in die Selbstständigkeit zu führen, ihnen einen Teil des Risikos zu mildern in der schwierigsten Phase – nämlich am Anfang – ist eine wirklich christliche Aufgabe.

13. Verantwortliches Handeln braucht Freiraum
In unserer modernen Gesellschaft sind wir immer stärker eingeengt durch Gesetze, Verordnungen, Regelungen. Auch zu enge Führung verhindert Eigenverantwortung. In einem Seminar, an dem ich teilnahm, fragte der Leiter die Teilnehmer: „Kennen Sie schon Ihren Nachfolger?" Sehr erstaunte Blicke waren die Reaktion. Man konnte es den Gesichtern ablesen, was hinter der Stirn vorging: Wer sägt an meinem Stuhl? Der Seminarleiter sagte dann, ohne eine Antwort abzuwarten: „Wer jetzt nicht seinen Nachfolger kennt, wird auch nicht frei für eine höhere Aufgabe." Mehr Verantwortung kann nur übernehmen, wer abgeben kann.

14. Verantwortliches Handeln braucht handlungsleitende Werte

Wer keine Werte hat, kann auch keine Verantwortung tragen. Werte fangen schon bei der Erziehung an. Da werden heute die größten Fehler gemacht. Und ebenso von unseren großen Vorbildern in Regierung, Gesellschaft und auch in der Kirche. Wenn die jungen Menschen aus der Schule, von der Uni in unsere Unternehmen kommen, bekommen sie oft erst mal einen Werteschock. Wenn es z. B. jemand mit der Wahrheit nicht so genau nimmt oder mit dem Eigentum oder mit dem Eheverhältnis des anderen, wird das in weiten Kreisen unserer Gesellschaft ja toleriert, aber im Unternehmen geht das nicht.

Wenn Kosten und Erträge passen sollen, muss der eine sich auf den anderen verlassen können. Da hört dann die Beliebigkeit der Werte auf. Leider ist es in dem Alter, in dem die jungen Leute zu uns kommen, oft zu spät, sie noch mit Werten prägend zu beeinflussen.

15. Je größer die Liberalität im Denken, umso größer ist auch die Beliebigkeit bei der Wahrnehmung von Verantwortung

Das möchte ich vor allem unseren gesetzgebenden Politikern sagen. Woher kommt denn der Ruf nach einer Leitkultur, nach handlungsleitenden Werten? Weil doch offensichtlich hier ein großer Mangel empfunden wird.

Die Leitkultur für Christen ist aus meiner Sicht die Bibel. Das christliche Menschenbild mit seiner Gleichwertigkeit vor Gott, dem Prinzip der Vergebung und der Nächstenliebe (wir mögen Menschen) ist gar nicht so schlecht. Das stellen inzwischen auch Leute fest, die sonst mit dem christlichen Glauben nichts zu tun haben.

Ein großes Problem für uns als Unternehmer und Führungskräfte ist natürlich: Wie bekommen wir die Werte in die Köpfe und dann in die Hände der Mitarbeiter hinein? Es ist ein ständiger Prozess. Jeder neue Mitarbeiter muss lernen, welche Werte im Unternehmen gelten, denn jede neue Führungskraft bringt Werte von anderswo mit. Erschwerend kommt hinzu, dass die Wertebildung für Erwachsene nicht nur im Betrieb stattfindet, sondern vor allem durch das Fernsehen. Fernsehen ersetzt inzwischen sogar die prägende Wirkung der Familie. Und Werte in die Köpfe der Mitarbeiter zu bringen, ist ein langfristiger Prozess und geht nicht nach dem Motto

„Genuss sofort". Für global agierende Unternehmen kommt noch erschwerend der Einfluss der Kulturen und Religionen hinzu.

16. Aktiven Wertewandel in Richtung christlicher Werteordnung betreiben!

Haben Sie Mut, als christliche Führungskräfte ganzheitlich christliche Werte zu vermitteln. Aber bitte nicht starr und gesetzlich, sondern in Liebe flexibel und kreativ. Unsere Mitarbeiter sind Menschen und nicht Erfüllungsgehilfen.

Mechthild Löhr

Wofür verantwortlich?

Das Wort Verantwortung wird heute nahezu inflationär genutzt und begegnet uns gerade dann häufig, wenn jemand in Wirtschaft und Politik angeblich die Verantwortung für einen Fehler übernimmt und seine Position räumen muss. Gerne sprechen Führungskräfte, wenn sie neue Aufgaben bekommen, von der „Übernahme einer neuen Verantwortung". Tatsächlich ist es jedoch ein Grundprinzip jeder menschlichen Gemeinschaft, dass es Personen gibt, die bereit sind, Verantwortung zu übernehmen, zu tragen oder auch zu teilen. Insbesondere zu jeder Führungsfunktion gehört Verantwortung für Aufgaben, Personen und Sachwerte. Dies setzt zunächst voraus, dass wir alle grundsätzlich davon ausgehen, dass es möglich ist, Verantwortung klar zuzuordnen und dass geklärt werden kann, wem gegenüber Verantwortung besteht.

Für die christlich überzeugte Führungskraft besteht sicherlich zuerst die Verantwortung vor Gott. Dies gilt nicht nur für das so genannte „Privatleben", sondern auch für das, was ich im Beruf tue. Das tägliche Business ist geprägt von der konkreten Verantwortung gegenüber dem Unternehmen, dem Arbeitgeber, den Vorgesetzten, Kollegen und auch Mitarbeitern und Geschäftspartnern, Kunden wie Lieferanten. Jeder von uns bewegt sich in einem ganzen Geflecht von Beziehungen, und die Enge und Art der Beziehung begründet den jeweiligen Grad der Verantwortung. So ist es aus christlicher Sicht unvertretbar, sein hauptsächliches Verantwortungsbewusstsein nur auf das geschäftliche Umfeld zu konzentrieren und die Interessen der Familie weitgehend auszublenden, wie dies tagtäglich geschieht. Die ganze Person ist insgesamt für ihr Leben und nicht nur für Teilbereiche verantwortlich.

Wenn wir uns fragen, wofür wir verantwortlich sind und was der Maßstab dafür ist, dann stoßen wir schnell auf zugrunde liegende Werte und Wertentscheidungen, die für uns das Maß bilden, nachdem wir uns in unserem Handeln richten. Wenn manche nur auf Karriere ausgerichtete Führungskräfte glauben, nur sich selbst gegenüber verantwortlich zu sein, negieren sie bewusst oder unbewusst damit die Werte der anderen und ihres Umfeldes und degradieren sie zu variablen Faktoren für den eigenen Erfolg. Sie koppeln ihr Verantwortungsbewusstsein ab von den notwendigen, letztlich nicht auflösbaren sozialen Verpflichtungen, die jede funktionierende Gemeinschaft, auch ein Unternehmen, prägen. Die heute vielfach zu beobachtende Ego-Kultur, die gerade von intelligenten, erfolgreichen und attraktiven Menschen als vermeintlich vorbildliches Lebensideal vermittelt wird, wirkt in die Gesellschaft insgesamt – aber auch auf die Unternehmenskultur eines einzelnen Unternehmens – auf Dauer illusionär oder sogar zerstörerisch.

Gemeinschaft lebt von Verantwortung

Keine Gemeinschaft kann auf die Bereitschaft zur Übernahme von Verantwortung verzichten. Verantwortungsbereitschaft zu zeigen und ihr auch gerecht zu werden, muss erlernt werden. Die primäre Verantwortung für diesen Lern- und Erfahrungsprozess trägt nach wie vor die Familie. Wo sollen Menschen gegenseitige Verantwortung lernen, wenn nicht dort? Hier kann jeder seine Annahme als ganze Person erfahren, unabhängig vom beruflichen Erfolg. Gleichzeitig sollte die Familie der Ort sein, in dem Erfolge und Misserfolge offen zu Tage treten dürfen. Denn nur der ehrliche Meinungsaustausch bildet auf Dauer eine tragfähige Basis. Die derzeitige Krise der Familie ist deshalb auch für Wirtschaft und Gesellschaft von großer Tragweite. Hier fällt weitgehend eine Werteerziehung aus, die auch von anderen Institutionen später kaum zu leisten ist.

So wie Familie auf wechselseitige Vertrauensbildung angewiesen ist, leben letztlich auch Unternehmen von der Entwicklung einer Vertrauenskultur, die sich zwischen Mitarbeitern, Kollegen, Kunden oder Lieferanten bildet und bewährt. Jedes Unternehmen, das nicht nur den kurzfristigen und eventuell rücksichtslos erzielten Erfolg zum Ziel hat, sondern dauerhaft am Markt bestehen will, ist auf die Einhaltung bestimmter Spielregeln und die Verbindlichkeit grundlegender Werte angewiesen. Hier kommt der Integrität der einzelnen Führungskraft – aber auch jedes anderen Mitarbeiters – herausragende Bedeutung zu.

Es wird oft unterschätzt, wie viele geschäftliche Vereinbarungen und Beziehungen ausschließlich darauf basieren, dass die Partner einander vertrauen können. Die Bedeutung des personalen Faktors –

und damit die hohe Relevanz des persönlichen Verhaltens der führenden Persönlichkeit und ihre prägende Wirkung – wird in vielen nur eng betriebswirtschaftlich vorgenommenen Unternehmensbewertungen fälschlicherweise weitgehend ausgeklammert. Dabei ist die Persönlichkeitsstruktur und das Wertesystem eines Top-Managers oder der Führungskräfte die maßgebliche Einflussgröße für die Gestaltung und Zukunft eines Unternehmens.

Das christliche Menschenbild vorleben

Nicht nur die Wirtschaft, auch die Gesellschaft braucht deshalb ein neues Bewusstsein für die Wertigkeit der einzelnen Person, da nur der Einzelne tatsächlich nachvollziehbar Verantwortung übernehmen und gestalten kann. Für jeden Christen hält das christliche Menschenbild konfessionsübergreifend die Kriterien fest, die dem ethischen Handeln Orientierung geben können.

Dass der Mensch als Geschöpf Gottes in seiner personalen Freiheit fähig ist und sogar aufgerufen ist, Verantwortung für sich und die anderen zu übernehmen, ist eine klare Botschaft des Glaubens. Als Christen sind wir gewissermaßen zur Mitgestaltung und Mitwirkung in unserer Gesellschaft verpflichtet und dürfen uns nicht in die Bequemlichkeit eines privaten Egoismus zurückziehen.

Der Trend, für Politik, Kirche und Ehrenamt immer nur die anderen zuständig und verantwortlich zu machen, muss wieder gebrochen werden. Leistungseliten und Führungskräfte sollten auch Verantwortungseliten sein. In jedem Fall wirken sie als Vorbilder. Christen dürfen sich nicht ins ruhige Privatleben ausklinken, sondern müssen sich mit den Problemen der Gesellschaft, der Entwicklung der Kirchen und der Verbesserung der Situation sozialer Randgruppen aktiv auseinander setzen. Als kompetente Führungskräfte haben sie die Chance und Aufgabe, ihren Mitarbeitern und Kollegen gegenüber Zeugnis zu geben, worin sie ihre Handlungsmaßstäbe finden und woraus sie ihre Motivation schöpfen.

Wir sind als Christen überall gefordert, wo wir stehen. Auch in der Wirtschaft, in der wir den vielen Menschen, denen wir begegnen und für die wir Verantwortung übernehmen, ein Bekenntnis unseres Glaubens im Alltag vorleben.

ALS FÜHRUNGSKRAFT DIE ZUKUNFT GESTALTEN

Paul Ch. Donders und Michaela Kast

Stärke ist kein Zufall – Entwickeln Sie Ihre Persönlichkeit!

1. Stärke – ist sie Zufall?

Schon im 1. Buch Mose heißt es: „Und Gott sprach: Lasset uns Menschen machen, ein Bild, das uns gleich sei, die da herrschen über die Fische im Meer und über die Vögel im Himmel und über das Vieh und über alle Tiere des Feldes und über alles Gewürm, das auf Erden kriecht. Und Gott schuf den Menschen zu seinem Bilde, zum Bilde Gottes schuf er sie als Mann und Frau."

Sie und ich – wir sind kein Zufall, kein Zufallsprodukt. Das glauben wir, das wissen wir auch eigentlich, aber das bedeutet auch, dass Sie nicht zufällig so begabt sind, wie Sie es sind. Gott macht keine Fehler, wenn er etwas schafft. Er macht Menschen mit einem Ziel, mit einer Aufgabe, mit einer Berufung. Jeder Mensch hat sogar drei Grundsatzberufungen.

1. Da wir nach dem Bilde Gottes geschaffen sind, sind wir – wie er – zur Kreativität berufen. Das ist so sehr in uns Menschen angelegt, dass wir krank werden, wenn wir nicht schöpferisch tätig sein können. Viele Krankheiten entstehen daraus, das der Mensch keine Aufgabe (mehr) hat, und nicht mehr weiß, was er tun kann oder tun soll.

2. Jeder Mensch ist dazu berufen, Diener zu sein! Denn Gott selbst, in dessen Bilde wir geschaffen sind, ist ein Diener. Das können wir in der gesamten Bibel nachprüfen. Ich behaupte, dass jeder Mensch auf dieser weiten Welt eine tiefe Sehnsucht in sich spürt, Diener – dienstbar – sein zu können. Nur: Das widerstrebt der gleich starken Sehnsucht, egoistisch sein zu können! Aber unsere Berufung ist, dienstbar zu sein, anderen Menschen zu helfen, zu ihrem Shalom – dem „Rundum-wohl-

Sein" zu verhelfen. Dienstbarkeit ist ein wesentlicher Teil von Gottes Charakter und unsere Berufung.

3. So wie Gott ein Herrscher ist, der Macht ausübt, sind auch wir – als in seinem Bilde geschaffene Personen – dazu berufen, Macht auszuüben. Macht ist nach Romano Guardini eine Energie und ein Bewusstsein, das diese Energie erkennt, und ein Wille, der diese Energie auf eine Sache richtet. Wenn Macht also im eigentlichen Sinne neutral ist, dann stellt sich die Frage, wer diese Macht zu welchem Zweck und mit welcher Motivation einsetzt. Trotz all der negativen Möglichkeiten, die sich daraus ergeben, sind wir berufen, Macht auszuüben. Dies zu lernen beginnt schon im Kindesalter: wir müssen zuallererst lernen, Macht über uns selbst auszuüben, uns zu beherrschen. Wer sich selbst nicht führen kann, kann auch andere nicht führen.

All diese Berufungen sind grundsätzlich da, aber es ist klar, dass wir in diese Berufungen erst hinein wachsen müssen. Und so spricht Romano Guardini in seinem Buch „Die Lebensalter" vom Leben als „Werde-Weg". Auf diesem Weg zum Schöpfer, Diener und Herrscher hat Gott uns eine große Verantwortung übertragen, die wir gerne mit dem Begriff „Kreative Selbstverantwortung" umschreiben. Wie dieses göttliche Prinzip funktioniert, können Sie im bekannten Gleichnis von den anvertrauten Talenten nachlesen (Matthäus 25,14ff.). Zusammenfassend kann man folgende Punkte festhalten:

1. Der Herr gibt einen Auftrag, zu handeln und Verwalter zu sein (Vers 14).
2. Er vertraut jeder Person Vermögen an (Vers 15a).
3. Er vertraut an nach Fähigkeit und Kraft, die er bei den Personen voraussetzt (Vers 15b).
4. Er reist ab (Vers 15c).
5. Er kommt zurück und erwartet Rechenschaft (Vers 19).
6. Er belohnt (Verse 21 und 23) und bestraft (Verse 28-30).

Gott hat einem jeden von uns einen Auftrag gegeben, der jeweils den Fähigkeiten entspricht, die Gott uns mit dem Ziel gegeben hat, sie nach Maßgabe des Auftrags einzusetzen. Wenn es Ihr Auftrag ist, eine Führungskraft zu sein, dann haben Sie auch genau das richtige „Begabungspaket" dazu mitbekommen! Andersherum kann es aber auch sein, dass Sie zwar das „richtige Paket" besitzen, aber an der

„falschen Stelle" sind! Das herauszufinden bzw. immer wieder zu prüfen, gehört zu unseren Aufgaben als Christen. Aber grundsätzlich müssen wir noch etwas sehr Wesentliches festhalten: Im Gleichnis ruft der Herr seine Verwalter. Und so sind auch wir „nur" Verwalter. Die Frage ist also: Wie können wir etwas verwalten, über das wir keinen Überblick haben?

Als eine Antwort wollen wir Sie ermutigen, sich auf die folgende Entdeckungsreise einzulassen. Ziel ist es, am Ende eine erste Übersicht erarbeitet zu haben, mit der Sie weiter arbeiten und anhand der Sie sich vielleicht auch neu ausrichten können.

Denn neben den drei Grundberufungen – Schöpfer, Diener, Herrscher – haben wir zwei wichtige Aufgaben:

1. Talente entdecken,
2. Talente entwickeln/trainieren.

So können wir wachsen – im Dienst, in der Herrschaft und in der schöpferischen Tätigkeit nach Gottes Sinn!

Wenn wir anfangen, die entdeckten Talente zu trainieren, dann sind wir im Grunde Lehrlinge. Nach einiger Zeit der Erfahrung, des Feedbacks von anderen etc. erlangen wir den Status des Gesellen. Doch hier ist es natürlich noch nicht zu Ende. Wir können danach zum Meister werden, zu einem meisterhaften Diener für den Herrn. Doch damit sind wir immer noch nicht „am Ende": Nach dem Meister kommt der Künstler. Ein Künstler ist so gut, weil ihm seine Aufgabe förmlich „in Fleisch und Blut" übergegangen ist. Er lebt seine Aufgabe.

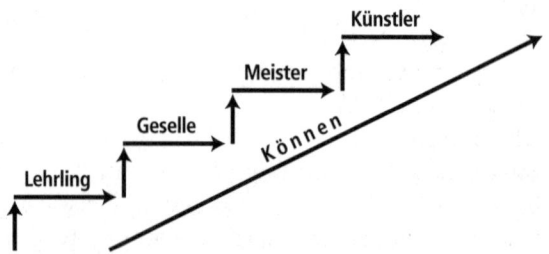

„Siehst du einen Mann, behende in seinem Geschäft, der wird Königen dienen; geringen Leuten wird er nicht dienen" (Sprüche 22,29). Hier wird nicht genauer definiert, um welche Geschäfte es geht, denn es geht einfach um das Prinzip des „Behende"-Seins. Ein

Mensch, der Künstler ist in seiner Begabung, der lebt aus, was Gott ihm gegeben hat, und den wird Gott eventuell vor Mächtigen dienen lassen, damit wir an diesen und an anderen Stellen in seinem Sinne Einfluss ausüben – auf ganze Nationen! Das können wir aber nicht „machen" – das schenkt Gott, er wird uns zur gegebenen Zeit nach seinem Willen dort einsetzen, wo er uns gebrauchen kann. Und das hat nichts mit Zufall zu tun.

Doch bevor wir den Weg zum Künstler-Sein beschreiten können, geht es im Folgenden darum, zunächst einmal die anvertrauten Talente zu entdecken.

2. Persönliche Entdeckungsreise

In diesem Abschnitt geht es um die Frage, wer ich bin und was ich kann. Solch eine Frage umfasst natürlich zahlreiche Aspekte. Im Sinne des praktischen Nutzens beschränken wir uns auf drei wesentliche Bereiche des Menschseins: Motivationsfähigkeiten, Persönlichkeit und Werte.

2.1 Motivationsfähigkeiten
Hier ist der Name Programm, denn es geht nicht nur um das, wozu wir „fähig" sind, sondern auch um Motivation. Dazu folgendes Schaubild:

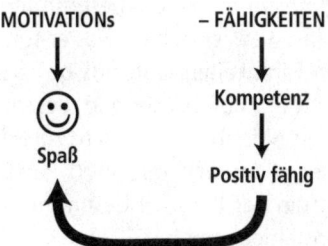

Das Wort Motivation bietet eine gute „Tarnung" für das, was sich eigentlich dahinter verbirgt: Spaß! Wenn ich motiviert bin, habe ich im Grunde Spaß. Wenn ich sage: „Also, ich bin echt motiviert!", dann klingt das aber trotzdem etwas professioneller oder auch akzeptabler als wenn ich schlicht sage: „Ich habe Spaß!"

Das Wort „Fähigkeit" hört man heute nicht mehr ganz so oft. Stattdessen leben wir im „Kompetenz-Zeitalter". Obwohl „Kompetenz" eigentlich „Zuständigkeit" bedeutet, wird es oft als Synonym für „Fähigkeit" benutzt. Nun bin ich zu zahlreichen Dingen fähig, und wir haben ja auch schon angesprochen, dass Macht neutral ist und bedeutet, meine Kraft zielgerichtet einzusetzen. Wozu, das ist eine individuelle Entscheidung, und so können wir auch unsere Fähigkeiten in alle möglichen Richtungen gebrauchen. Daher legen wir hier eine besondere Betonung auf das „im positiven Sinne fähig sein". Wozu sind Sie im positiven Sinne fähig? Was können Sie? Welche Fähigkeiten können Sie grundsätzlich einbringen, um Positives zu bewirken? Denn im Reich Gottes geht es natürlich nicht vorrangig um „Spaß". Gott möchte, dass wir in seinem Namen Gutes tun. Aber interessanterweise kommt als Folge oft Motivation und Spaß heraus. Wir können uns dann beispielsweise darüber freuen, dass etwas eine gute Wendung genommen hat auf unseren Rat hin, und wir erkennen: Gott, du bist echt gut! Das erfreut mich, das motiviert mich, das macht mir Spaß!

Die Frage ist: Wie können wir unsere Fähigkeiten positiv für Gott einsetzen? Wie möchte Gott, dass wir sie einsetzen? Zu dieser Frage heißt es in Epheser 2,10: „Denn wir sind sein Werk, geschaffen in Christus Jesus zu guten Werken, die Gott zuvor bereitet hat, dass wir darin wandeln."

Nun ist Gott das intelligenteste Wesen des gesamten Universums. Und wenn er Menschen macht mit einem bestimmten Ziel (so wie es hier beschrieben ist), dann weiß er genau, was er tut. Wenn wir also entdecken, mit welchen Fähigkeiten Gott uns geschaffen hat, dann sind wir Gottes Plänen mit uns auf der Spur! In diesem Sinne wenden wir uns nun der folgenden Aufgabe zu. Sie geht zurück auf den Amerikaner Arthur Miller, der in Studien mit 3000 Personen feststellte, dass jeder Mensch schon in der Kindheit bestimmte Anlagen zu sieben bis zehn Motivationsfähigkeiten hat.

1. Lesen Sie alle Fähigkeiten durch und markieren Sie, was Sie gut können und berücksichtigen Sie den „Spaß"-Faktor dabei. Wir sind hier ja auf der Suche nach Ihren Motivationsfähigkeiten! Ziel ist es, insgesamt sieben bis zehn solcher Motivationsfähigkeiten zu definieren. Kreuzen Sie zunächst alles an, was Ihnen Spaß macht.

Fähigkeiten (Kein Anspruch auf Vollständigkeit)

Umgang mit Menschen
1. Anleitungen folgen
2. Bedienen
3. Nachempfinden
4. Kommunizieren / Reden
5. Überzeugen
6. Verhandeln, entscheiden
7. Gründen, aufbauen
8. Behandeln
9. Beraten
10. Unterrichten
11. Leiten

Umgang mit Informationen
1. Verwalten
2. Kalkulieren/rechnen
3. Probleme lösen
4. Forschen
5. Bewerten
6. Organisieren
7. Verbessern, anpassen
8. Logisch denken
9. Planen, entwickeln
10. Strukturieren
11. Schreiben

Umgang mit Material/Maschinen
1. Gegenstände behandeln
2. Mit Erde und Natur arbeiten
3. Maschinen bedienen
4. Mit Werkzeug umgehen
5. Präzisionsarbeiten ausführen
6. Bauen
7. Malen, anstreichen
8. Reparieren
9. Arbeit mit/am Computer
10. Mit Elektronik umgehen
11. Kochen, backen

Umgang mit Kreativität
1. Vorführen, amüsieren
2. Musizieren
3. Bildhauern
4. Tanzen
5. Pantomime aufführen
6. Theater spielen
7. Zeichnen
8. Design entwerfen / gestalten
9. Dekorieren
10. Kreativ denken
11. Fotografieren

2. Nun sollten Sie sich die markierten Fähigkeiten noch einmal ansehen und – falls Sie mehr haben – sieben bis zehn in die engere Auswahl nehmen.

3. Bringen Sie diese sieben bis zehn Fähigkeiten in eine Reihenfolge und tragen Sie diese in die Abbildung auf der letzten Seite dieses Kapitels unter „Motivationsfähigkeiten" ein.

2.2 Persönlichkeit

Wenn wir erkennen, welche Persönlichkeit wir haben, dann hat das positive Folgen:

1. Wir lernen uns selbst besser kennen und verstehen.
2. Wir lernen, auch andere besser zu verstehen.

So ist schon es schon allein für die bessere Verständigung untereinander sinnvoll, sich auch hier auf eine Entdeckungsreise zu begeben.

Während wir uns beim Thema „Fähigkeiten" mit dem „Was kann ich?" beschäftigen, stellt das Thema „Persönlichkeit" die Frage nach dem „Wie verhalte ich mich? Wie gehe ich an Dinge und Menschen heran?"

Jeder Mensch ist absolut einzigartig. Ein gutes Instrument, dieser Einzigartigkeit auf die Spur zu kommen, ist das DISG-Persönlichkeitsprofil von DISG-Training Deutschland (www.disg.de). Nun kann man sicherlich fragen: „Wie kann man Einzigartigkeit in einem Test herausfinden, der nur vier Typen beschreibt?"

Ganz einfach: Es mag zwar nur diese vier Grundtypen geben, aber jeder Mensch hat eine einzigartige Kombination von Verhaltenstendenzen. Niemand ist nur der eine oder andere Typ, sondern wir tragen verschiedene Tendenzen in uns. Ein weiterer Vorteil liegt darin, dass dieses Modell aufzeigen kann, wo Persönlichkeitsstärken liegen und wie das Umfeld aussieht, in dem man sich am wohlsten fühlt. Das ideale Umfeld schafft Raum, unsere Stärken möglichst optimal zu nutzen.

Was ist nun „optimal"? Wir alle wissen, dass wir nicht in allen Situationen mit allen unseren Fähigkeiten und Persönlichkeitsstärken arbeiten und leben. Das kann auch nicht das Ziel sein! Wenn Sie einen Beruf ausüben, der alle Ihre Erwartungen erfüllt, können Sie diesen Beruf „heiraten", denn dann verblassen alle anderen Lebensbereiche. Es gibt auch ein Zuviel, wir können „über-motiviert" werden.

Lassen Sie uns wieder praktisch werden. Das DISG-Modell geht davon aus, dass es zwei gegensätzliche Tendenzen beim Menschen gibt: die einen sind introvertiert – also qualitätsbewusst, eher vorsichtig, bewahrend – und die anderen sind extrovertiert – eher quantitätsorientiert, beweglich und nach Veränderung strebend, um ihre Ziele zu erreichen. Dann beschreibt das DISG-Modell noch eine weitere Tendenz: Es unterscheidet nämlich zwischen Menschen- und Aufgabenorientierung. So entstehen vier Grundtendenzen des Verhaltens:

Dominant (extrovertiert und aufgaben- orientiert)	**Initiativ** (extrovertiert und menschen- orientiert)
Gewissenhaft (introvertiert und aufgaben- orientiert)	**Stetig** (introvertiert und menschen- orientiert)

Aufgabe:

1. Markieren Sie auf Seite 250, was Sie als eigenes Verhalten wieder-erkennen. Seien sie dabei eher spontan und hören Sie auf Ihren „Bauch". Versetzen Sie sich am besten in eine bestimmte Situa-tion: Beruf, Familie, Gemeinde; denn das Verhalten kann in unterschiedlichen „Rollen" auch unterschiedlich sein.

2. Prüfen Sie anschließend die markierten Persönlichkeitsstärken. Sie haben wahrscheinlich bei einem Typ die meisten Kreuze gemacht, aber in der Regel finden sich in allen vier Bereichen Stärken. Suchen Sie sich aus diesen Stärken wieder sieben bis zehn aus – wie bei den Fähigkeiten – und übertragen Sie diese ebenfalls in die Grafik auf der letzten Seite dieses Kapitels.

3. Verfahren Sie genauso mit Ihren markierten Punkten unter „Ideale Umstände".

Nun haben Sie schon drei von vier Aspekten dieser persönlichen Entdeckungsreise hinter sich gebracht. Wenden wir uns nun dem letzten Punkt – den Werten – zu.

2.3 Die Werte

Werte sind weit schwieriger zu definieren als beispielsweise Persönlichkeit und Fähigkeiten. Werte sind komplexer und „sitzen tiefer". Meist so tief, dass wir deutlich von ihnen gesteuert werden, wir sie aber dennoch nicht leicht benennen können. Ich möchte drei Aspekte der Werte kurz beleuchten:

2.3.1 Werte sitzen „im Bauch"!

Was heißt das? Sie kennen doch sicher den Ausspruch: „Ich habe dabei so ein komisches Gefühl im Bauch." Das sagen wir meist dann,

Dominant

Stärken
- ☐ ergebnisorientiert
- ☐ entscheidungsfreudig
- ☐ liebt Herausforderungen/Abenteuer
- ☐ unabhängig
- ☐ bringt Dinge ins Rollen
- ☐ Im Team: richtungsweisender Motor
- ☐ In Führungsrolle: managt Probleme und Unruhen

Schwächen
- ☐ ungeduldig
- ☐ kontaktarm
- ☐ schlechter Zuhörer
- ☐ entscheidet evtl. vorschnell
- ☐ fügt sich schlecht in Gruppen ein
- ☐ zu hohe Anforderungen an andere
- ☐ übersieht Risiken

Ideale Umstände
- ☐ Entscheidungsfreiheit
- ☐ Herausforderungen
- ☐ Große Projekte
- ☐ Selbstständiges Arbeiten
- ☐ Möglichst wenig Kontrolle
- ☐ Möglichst wenig Detailarbeit
- ☐ Klare Ziele

Stetig

Stärken
- ☐ schafft Harmonie/Wohlfühlklima
- ☐ fügt sich gut in eine Gruppe ein
- ☐ hört gut zu
- ☐ loyal
- ☐ schafft ein stabiles Umfeld
- ☐ Im Team: harmonisiert, führt spezialisierte Arbeiten aus
- ☐ In Führungsrolle: unterstützt andere, ihre Arbeit zu tun

Schwächen
- ☐ unentschlossen
- ☐ kann schlecht Nein sagen
- ☐ zu defensiv
- ☐ scheut Auseinandersetzungen
- ☐ zu kompromissbereit
- ☐ stellt Wünsche schnell zurück
- ☐ kommt schwer mit Veränderungen zurecht

Ideale Umstände
- ☐ Sicherheit, Stabilität
- ☐ Zeit, sich auf Veränderungen einzustellen
- ☐ Arbeit in der Gruppe
- ☐ Anerkennung der eigenen Person
- ☐ Geklärte Erwartungen
- ☐ Harmonisches Umfeld
- ☐ Klare, gute Beziehungen

Initiativ

Stärken
- ☐ knüpft Kontakte
- ☐ verbreitet Optimismus und Begeisterung
- ☐ kann das Leben genießen
- ☐ kommuniziert gut und gerne
- ☐ schafft eine gut, begeisternde Atmosphäre
- ☐ Im Team: stellt Kontakte her
- ☐ In Führungsrolle: ermöglicht offene Gespräche, sucht nach Übereinstimmung bei endgültigen Entscheidungen

Schwächen
- ☐ abhängig von Anerkennung
- ☐ unorganisiert
- ☐ scheut Auseinandersetzungen
- ☐ führt Angefangenes nicht zu Ende
- ☐ redet zuviel
- ☐ kann schlecht allein sein
- ☐ achtet nicht auf Genauigkeit

Ideale Umstände
- ☐ Abwechslung
- ☐ Menschen
- ☐ Zeit, dass Leben zu genießen
- ☐ Möglichst wenig Detailarbeit
- ☐ Flexible Bedingungen
- ☐ Gelegenheit zum Kommunizieren
- ☐ Öffentliche Anerkennung

Gewissenhaft

Stärken
- ☐ Detailfreude
- ☐ Qualitätsbewusstsein
- ☐ denkt kritisch, hinterfragt
- ☐ ausdauernd
- ☐ beachtet Regeln und Normen
- ☐ Im Team: konzentriert auf wichtige Details
- ☐ In der Führungsrolle: will, dass Regeln befolgt werden

Schwächen
- ☐ verliert den Überblick
- ☐ Hang zum Perfektionismus
- ☐ Gefahr, sich auf den Beobachterposten zurückzuziehen
- ☐ „richtig" statt „wichtig"
- ☐ wenig flexibel
- ☐ trifft nur langsam Entscheidungen
- ☐ eher pessimistisch

Ideale Umstände
- ☐ geklärte Erwartungen
- ☐ Regeln, Normen
- ☐ Begründung für Veränderung
- ☐ Anerkennung für geleistete Arbeit
- ☐ Klare Aufgabenbeschreibung
- ☐ Gelegenheit zum Nachfragen
- ☐ Aufgaben, die Genauigkeit benötigen

wenn wir keine logische Begründung für etwas finden. Wir lehnen etwas ab – wissen aber nicht warum. Ein Gefühl – für die einen sichere Intuition, für die anderen störende Signale aus dem Bereich der Emotion. Werte machen sich eben meist über das Gefühl bemerkbar. Interessant ist, dass Psychologen immer wieder darauf hinweisen, das es sehr wichtig ist, diese Signale ernst zu nehmen. Interessant ist auch, dass sich einige Menschen auch auf dieses „Bauchgefühl" verlassen und nicht selten weitreichende Entscheidungen auf dieser Grundlage neu überdenken. Eine Studie unter amerikanischen Top-Managern ergab Erstaunliches: Etwa achtzig Prozent der Befragten gaben an, dass sie im Tagesgeschäft viele Entscheidungen „aus dem Bauch heraus" treffen würden! Einmal sicherlich, weil sie die Erfahrung gemacht haben, dass dies oft der beste Weg ist, andererseits aber auch, weil im „Dschungel" des Arbeitsalltags meist gar keine Zeit ist für komplizierte betriebswirtschaftliche Entscheidungshilfen!

2.3.2 Werte durchdringen unser gesamtes Sein

Werte sitzen sehr tief in uns verborgen und senden Signale.

Wie die Kohlensäure in einem Mineralwasserglas nach oben steigt, gehen Impulse von unseren Werten aus und durchdringen uns, unsere Fähigkeiten und unsere Persönlichkeit. Unsere Werte zeigen sich vielleicht am deutlichsten in unseren Zielen, Visionen und Sehnsüchten.

- Werte „lagern" auf der untersten Ebene unseres Seins und bestimmen, wozu wir unsere Fähigkeiten einsetzen.
- Unsere Persönlichkeit bestimmt dann, wie wir diese Fähigkeiten einsetzen.
- Werte beeinflussen, welche Ziele, Visionen und Sehnsüchte wir mit und in unserem Leben verfolgen. Und weil das so ist, hat die nächste Aufgabe mit unseren Sehnsüchten und Wünschen zu tun.

2.3.3 Werte werden durch unser Sein vermittelt

Werte durchdringen uns und bestimmen unser Handeln. Das hat man schon lange gewusst, und dennoch wird es gerade zu Beginn des neuen Jahrtausends sehr stark betont. Menschen, die mit uns leben und arbeiten, vermitteln uns Werte. Die wohl intensivste Prägung findet im Kindesalter statt. Ross Campbell sagt dazu in seinem Buch: „Kinder sind wie ein Spiegel": Du brauchst deinen Kindern nicht zu sagen, was sie tun oder lassen sollen – sie machen dir sowieso alles nach! Wie jemand *ist*, prägt mich sehr viel mehr als das, was jemand *tut*. Das ist ein großer Unterschied. Wie oft sehen wir Menschen, die sich zwar an bestimmte Regeln halten – am Arbeitsplatz oder auch in der Familie – aber man spürt genau: Das Herz ist nicht dabei.

Und so empfinde ich den moralisch erhobenen Zeigefinger manchmal auch als nicht besonders überzeugend. Wenn aber jemand seine Werte lebt, wirklich aus Überzeugung handelt, dann beeindruckt mich das tief, und wir fragen uns: Ist das auch was für mich? Jemand, der nach seinen Überzeugungen handelt, ist nicht selten auch radikal und nicht zuletzt auch dadurch so beeindruckend.

Wie wichtig Werte gerade im Berufsleben sind, kann man an folgender Überlegung sehen: Wenn der Chef nicht ehrlich ist, warum sollten seine Mitarbeiter dann ehrlich sein? Wenn sie nicht überzeugt sind von dem Prinzip Ehrlichkeit, werden sie die Verhaltensweisen ihres unehrlichen Vorgesetzten (gerne) übernehmen.

Wir glauben, dass die Art, wie wir unser Benehmen ausrichten, welche Wünsche wir haben und wie wir unsere Fähigkeiten einsetzen, zutiefst mit unseren Werten zu tun haben, mit unserer Prägung, die wir von Gott bekommen haben. Wir glauben auch, dass das, was wir uns wünschen, wie andere Menschen uns sehen oder was sie über uns sagen, Ausdruck unserer Werte ist. Darum nun auch die Aufgabe mit folgenden drei Fragen:

- Stellen Sie sich vor, Sie feiern einen besonderen Geburtstag. Der sollte einerseits weit genug entfernt von Ihrem aktuellen Alter liegen, andererseits aber noch deutlich vor Ablauf der durchschnittlichen Lebenserwartung, also z. B. 60 Jahre.
- Stellen Sie sich des Weiteren vor, Sie haben hierzu Ihre besten Freunde eingeladen, von denen einige eine Rede halten möchten. Jede Rede beinhaltet im Grunde die Fragen aus dieser Aufgabe: Welche Wünsche haben Sie hinsichtlich der an Sie gerichteten Worte?
- *Wofür sind Sie bekannt?* Dies ist eine Frage nach Ihrer Person – Ihrem Sein! Wie möchten Sie gerne sein, was sind Ihre Ideale – auch wenn Sie diesen Dingen jetzt noch nicht unbedingt entsprechen?

Wofür will ich bekannt sein?	Was will ich realisiert haben?	Wem will ich gedient haben?

5 Kernsätze

▶

▶

▶

▶

▶

- *Was haben Sie erreicht?* Das ist die Frage nach Ihren verwirklichten Zielen und Projekten.
- *Wem haben Sie gedient?* Das ist die Frage nach den Menschengruppen, für die und mit denen Sie gearbeitet haben.

Tragen Sie die wichtigsten Stichpunkte in die jeweiligen Spalten ein.

Die bisherigen Schritte sind nun die Vorbereitung für diesen letzten – wenn auch schwierigsten und wahrscheinlich zeitaufwendigsten Teilschritt: Formulieren Sie Kernsätze bzw. Leitsätze aus den oben genannten Punkten. Das können auch Zitate sein, die Ihren Überzeugungen und Werten Ausdruck verleihen.

Für diese letzte Aufgabe werden Sie wahrscheinlich die meiste Zeit brauchen. Es wird sich lohnen, dies in einer stillen Stunde und dann auch immer wieder neu zu bewegen. Kommen Sie Ihren Sehnsüchten auf die Spur und entdecken Sie Gottes Wege darin!

3. Zusammenfassung

Stärke ist kein Zufall. Persönlichkeit lässt sich entwickeln. Dieser Artikel ist erst der Anfang von etwas, das sich in Ihrem Leben weiter entwickeln kann. Arbeiten Sie mit Ihren Ergebnissen, überprüfen Sie alle in der Praxis und passen Sie alle immer wieder an. Bleiben Sie auf der Suche. Halten Sie Ihre Erkenntnisse auch weiterhin fest. Folgende Tipps möchten wir Ihnen mitgeben:

- Suchen Sie sich Menschen Ihres Vertrauens und reden Sie über die Ergebnisse, die beim Bearbeiten herauskamen.
- Legen Sie sich eine Art Tagebuch an und halten Sie wichtige Impulse und Erfahrungen fest. Dies kann ein wichtiger Wegweiser für die Zukunft sein.
- Schauen Sie sich im Beruf, in der Familie und in der Gemeinde nach Tätigkeitsfeldern um, die mit Ihren Stärken und Fähigkeiten übereinstimmen.
- Suchen Sie sich neue Betätigungsfelder, in denen Sie Ihre Fähigkeiten und Persönlichkeitsstärken einbringen können.
- In all dem bedenken Sie aber bitte immer: Eine vollkommene Übereinstimmung ist wahrscheinlich nie möglich und wohl auch nicht wirklich erstrebenswert.

Meine persönliche Entdeckungsreise

Motivationsfähigkeiten

1. _____
2. _____
3. _____
4. _____
5. _____
6. _____
7. _____
8. _____
9. _____
10. _____

Persönlichkeitsstärken:

1. _____
2. _____
3. _____
4. _____
5. _____
6. _____
7. _____
8. _____
9. _____
10. _____

**Mein
persönliches Einsatzgebiet:**

_____

Werte/Kernsätze

1. _____
2. _____
3. _____
4. _____
5. _____
6. _____
7. _____
8. _____
9. _____
10. _____

Ideale Umstände

1. _____
2. _____
3. _____
4. _____
5. _____
6. _____
7. _____
8. _____
9. _____
10. _____

Zitierte Literatur

Guardini, Romano: Das Ende der Neuzeit/Die Macht. 3. Aufl. Mainz: Matthias-Grünewald-Verlag 1995.

Guardini, Romano: Die Lebensalter. 9. Aufl. Mainz: Matthias-Grünewald-Verlag 1999.

Thorsten Leiner

Wertvolle Ziele entwickeln, Prioritäten richtig setzen, mehr Effektivität erlangen

Wenn Sie sich in diesem Beitrag Antworten auf die Frage nach wertvollen Zielen für Ihr Leben erhoffen, muss ich Sie leider enttäuschen. Ich gebe keine Antworten auf Ihre Fragen und auch keine Lösungen für Ihre Probleme – im Gegenteil: ich werde Ihnen noch mehr Fragen mit auf den Weg geben. Wenn Sie diese Fragen allerdings für sich beantworten, werden Sie sich Ihrer Ziele bewusst werden und in Zukunft Ihre verschiedenen Lebensbereiche effizienter ausgestalten.

Warum aber sollen wir überhaupt so zielgerichtet sein und unser Leben nach Prioritäten ausrichten? Ich möchte Ihnen zur Beantwortung dieser Frage von einer Begebenheit aus dem amerikanischen Unabhängigkeitskrieg berichten, die einen Bezug zur aktuellen Situation von christlichen Führungskräften und Leitern herstellt: Im Jahre 1777, etwa in der Mitte des Unabhängigkeitskrieges, wurde die Schlacht von Saratoga geschlagen. Manche sind der Meinung, dass dieses Gefecht der Wendepunkt des Krieges war. Am Vorabend der Schlacht wurde den Nationaltruppen klar, dass das englische Regiment, auf das sie am nächsten Tag treffen würden, über mehr Soldaten, mehr Schießpulver, mehr Gewehre und mehr Munition als sie verfügte.

Daniel Morgen aus New Hampshire kommandierte eine verrufene Gruppe von Farmern, bekannt als „Morgans Rifles". Er traf sich mit seinen Männern in der Nacht vor der Schlacht und sagte zu ihnen: „Verschwendet keinen Schuss auf die, die für sechs Pence pro Tag kämpfen. Hebt eure Munition für die Männer mit den Schulterklappen auf!"

Morgans Überlegung war von simpler Rationalität geprägt: Die Nationaltruppen durften nicht verschwenderisch mit ihrer Munition umgehen, indem sie einfache Soldaten ins Visier nahmen. Stattdessen sollten sie auf die Offiziere zielen, die an den Rangabzeichen auf ihren Schultern zu erkennen waren.

Diese Strategie brachte die Engländer völlig aus dem Konzept. Am zweiten Tag der Schlacht waren die Offiziersränge der englischen Armee komplett ausgelöscht. Das englische Regiment hatte immer noch viele Männer, Gewehre und Vorräte, aber sie ergaben sich den Nationaltruppen. Die amerikanischen Staaten setzten den Krieg fort, um ihn schließlich zu gewinnen.

Seitdem werden Offiziere auf dem Schlachtfeld bis heute nicht in besonderer Weise gekennzeichnet, denn das Prinzip ist klar: *Das Schicksal des Leiters bestimmt den Ausgang der Schlacht* (Walling 1999, S. 2).

Deshalb stehen christliche Führungskräfte besonders unter Beschuss des Feindes. Konkret geschieht dies zum Beispiel, indem Führungskräfte „in Arbeit ersticken", sie keine klaren Ziele und Prioritäten besitzen und zwischen den Anforderungen von Beruf, Familie und Gemeinde aufgerieben werden. Es ist eine große Hilfe, sich über Gottes einzigartige Berufung für das eigene Leben und den Dienst in seinem Sinne klar zu werden, um wertvolle Ziele zu entwickeln, die wiederum eine effektivere Ausrichtung gewährleisten, Gottes Reich zu bauen.

Die folgende Skizze soll uns einen Überblick über den Prozess geben, wie wertvolle Ziele entwickelt werden können:

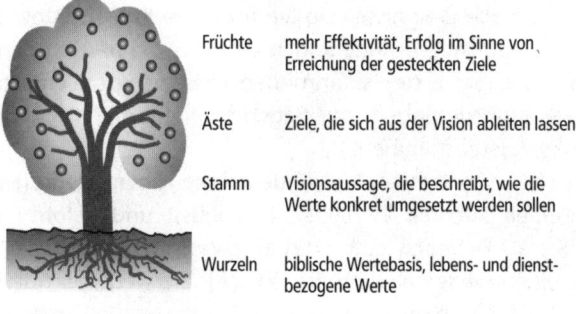

Früchte	mehr Effektivität, Erfolg im Sinne von Erreichung der gesteckten Ziele
Äste	Ziele, die sich aus der Vision ableiten lassen
Stamm	Visionsaussage, die beschreibt, wie die Werte konkret umgesetzt werden sollen
Wurzeln	biblische Wertebasis, lebens- und dienstbezogene Werte

Wertvolle Ziele lassen sich nicht von heute auf morgen entwickeln. Aufbauend auf den Werten, die Ihnen im Laufe Ihres Lebens wichtig geworden sind, lässt sich eine Vision formulieren. Diese wird durch klar formulierte Ziele operationalisiert und führt letztlich zu mehr Effektivität im Sinne davon, die richtigen Dinge zu tun (*Effizienz* dagegen bedeutet, Dinge richtig zu tun, was bisweilen dazu führen kann, den ganzen Tag lang viel beschäftigt zu verbringen, ohne jedoch die wesentlichen Dinge zu tun, für die uns Gott berufen hat).

Der Prozess der Neuorientierung lässt sich anhand von vier Fragen erarbeiten:

1. Was ist meine biblische Wertebasis?
2. Welches sind meine lebens- und dienstbezogenen Werte?
3. Was trägt Gott mir auf (in meinem persönlichen Leben und im Berufsleben)?
4. Welche (wertvollen) Ziele ergeben sich daraus?

Werden Sie sich über Ihre Ziele klar

Eine Hilfestellung, um sich der eigenen Werte bewusster zu werden und diese herauszuarbeiten, stellt zunächst das Sammeln von Informationen dar:

1. über die eigene Lebensgeschichte,
2. über eigene Gaben oder Fähigkeiten und
3. über Gottes Reden im eigenen Leben.

1. Schritt: Ihre Lebensgeschichte

Sammeln Sie alle Ereignisse, die Sie im Laufe Ihres Lebens geprägt und beeinflusst haben. Angefangen bei Ihrer Schul- und Berufsausbildung, über Ihre ersten Erfahrungen in Beruf und Gemeinde, bis hin zu Herausforderungen und Begebenheiten, die Ihre Persönlichkeitsstruktur geprägt haben.

Schreiben Sie dann alles Bedeutsame über Menschen und Begegnungen auf, die Ihr Leben beeinflusst und geformt haben. Stellen Sie als Hilfe erst eine Liste aller Personen und Beziehungen auf, um einen besseren Überblick über für Sie wegweisende Begegnungen mit Menschen zu erhalten.

Schließlich notieren Sie besondere Lebensumstände, die Ihrem Leben eine bestimmte Richtung gegeben haben, wie z. B. dienstliche Übergangszeiten, Krankheiten, Zeiten im Ausland etc.

Alle diese Ereignisse, Personen und Lebensumstände, die Gott in Ihrem Leben gebraucht hat, um Sie zu formen, können Sie auf eine Lebenslinie übertragen, um einen Gesamtüberblick über Ihr bisheriges Leben zu bekommen.

2. Schritt: Eigene Gaben und Fähigkeiten

Welche natürlichen und auch geistlichen Gaben haben Sie? Was macht Ihnen besondere Freude, wofür wurden Sie schon einmal gelobt? Stellen Sie alle diese Fähigkeiten zusammen, und bitten Sie auch Ihnen nahe stehende Personen um eine Rückmeldung.

3. Schritt: Gottes Reden in Ihrem Leben

Was hat Gott bereits zu Ihnen gesprochen? Zum Beispiel durch Bibelworte, durch andere Menschen (zur Taufe, Firmung, Konfirmation, Hochzeit etc.), durch Umstände während der Bibellese, in Bildern, Träumen etc.

Biblische Werte

Diese drei Schritte erleichtern es Ihnen, sich über Ihre Werte klarer zu werden. Die biblischen Werte zeigen Ihnen, was Gott Sie bisher gelehrt hat. Sie sind die Grundlage für Ihre Einsichten und Grundüberzeugungen, die den Rahmen für Ihr Leben bilden.

Beispiele für solche biblischen Werte können sein:

- Johannes 15,5: „Ohne mich könnt ihr nichts tun."
- 2. Timotheus 1,9: „Er hat uns selig gemacht und berufen mit einem heiligen Ruf, nicht nach unsern Werken, sondern nach seinem Ratschluss und nach seiner Gnade."
- Matthäus 28,19: „Darum gehet hin und machet zu Jüngern alle Völker."
- Philipper 3,8: Christus gewinnen ist alles.
- Kolosser 2,3: „In Christus liegen verborgen alle Schätze der Weisheit und der Erkenntnis."

Lebens- und dienstbezogene Ziele

Die lebens- und dienstbezogenen Werte geben Aufschluss darüber, wie Gott Sie geformt hat. Über die Frage nach den Erfahrungen und Annahmen, welche Ihr Leben und Ihren Dienst prägen, werden Ihnen diese Werte klar. Beispiele für lebens- und dienstbezogene Werte können sein:

- Familie: Der Dienst darf nicht zulasten der Familie gehen.
- Beziehungen: Verbindliche Beziehungen sind die Grundlage für einen effektiven Dienst.
- Gebet: Gebet ist eine wichtige Voraussetzung für den Dienst.
- Säen: Erst wird gesät und dann geerntet, auch beim Dienst.
- Lernen: Das Leben ist ein ständiges neues Lernen.
- Menschen: Jeder Mensch besitzt von Gott geschenkte einzigartige Gaben und Fähigkeiten. Dieses Potenzial gilt es freizusetzen.

Diese Werte spiegeln Ihre wichtigsten und tiefsten Überzeugungen in Bezug auf das Leben und den Dienst wieder. Folgende Fragen können weiterhelfen, sich dieser Werte bewusst zu werden:

- Was würden Sie tun, wie würden Sie Ihre Zeit verbringen, wenn Sie wüssten, dass Sie von heute an nur noch sechs Monate zu leben hätten?
- Was würden Sie tun, wenn Ihnen eine Millionen Mark geschenkt würden? Was würde sich in Ihrem Leben verändern? Mit welchen Projekten würden Sie beginnen, womit aufhören?
- Was wollten Sie schon immer tun, haben es aber aus Angst vor dem Versagen noch nicht verwirklicht? Inwiefern blockiert Sie die Angst für die Dinge, die Sie eigentlich tun möchten?
- Was tun Sie am liebsten? Was gibt Ihnen das größte Gefühl von innerer Befriedigung?

Was ist Ihre Vision?

Die ermittelten Werte bilden die Wurzeln, aus denen sich eine Vision für das eigene Leben formulieren lässt. Es geht im nächsten Schritt um die Frage: Was trägt Gott Ihnen auf? Was ist Ihre von Gott geschenkte Vision? Unter einer Vision verstehen wir hier ein von Gott geschenktes Bild einer möglichen Zukunft. Die Vision beantwortet die Frage: „*Wozu* bin ich/sind wir berufen, was, wann und für wen zu tun?"

Die Vision wirkt motivierend und nimmt uns in Beschlag. Sie ist durch ein Sehnen in unserem Herzen gekennzeichnet, dass der Wille Gottes geschieht und umgesetzt wird.

Folgende Fragen können Ihnen helfen, Ihre persönliche Vision zu entdecken:

- Wenn ich vorher genau wüsste, dass ich mein Ziel mit Sicherheit erreichen würde, wofür würde ich mich dann im Verlauf meines Lebens zur Verherrlichung seines Namens mit aller Kraft einsetzen?
- Welche Menschen und Lebensumstände haben am stärksten mein Leben und meinen Dienst beeinflusst?
- In welchen Bereichen möchte ich meinen Schwerpunkt legen, wenn ich an meinen Dienst für die Zukunft denke?
- Aus welchen Rückmeldungen von Menschen, die mich persönlich gut kennen, erfahre ich, wo mich Gott am stärksten (ge)braucht?
- Welche meiner dienstlichen Aktivitäten fördern am ehesten den Aufbau des Reiches Gottes?
- Welchen Aktivitäten möchte ich mich voll und ganz hingeben, wenn ich mich mit Leuten vergleiche, die in einer leidenschaftlichen Art und Weise über ihre Arbeit sprechen?

Die Entwicklung einer persönlichen Vision braucht Zeit und Gebet! Wenn sich die eigene Vision herauskristallisiert hat, stellt sie eine Herausforderung an den eigenen Glauben dar.

Wie steht es um Ihre Ziele?

Aus den Werten und der Vision lassen sich nun wertvolle Ziele entwickeln. Zuvor aber wollen wir eine Bestandsaufnahme machen, die zeigt, wie es um Ihre Ziele steht.

Benennen Sie dafür fünf Lebensbereiche, die Ihnen wichtig sind. Schreiben Sie jeweils einen Bereich an die Ecken der nachfolgenden Skizze (diese Lebensbereiche können beispielsweise sein: Familie, Beruf, Hobbys, Freunde, geistliches Leben). Schreiben Sie dann auf, welche Menschen und Dinge Ihnen in diesem Bereich wichtig sind. Zeichnen Sie auf der zehnstufigen Skala ein, wie zufrieden Sie mit der momentanen Situation in dem jeweiligen Lebensbereich sind. Die zehn ist dabei der für Sie optimale Zustand in diesem Lebensbereich. Verbinden Sie dann die von Ihnen eingezeichneten Punkte der verschiedenen Bereiche. Das äußere Fünfeck zeigt den Idealzustand;

das innere – von Ihnen gezeichnete – Fünfeck zeigt an, wo noch Optimierungsbedarf besteht.

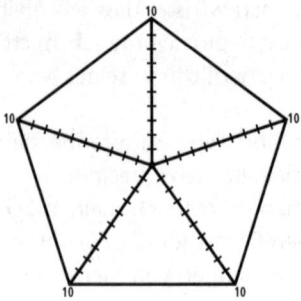

Ziele motivieren

Aus den oben erarbeiteten Werten und Ihrer Vision lassen sich nun für die verschiedenen Ihnen wichtigen Lebensbereiche Ziele entwickeln. Als Anforderungen an Ziele sei hier genannt, dass Ziele klar formuliert, messbar und realistisch sind. Und Ziele motivieren, wie aus der folgender Begebenheit hervorgeht:

Am 4. Juli 1952 watete die 34-jährige Florence Chadwick 34 Kilometer westlich der kalifornischen Küste auf der Insel Catalina ins Wasser und schickte sich an, in Richtung Kalifornien zu schwimmen. Die kalifornische Küste lag an diesem Morgen nebelverhangen vor ihr. Noch nie hatte eine Frau diese Strecke zurückgelegt, doch Florence Chadwick war entschlossen dazu, nachdem sie bereits den Ärmelkanal in beide Richtungen durchschwommen hatte.

Das Wasser war eiskalt und der Nebel so dicht, dass sie kaum die Begleitboote ausmachen konnte. Millionen schauten über die nationalen Fernsehsender zu. Mehrmals mussten Haie mit Gewehren vertrieben werden, um die einsame Schwimmerin zu schützen. Die Müdigkeit war in diesen Situationen nie ihr größtes Problem gewesen, sondern vielmehr die eisige Kälte, die ihr zu schaffen machte.

Über fünfzehn Stunden später bat sie, steif vor Kälte, aus dem Wasser geholt zu werden. Sie war nicht mehr in der Lage, zusätzliche Kraftreserven zu mobilisieren. Ihre Mutter und ihr Trainer, die im Boot neben ihr fuhren, berichteten ihr, dass die Küste schon ganz nah sei. Sie drängten sie, nicht aufzugeben, aber als sie zur kalifonischen Küste hinüberschaute, sah sie nichts als den dichten

Nebel und bat darum, herausgeholt zu werden. Etwas später kam der Schock über ihren Misserfolg: nur eine halbe Meile vor der kalifornischen Küste war sie aus dem Wasser gezogen worden! Ein Reporter fragte sie: „Miss Chadwick, was hat sie davon abgehalten, diese halbe Meile zu schwimmen?"

„Es war der Nebel", antwortete sie. „Wenn ich das Land hätte sehen können, hätte ich es geschafft. Wenn man da draußen schwimmt und sein Ziel nicht sehen kann ..."

Wer sein Ziel vor Augen hat, weiß, worauf er zusteuern muss. Er hat Orientierung und wird in seinem Leben effektiver sein als jemand, der sich nur Veränderungen wünscht, ohne sie aber konkret anzugehen.

Prioritäten setzen – aber wie?

Die folgenden Ratschläge sind eine Hilfe, Ihre Ziele konsequent zu verfolgen und die richtigen Prioritäten zu setzen:

- Stellen Sie sich immer wieder die Frage, ob das, was Sie gerade tun, Sie Ihren Zielen näher bringt.
- Stehen Sie zu Ihren Gaben und Grenzen und sagen Sie auch mal Nein. Dieses Wort erspart Ihnen viel Zeit und Energie.
- Lernen Sie zu unterscheiden zwischen Erwartungen anderer Menschen und den Erwartungen Gottes.
- Legen Sie einem anderen Menschen gegenüber Rechenschaft über Ihre Ziele und deren Erreichen ab.
- Verwechseln Sie nicht dringende Aufgaben mit wichtigen Aufgaben. Wichtige Aufgaben bringen Sie immer ein Stück Ihrem Ziel näher; dringende Aufgaben halten Sie oftmals von Ihren Zielen ab.
- Planen Sie immer wieder Zeiten der Stille ein, um aufzutanken und sich mit Gott die Frage zu stellen, ob Sie sich noch auf Ihre Ziele zubewegen. Tun wir dies nicht, kann es uns so wie dem Volk Gottes in Jesaja 30,15-16 beschrieben ergehen: „Durch Stillesein und Hoffen würdet ihr stark sein. Aber ihr wollt nicht und sprecht: Nein, sondern auf Rossen wollen wir dahinfliegen."

Literatur

Terry B. Walling: Refocusing. Deutsche Ausgabe: Paulus Institut Edition, Berlin, 1999, Einheit 1.

Claus Philippin

Alles oder nichts – Vom Gewinn des Verlusts

Es gibt wohl drei mögliche Motive, Gott zu dienen und Verantwortung in seinem Sinne zu übernehmen. Um diese drei Motive zu illustrieren, möchte ich zunächst eine kurze Geschichte erzählen:

Während einer Versteigerung auf einem Sklavenmarkt wurde eine junge schwarze Frau angeboten. Ihre Eltern waren unmittelbar zuvor verkauft worden. Langsam erregte ein unbekannter Fremder die Aufmerksamkeit, da er mit seinen Geboten den Preis für diese junge Schwarze weit über das übliche Maß hinaus trieb. Die Menge raunte schon, überlegte, was der Fremde wohl Besonderes in dieser Schwarzen sähe. Was war so wertvoll an diesem Stück, welches zum Abschaum der menschlichen Rasse gehörte? Wer war dieser Fremde? Warum wollte er so viel bezahlen? Schließlich ertönte der Ruf des Auktionators: „Zum Dritten, verkauft!"

Die Menge beobachtete den Fremden aufmerksam, wie er sich seinen Weg nach vorne bahnte, um sein gerade erworbenes Eigentum abzuholen. Doch jetzt geschah etwas, was niemand in der Menge jemals vergessen würde: Der Fremde bezahlte, empfing die Besitzurkunde, wandte sich dann an die soeben erworbene Sklavin, drückte ihr die Besitzurkunde in die Hand und sagte: „Die gehört Ihnen!"

Auf das völlig unverständliche Starren der Schwarzen reagierte er mit den Worten: „Verstehen Sie doch, Sie sind frei!"

Aber was bedeutet wohl das Wort Freiheit für ein Sklavenkind, das nie etwas anderes als Sklaverei kennen gelernt hatte? Die weit aufgerissenen Augen der Schwarzen veranlassten den Fremden ihr zu erklären: „Ich sah, wie deine Mutter und dein Vater verkauft wurden, realisierte, dass jetzt deine Familie auseinander gerissen würde. Deshalb habe ich dich gekauft. Damit du in Freiheit mit deinen Eltern gehen kannst."

Die Schwarze verstand langsam. Sie sollte tatsächlich frei sein, hingehen können, wohin immer sie wollte! Mit weit aufgerissenen Augen starrte sie den Fremden an. Hatte dieser tatsächlich diesen unglaublich hohen Preis bezahlt, nur damit sie frei sein sollte?

Es dämmerte ihr: Das muss ein wirklich guter Mensch sein. Einem solchen zu vertrauen würde sich wohl lohnen. Sie warf sich vor ihm nieder, und flehentlich kam es aus ihrem Mund: „Meister, du hast mich für so einen hohen Preis gekauft! Ich werde nie wieder einen so guten Meister wie dich finden! Entlass mich nicht allein in die Freiheit! Ich will lieber bis zu meinem Tod deine Sklavin sein!"

Die Schwarze, überwältigt von der Güte des Fremden, umklammerte seine Beine, bis dieser sie schließlich aufrichtete und an sich drückte wie der Vater sein geliebtes Kind.

Nun, was also sind die drei Motive, die uns veranlassen können, Verantwortung im Reich Gottes, im Reich unseres Meisters, zu übernehmen?

1. Wir sind Sklaven, unfrei, stehen unter dem Gesetz, dienen also aus Angst vor Strafe.
2. Wir sind frei von dem Gesetz. In unserer Geschichte war dies nur eine kurze Zeitspanne, da sofort nach der Freisetzung ein höheres Gesetz in Kraft trat, nämlich das Gesetz der Liebe. Deshalb auch das dritte Motiv:
3. Liebe zu dem, der uns durch Bezahlung des höchstmöglichen Preises mit seinem eigenen Leben aus der Sklaverei befreit hat.

Hier wird aus dem Sklaven ein von Liebe Besessener. Der, der ihn so geliebt hat, darf ihn aus freiwilliger Entscheidung heraus besitzen! Die Freiheit wurde für uns erkauft, damit wir sie an den wieder abgeben, der sie mit seinem eigenen Leben erkauft hat. Nicht erst seit Jesus hatte Gott diesen Ordnungsrahmen vorgegeben. Bereits Adam durchwanderte zwei Ebenen in Eden. Er war anfänglich frei vom Gesetz. Er konnte wählen, entweder ein Sklave Gottes oder ein Gefangener unter dem Gesetz zu werden. Adam hat den selbstsüchtigen Weg gewählt.

Seit Adams Entscheidung in die falsche Richtung braucht jeder Mensch diesen Befreier aus der Sklaverei der Sünde. Jesus bezahlte den Preis für alle, die dieses Gnadengeschenk der Befreiung empfangen wollen.

Aber genau an diesem Punkt haben religiöse Menschen und Methoden versucht, Gottes Gnade für sich selbst zu nehmen und zu behalten. Freiheit *von* ... wurde zum Ziel, anstatt Freiheit *für* ...! Das ist christlicher, religiöser Egoismus, also Humanismus, welcher sagt, der Mensch (nicht Gott) ist Ziel und Mittelpunkt von allem. Also auch von der Erlösung. Diese Menschen sind erneut zu Sklaven ihrer eigenen Wege geworden.

Zu viele dachten und denken noch immer, dass das Ziel der Erlösung die Befreiung aus der Sklaverei sei. Ist es aber nicht! Unsere Erlösung, unser Freikaufen soll zu einer Freiheit führen, die es uns erlaubt, uns aus freien Stücken *dem* hinzugeben, der uns geschaffen hat. Genau dies ist es, was Adam schon hätte tun sollen.

Paulus hat schon klargestellt: Weil die Gnade Gottes uns freigesetzt hat, sollten wir nun unsere Leiber ihm, unserem Befreier, als lebendige Opfer zur Verfügung stellen. Der Moment, wo wir befreit werden, darf wirklich, wie bei der schwarzen Sklavin, nur ein Moment bleiben.

Hätte diese Sklavin ihre Freiheit genommen, hätte es sicher nicht lange gedauert, bis der nächste Sklavenhändler sie wieder eingefangen hätte. Deshalb war für sie der gute Meister alles! Sie gewann, indem sie ihre Freiheit gleich wieder verlor. Diese Sklavin, und so auch wir, brauchen ein Objekt oder eine Person, für welche wir unsere Freiheit einsetzen.

Auch wir werden entweder unsere Freiheit in das Reich unseres guten Meisters investieren, oder wir laden – ob wir wollen oder nicht – einen neuen Sklavenhalter ein, Herrschaft über unsere Freiheit, über unser Leben zu gewinnen. Wenn wir den guten Meister nicht wollen, bleibt nur ein zweiter, der böse Meister übrig; der Fürst dieser Welt, der sich in verschiedenen Formen manifestiert, sei es in Form von Mammon, Macht, Sex etc. oder in noch viel subtilerer Form: Wir werden zu Sklaven unseres eigenen Ichs! Egoismus und alle anderen Formen des Humanismus sind die subtilste und damit die am schwersten zu erkennende Manifestation unserer Versklavung unter dem bösen Meister. Diese Manifestation finden wir jedoch in allen Lebensbereichen, einschließlich der Kirche, dem Leib Christi. Die Menschen, auch in der Gemeinde Jesu, interessiert häufig nur, was sie von Gott erwarten können, wo er ihnen helfen soll und kann!

Verstehen wir Gottes Handeln? Ist uns klar, dass wir durch ihn nicht nur frei *von*, sondern vor allem frei *für* ihn sind? Frei, seinen ursprünglichen Willen auszuführen, nämlich uns die Erde untertan zu machen? Frei dafür, Verantwortung in seinem Sinne zu übernehmen?

Gott sucht und braucht Menschen, die frei sind. Er braucht Söhne, nach denen die ganze Schöpfung sich seufzend schon sehnt, nicht etwa Sklaven. Freie Söhne, die sich nicht egoistisch um sich selbst drehen, sondern deren Zentrum, Quelle und Ziel *er* sein darf! Gott machte den Menschen durch Jesus frei, damit die ursprüngliche, schon vor dem Sündenfall gedachte Liebesbeziehung zwischen dem Schöpfer und seinem Geschöpf endlich gelebt werden kann. Es geht um diese Liebesbeziehung! Aber: Liebe sucht den anderen, sucht das Gegenüber, nicht sich selbst.

Die gesamte Geschichte dieser Welt läuft auf den einen Höhepunkt zu: die grandiose Hochzeit zwischen dem Bräutigam (Jesus) und seiner Braut (uns)! Nun, der Bräutigam ist schon längst bereit, aber in welchem Zustand befindet sich die Braut? Dreht sich bei ihr schon alles um ihren Geliebten, oder ist sie noch immer vollkommen mit sich selbst beschäftigt?

Das Hohelied ist jenes Buch in der Bibel, welches uns diese intime Beziehung zwischen Braut und Bräutigam präsentiert. In diesem Buch finden wir, wenn wir genau lesen, einen Veränderungsprozess, welcher bei der Braut stattfindet: Am Anfang, in Kapitel 2,16a, sagt sie noch: „Mein Geliebter ist mein."

Gegen Ende dann, in Kapitel 7,11, äußert sie sich offensichtlich von einem schon veränderten Standpunkt aus: „Ich gehöre meinem Geliebten."

Am Anfang ist die Braut vollkommen von sich selbst gefangen. In diesem Stadium scheint für sie die Liebe eine Einbahnstraße zu sein – vom Bräutigam zu ihr. Die Betonung liegt auf „mein", „mir", „ich". Wie wohl in jeder Liebesbeziehung in diesem Stadium, ist das Kennzeichnende der Besitzanspruch: Er/sie für mich!

Doch von dieser Art Liebe wird sie schon bald krank, und da der Bräutigam dies spürt, zieht er sich zurück; zu ihrem eigenen Besten, da er ihre Ich-Bezogenheit nicht unterstützen kann. Sein weises Verhalten bewirkt bei ihr Veränderung. Im Verlauf des Buches nimmt die Reinheit der Liebe der Braut zu. In Kapitel 6,3 äußert sie sich so: „Ich gehöre meinem Geliebten, und er gehört mir."

Zwar ist hier noch immer eine Mischung von Nehmen und Geben vorhanden, aber sie richtet sich mehr auf ihn als Person aus, als auf das, was er ihr geben oder für sie tun kann. Sie ahnt langsam, was sie für ihn sein kann. Nachdem die Braut schließlich diese Liebes-Erziehung durchlaufen hat, nähert sie sich der finalen Bestimmung ihrer Einstellung zur Liebe an. Nun sagt sie in Kapitel 7,11: „Ich gehöre meinem Geliebten, und nach mir ist sein Verlangen."

In welchem Stadium der Liebe ist das Volk Gottes, sind also wir? Die Antwort findet man am einfachsten, wenn man den Gebeten der Gläubigen zuhört. Wenn Christen, die schon zehn oder zwanzig Jahre in der Nachfolge stehen, hauptsächlich noch immer für sich selbst und für ihre eigenen Anliegen beten, wenn es immer noch hauptsächlich darum geht, gesegnet, gestärkt und geheilt zu werden, dann muss man zu Recht fragen dürfen, um welche Art von wahrer Liebesbeziehung es sich hier handelt; ob es tatsächlich eine solche ist, in der man *für* den Geliebten alleine lebt.

Es gibt verschiedene Formen von Liebe:

1. Aus Dankbarkeit. Wir lieben, weil er uns zuerst geliebt hat. Dies ist die elementarste Liebe. Liebe für erhaltene Vorteile enthält ein selbstsüchtiges Element.

2. Aus Wertschätzung, aus Verehrung z. B., wenn wir darüber nachdenken, wie erfolgreich oder erfahren der/die Geliebte ist. So wie zur Mitte des Hoheliedes, Kapitel 5,10-16: „Mein Geliebter ist (…) hervorragend, sein Haupt ist (…), seine Locken sind (…), seine Augen (…), seine Zähne, Wangen, Lippen, Arme, Leib, Schenkel, Gestalt, Gaumen (…), alles an ihm ist begehrenswert!" Hier ist Liebe auf ihr selbstsüchtiges Element reduziert.

Dennoch, sowohl in 1. und 2. gibt es einen Grund für die Liebe. Liebe jedoch, die begründet ist, ist eine rationale Angelegenheit, also nicht die perfekte, vollkommene „Agape"-Liebe! Es gibt also noch eine weitere, die höchste Form von Liebe, die wir als Braut Jesu erreichen sollten, ja, sogar müssen:

3. Liebe ohne Grund, Liebe ohne ein *weil*. Bedingungslose Liebe! Es handelt sich hier um die Liebe, welche eine Mutter zu ihrem schwerstbehinderten Kind hat, das sie schon seit zwanzig Jahren pflegt, ohne jemals etwas Sichtbares, Messbares zurückerhalten zu haben und ohne Aussicht, dass sie jemals etwas zurückerhalten würde. Die Liebe also, die Hiob sagen ließ: „Auch wenn er mich ganz zerschlägt, will ich ihm doch vertrauen!"

Für die Liebe derer, die zur Braut Jesu gehören, darf, muss und braucht es keinen Grund geben: Denn so wie Gott sich für uns verfügbar gemacht hat (allein durch Gnade, ohne Verdienst), so will er auch, dass wir uns ihm freiwillig und ohne Anspruch auf Gegenleistung zur Verfügung stellen. Nur dann können wir von einer Liebesbeziehung reden, die auf Gegenseitigkeit gegründet ist!

Wie aber kommen wir hinein in dieses „Alles"? Nur, wenn wir erkennen, dass die Basis für einen Weg in diese Richtung Jesu Tod ist, und wenn wir für wahr erachten, dass unser alter Mensch mit ihm gestorben ist und er in uns neu geboren wurde. Und, wenn wir in diesem neuen Leben im Gehorsam gegenüber der Führung des Heiligen Geistes anstelle des Zeitgeistes wandeln.

Nun, Gott hat seine Herrschaft delegiert. Damals schon an Adam, und jetzt wieder an die, welche durch Jesus freigekauft wurden, welche jedoch freiwillig wieder ihre Freiheit unter die Herrschaft Gottes geben. Durch diese wird Gott handeln, regieren, wie er es schon durch Mose damals getan hat. Die, die den Weg des Kreuzes bejahen, die sein Joch auf sich nehmen, die Eigenes loslassen, um seine Liebe zu gewinnen, für die Verlust einen Gewinn bedeutet. Untergeordnet unter seine Herrschaft werden sie seine göttlichen Absichten erfüllen. Nicht aus eigener Kraft und Anstrengung, sondern durch seinen Geist!

Dieses ewige unerschütterliche Reich Gottes, dessen wir hier und heute schon teilhaftig sein können (und natürlich dann in alle Ewigkeit), ist dieser Schatz im Acker, von dem Jesus in Matthäus 13,44f. erzählt. Für diesen Schatz lohnt es sich, freudig (also mit Vorfreude) alles zu verkaufen, loszulassen, was man hat und was man haben will.

Erscheint dieser Schatz im Acker wertvoll genug, alles andere aufzugeben, zu verlieren? Sei nicht kurzsichtig! Sei kein Esau, der um einer kurzfristigen, zeitlich begrenzten Befriedigung Willen seine komplette Erbschaft willentlich aufgab.

Paulus sagt in Römer 8,18ff.: „Denn ich bin überzeugt, dass dieser Zeit Leiden nicht ins Gewicht fallen gegenüber der Herrlichkeit, die an uns offenbart werden soll. Denn das ängstliche Harren der Kreatur wartet darauf, dass die Kinder Gottes offenbar werden."

Alles, auch die komplette Wirtschaft, sogar das Bank-, Versicherungs- und Finanzwesen, ist Teil dieser Schöpfung. Gerade dieser Bereich wartet darauf, dass du und ich als Söhne Gottes offenbar werden. Fang an, als Sohn des Höchsten zu leben. Dort, wo du gerade bist! Egal, was es dich kostet! Sei radikal wie Daniel und seine Freunde! Dein Vater, der Herr aller Herren ist auf deiner Seite!

Was ist wichtig für dich? Ist es wichtig, oder vielleicht sogar lebensbestimmend, dass der DAX heute zehn Prozent niedriger notiert wie vor einem Jahr? Ist es deprimierend für dich, dass die fünfzig Schwergewichte am Neuen Markt seit letzten März siebzig Prozent an Wert verloren haben?

Hättest du nicht Lust, deine Hoffnung nicht aus deiner eigenen Sicht der Dinge, sondern aus der Sicht, wie Gott die Situation sieht, zu schöpfen? Gottes Blickwinkel gibt uns Hoffnung! Er ist dabei, das, was er von Anfang an geplant hat, zu bewerkstelligen! Seine himmlische Realität wird in dieser Zeit mehr und mehr auf dieser Erde sichtbar werden!

Lass dich doch auf seine Sicht der Dinge ein! Lass sein Wort, seine Wahrheit, seinen ewigen herrlichen Plan dein Leben schon heute bestimmen! Setze alles auf diesen Schatz, auch wenn er noch im Acker vergraben ist! Sorge doch dafür, dass sich alles andere dieser hoffnungsgebenden Offenbarung unterordnen muss. Du selbst, deine eigenen Interessen, dein Job, die täglichen Nachrichten einschließlich der Börsenkurse. Einfach alles andere!

Dann ist und wird er Herr deines Lebens und deiner ewigen Herrlichkeit sein. Dann hast du alles! Dann hast du nichts mehr von dem Nichts! Und: das Nichts hat dich nicht mehr! Dann kannst du nur noch gewinnen, wie er gewinnt. Nichts mehr verlieren, was er nicht schon längst für dich hätte! Du in ihm – und er in dir! Dein ist dann sein – aber auch sein dann dein!

Werner Then

Ist jeder seines Glückes Schmied? – Durch Eigenverantwortung Lebensunternehmer werden

Können wir wirklich unseres Glückes Schmied sein? Ich denke ja, man muss allerdings eine Vision oder eine Vorstellung von seinem Leben haben. Man muss wissen, was man will, und gleichzeitig bereit und fähig sein, Weichen umzustellen und Ziele des Lebens fortzuentwickeln. Also müssen wir ständig auf Veränderungen vorbereitet sein. Wer sich nicht ändert, nicht weiter reift, kommt in die Gefahr „unterzugehen", denn nichts ist so beständig wie der Wandel. Und wer eine neue Richtung einschlägt, findet sicherlich neue Chancen. Wir Christen sind dabei als Orientierungshilfe hochaktuell, denn wir haben ein beständiges Werteangebot.

Das Motto des Kongresses „Mit Werten in Führung gehen" zeigt uns eine Chance. Christliche Werte geben den längeren Atem und eine konkrete Orientierung, gerade in einer Zeit der Werteverwirrungen. Wir Christen haben einen Vorteil, weil unser Wertesystem ein Kompass für das ganze Leben ist – weil wir uns damit selbst einen Wert geben und unseren Nächsten wertschätzen und achten. Wir beobachten, dass feste Strukturen, die bisher langfristig getragen haben und Halt gaben, sich langsam auflösen. Insofern ist es wichtig, uns auf unsere Werteskala neu zu besinnen und eine Renaissance der Werte durch unser Glaubenszeugnis zu ermöglichen. Dabei ist der höchste Wert die eigenverantwortete Freiheit, die wir in unserer demokratischen Kultur leben können, die uns aber herausfordert, unsere Eigenverantwortung auch wahrzunehmen. Gott hat uns hierzu Verstand, Talente und Fähigkeiten in ausreichendem Maße gegeben.

Menschen suchen Sinn

Wenn ich Unternehmer für mein eigenes Leben sein will, setzt dies voraus, dass ich mir überlege, wer ich bin, wie ich mich als Mensch sehe, wie ich mein Leben, z. B. meine Ehe, Familie und meine Berufsarbeit gestalten will. Dabei muss ich wissen, dass der Mensch nicht in erster Linie auf Glück angelegt ist, sondern auf Sinn. Er sucht *Selbstentfaltungssinn* in seinem privaten wie beruflichen Leben und möchte sein Wissen, Können, Erfahrungen und Talente einbringen und weiterentwickeln.

Sinn in verantwortungsvollem Handeln und Eigenverantwortung für Familie und Beruf. Er will ein bereicherndes, gelingendes Familienleben führen, sich für die Seinen verantwortlich sehen. Er will aber auch seine Arbeit, die Firmenziele, Produkte und Herstellungsverfahren verantworten können.

Sinn durch soziale Erlebniswerte. Zu diesen gehören z. B. die gute Zusammenarbeit mit Kollegen im Beruf, Solidarität und Wertschätzung, Miteinander im Leben einer Kirchengemeinde und gemeinsame Erlebnisse mit Freunden, natürlich auch mit der Familie.

Ökonomischen Sinn. Der Mensch möchte etwas leisten, um seine Lebensgrundlage, sein Einkommen und die Familie zu sichern. Dies gilt auch für die private Arbeit in der eigenen Familie. Man möchte aber auch am Erfolg des Betriebes, in dem man arbeitet, beteiligt sein, um damit materielle Anerkennung zu finden.

Transzendenten Sinn. Durch den Glauben möchte er einen verantwortbaren Dienst an der Schöpfung und am Mitmenschen leisten und die von Gott geschenkten Talente nutzen.

Was hat mein eigenes Leben und meine Lebenspläne getragen? Es war zuerst die Kraft, der Mut und die Demut, die ich aus dem Glauben schöpfen konnte. Es war die Gewissheit, dass Gott alle Tage bei uns ist und ich mich an der Hand des Mächtigsten wissen konnte. Meine Lebensphilosophie lautet: „Hinter den Wolken ist immer die Sonne." Nach trüben Tagen folgen immer Lichttage, und Gottes geistige Sonne leuchtet immer. Niemals habe ich an Zufall oder blindes Schicksal geglaubt, aber an Fügungen und an die Güte Gottes, von dem mir Talente und Fähigkeiten zugefallen sind.

Geprägt hat mich auch die christliche Soziallehre, das ihr eigene Menschenbild, mit der Gewissheit, ich bin Gottes Geschöpf: Ein Entwurf Gottes mit Eigenwürde, die mir einen Wert gibt und die Würde derer respektiert, die mit mir leben und arbeiten. Ebenso war mir das Subsidiaritätsprinzip wichtig, das jedem eigenverantwortete Freiheit zubilligt.

Was war die Vorstellung von meinem Leben?

Ich wollte Familie mit mehreren Kindern, ich wollte für andere da sein und durch mein Handeln prägend in der Gemeinschaft wirken. Immer wichtig war für mich, weitgehend eigenverantwortlich handeln zu können. In Erinnerung an das Sozialwort der Kirchen möchte ich sagen, dass für mich Solidarität und Gerechtigkeit dort beginnen, wo jeder zunächst erst Verantwortung für sich selbst, für seine Familie, sein Leben und seine Arbeit übernimmt, das heißt, eine Gesellschaft von Beteiligten. Das versuchte ich auch in meinen Führungsaufgaben. Insofern ist dann jeder von uns unternehmerisch tätig, als Unternehmer für sein eigenes Leben und Unternehmer für seine eigene Arbeit, aber auch Unternehmer für seine eigene Beschäftigungsfähigkeit durch ständige Weiterbildung. Ich habe in den mehr als zwanzig Jahren meiner unternehmerischen Tätigkeit immer versucht, dies sichtbar zu machen und andere dabei zu begleiten, aber niemals zu bevormunden. Es war mir wichtig, meinen Mitarbeitern Mitgestaltungsmöglichkeiten und Handlungsfreiräume zu gewähren, damit ihnen Arbeit Spaß macht und Sinn gibt, dass sie Erfolg haben und Selbsterfahrung machen können, aber auch Anerkennung und Respekt finden. Dabei war mir Selbstentfaltung und persönliches Wachstum der Einzelnen ein wichtiges Anliegen und nach meiner Überzeugung die wichtigste Führungsaufgabe, denn nur so ist eine Win-Win-Situation zu schaffen. Jeder gibt, jeder nimmt, jeder gewinnt dabei.

Die Entwicklung und Situation in unserer Gesellschaft, in unseren Unternehmen läuft bedauerlicherweise in die andere Richtung. Wir erfahren immer noch zu viel Fremdbestimmung von den Führenden ebenso wie Fremdbestimmung in unserem privaten und gesellschaftlichen Leben durch die Politik. Wir haben in Deutschland 68.000 Gesetze und Verordnungen, die unser Leben so nachhaltig beeinflussen, dass damit Eigenverantwortung fast verboten erscheint. Wir entmündigen durch Bevormundung. Unternehmer und Gewerkschaften glauben zu wissen, was für den Einzelnen gut ist. Wir selbst lassen uns leben, indem wir uns weitgehend nach den Trends der Gesellschaft ausrichten, ja sogar unsere Urlaubsgestaltung fertig von der Stange kaufen. Damit regeln wir uns zugrunde und erlernen zwangsläufig eine gewisse Hilflosigkeit. Lebensunternehmer sein ist aber genau das Gegenteil. Es gilt also, die immer noch gegebenen Freiräume so weit als nur möglich zu nutzen und auszugestalten. Dies gilt für unser privates Leben und für unsere beruflichen Zielsetzungen.

Wer Werte lebt, ist wie ein Leuchtturm

Wir Bürger in einem freien Land haben ein Recht auf Freiheit und Anerkennung unserer Würde, ein Recht auf Autonomie, Souveränität, Authentizität und Eigenverantwortung; wir haben ein Recht, Person sein zu dürfen, „ich" sein zu dürfen. Diese Werte machen zukunftsfähig, denn meine Einzigartigkeit, meine Verlässlichkeit und Berechenbarkeit machen mich zur vertrauenswürdigen Person, der man auch beruflich etwas zutrauen kann. Jedoch muss man sich in jeder Lebenslage selbst treu bleiben und darf sein Fähnchen nicht in den Wind hängen. Es gilt, sich nicht länger ängstlich zu ducken, denn Gott gab uns ausreichend Talente zur Meisterung des Lebens.

Wer Werte durch sein praktisches Leben sichtbar macht, wirkt wie ein Leuchtturm in stürmischer See, der anderen Orientierung gibt. Zu den zentralen Werten gehören Liebe, Menschlichkeit, Toleranz, Solidarität, Treue, Loyalität, Vertrauen, Achtung und Respekt, Wahrhaftigkeit, Gerechtigkeit, Friedfertigkeit, aber auch – wie schon gesagt – Eigenverantwortung und dazu Leistungsbereitschaft. Genauso wichtig sind Geduld, Mut und Demut, Freundlichkeit, Güte, Sanftmut, aber auch Selbstbeherrschung. Die praktische Basis dieser Leuchttürme sind eine partnerschaftliche Grundhaltung in dem Bewusstsein, dass wir allezeit auf unsere Nächsten und auf andere angewiesen sind. Unsere Ergänzungsbedürftigkeit setzt Dialogbereitschaft und -fähigkeit voraus, die wiederum bedingt, dass man dem anderen wirklich zuhört. Dabei lernen wir zu akzeptieren, dass wir nicht das A und O der Welt sind, dass andere in bestimmten Bereichen besser sind als wir. Das bedeutet bereit zu sein, auch die Stärken des anderen zu akzeptieren, dafür aber auch seine eigenen Stärken maßvoll einzusetzen.

Es ist für den Lebensunternehmer wichtig, sein Selbstbewusstsein zu entwickeln, kalkulierte Risiken in Kauf zu nehmen und gleichzeitig mit Angst und Unsicherheit umgehen zu lernen. Das ist möglich, wenn man neugierig bleibt und bereit ist, weiter zu lernen und aus den eigenen Fehlern Konsequenzen und Nutzen zu ziehen.

Vertrauen auf Gott schafft Freiheit

Leider haben wir in unseren Unternehmen, auch in anderen Institutionen und in unserer Gesellschaft im Grunde eine Misstrauenskultur, weshalb wir alles möglichst perfekt regeln wollen. Sich darin Freiräume zu schaffen und ein eigenes selbstbewusstes Profil zu entwickeln, ist eine Aufgabe, die Mut erfordert, aber es zugleich notwendig macht, den Einzelnen als Persönlichkeit mit Selbstbewusstsein zu erkennen und zu akzeptieren. Nur wer Kanten zeigt, wer Nein sagen kann, wird in aller Regel als Persönlichkeit anerkannt, das heißt, nicht nur bei einer Meinung bleiben, sondern auch zuzugeben, wenn man durch neue Erkenntnisse seine Einstellung verändert. Haben wir Mut, neue Vorschläge zu machen oder eine abweichende Idee vorzubringen! Haben wir Mut, Wahrheiten offen anzusprechen, aber ohne zu verletzen!

Wir müssen uns immer wieder die Frage stellen: Was würden wir tun, wenn wir keine Angst hätten? Denn nur wer mutig weiter geht und seine Angst hinter sich lässt, ist frei. Angst schnürt ein, Angst fesselt, hindert an der Entfaltung seiner Fähigkeiten, Angst verhindert letztlich, Freude am Leben und an der Arbeit zu finden. Am meisten haben wir Angst, uns selbst zu ändern, deutlich zu machen, dass wir auf einem Irrweg waren.

Müssten wir als Christen nicht gerade Ängste an der Seite lassen können, weil wir uns doch an der Hand unseres Schöpfers wissen, der sogar „die Haare unseres Hauptes gezählt hat"? Dieses Vertrauen auf Gott macht am Ende wirklich frei, gibt Mut, eigenen Überlegungen zu folgen, auch weil wir unsere Sorgen, Nöte und Verunsicherungen im Gebet Gott vortragen können.

In unserer schnelllebigen Zeit mit ihren unendlich vielen und tief greifenden Veränderungen, die wir täglich erfahren, ist es wichtig, altes Wissen und bisherige Gewohnheiten schneller aufzugeben, weil sich nur so neue Wege eröffnen. Das gilt für den Reifeprozess in einer ehelichen Partnerschaft genauso wie im beruflichen Miteinander und bei der Ausfüllung der Berufsaufgaben. Wir müssen ständig bereit sein, Neues zu lernen und anzuwenden. Nur so können wir uns für die ständig neuen Anforderungen in allen Lebensbereichen fit halten.

Was „Karriere" künftig heißt

Jeder, der sich als Gestalter und Unternehmer für sein eigenes Leben, für seinen Berufsweg und für die Entfaltung seiner Fähigkeiten sieht, wird um Selbstreflexion nicht herumkommen. Er wird sich fragen müssen: Was sind meine besonderen Stärken und Vorzüge? Wo stehe ich heute? Wo möchte ich hin? Was muss ich tun, um dort hinzukommen? Die Vorstellungen, die man verwirklichen möchte, sind praktisch schon Sinnsuche.

Und damit kommen wir zum Thema der persönlichen Karriere. Für Führungsaufgaben sind in Zukunft Persönlichkeiten gefragt, die das ganze Spektrum ihrer Fähigkeiten, die ihnen mehr oder weniger von Geburt an zur Verfügung stehen, nicht nur bewahren, sondern auch entfalten, um daraus Sinn, Selbstbewusstsein, Lebensfreude und auch finanziellen Gewinn zu erzielen. Erfolg haben bedeutet in Zukunft nicht, eine bestimmte Position zu erreichen und diese so lange wie möglich zu verteidigen. Künftig werden nicht nur die Besten, sondern vor allem die Geeigneten gefördert werden. Jürgen Fuchs schreibt im Harvard Business Manager 4/98: „Karriere bedeutet künftig wertvoller werden, sich zu einem weiteren Verantwortungsschritt berufen lassen und nicht eine Stufe höher gelangen."

Die Entwicklung geht also nicht immer nach oben, sie kann seitlich oder auch nur zeitlicher Natur sein. Wer in Zukunft einen erfolgreichen „Werdegang" haben will, muss sowohl gehen als auch werden. Das heißt, auf Neues zugehen ebenso wie wach sein für das Neue und sich damit entfalten und weiterqualifizieren. Es bedarf der ständigen „Wartung unserer Köpfe". Ausbildung auf Vorrat vor Beginn des Berufslebens reicht nicht mehr aus für das ganze Leben.

Karriere bedeutet in Zukunft größere Komplexität bewältigen können. Es genügt nicht Fachmann zu werden, sondern Experte, weil der aufgrund seiner vielfältigen Experimente viel Erfahrung gewonnen hat und mit dieser extrem hohen Expertise zum Wandel fähig ist und seinen Werdegang jederzeit als „Lern- und Wandeljahre" begreift.

Karriere heißt in Zukunft auch, sich ein breiteres und tieferes Wissen anzueignen. Bildung ist in Zukunft das entscheidende Vermögen. Bildung wird zu einem Wirtschaftsgut. Es gilt also, Lernzeiten konkret einzuplanen, z. B. Langzeiturlaube zum Nachlernen oder eine „Kur zur Wartung des Kopfes".

Nicht wohlklingende Titel, eine ranghöhere Position mit größerem Schreibtisch und Dienstwagen stehen künftig im Mittelpunkt, sondern die Aneignung der wesentlichen Kompetenzen wie z. B. Persönlichkeitskompetenz, soziale Kompetenz, Methodenkompetenz und Fachkompetenz. Es gilt also, intellektuelles Vermögen zu entwickeln, denn Vermögen ist das, was man vermag. Karriere heißt in Zukunft Wachstum der gesamten Persönlichkeit, integer zu sein, Charakter zu haben, um so Wertmaßstäbe erkennbar zu machen.

Diese immaterielle Vermögensbildung ist gleichzeitig der entscheidende Schlüssel für Beschäftigungsfähigkeit, aber auch für Beschäftigungssicherheit. Viele Ideologen träumten und träumen heute noch von Arbeitsplatzsicherheit, die es auf dieser Welt nicht geben kann. Was aber möglich ist, ist Beschäftigungssicherheit dadurch zu erreichen, dass man „up to date" und fit für den Arbeitsmarkt bleibt, aber auch bereit ist, in neue Aufgabenfelder innerbetrieblich wie in andere Betriebe zu wechseln.

An die Stelle des Klettergeschicks auf einer Karriereleiter tritt die Entwicklung von Fähigkeiten und Wissen. Die neue Karriere ist immer – wie schon gesagt – Kompetenzentwicklung, die dazu führt, dass man

- Sie fragt,
- um Rat bittet,
- Ihnen Informationen gibt,
- Ihnen vertraut und viel zutraut,
- Ihnen Handlungsfreiräume lässt,
- Ihnen mehr Verantwortung überträgt, wenn Sie so gefragt sind bei Ihren Kunden und Kollegen.

Ähnliches gilt im privaten Leben gegenüber Ehepartnern, Kindern, gegenüber Freunden und bei der Mitarbeit in der Kirchengemeinde. Die Herausforderung lautet also, sich wertvoller zu machen, seinen Reichtum, der in einem liegt, zu erkennen und an seine Möglichkeiten glauben.

Von der Fremd- zur Selbstbestimmung

Damit wird man unabhängiger und kann souverän sein eigenes Leben in die Hand nehmen, um so nicht in die Gefahr zu kommen, sich von anderen leben zu lassen. Immer gilt dabei aber, Mitmen-

schen Wertschätzung entgegenzubringen und ihr Anderssein anzu-
erkennen.

Im Vertrauen auf die Hilfe von oben sollten wir unbefangen unseren gesunden Menschenverstand wieder beleben, dabei aber nicht nur unsere Ratio einsetzen, sondern auch den Verstand des Herzens. Nur der ganze Mensch kann auf Dauer Sinn im Leben finden. Deshalb sollten wir Körper, Geist, Seele und damit auch Gefühle zur Geltung kommen lassen. Glücklich der, welcher fähig ist, sich von den Menschen, die in seinem Umfeld leben und arbeiten, ergänzen und tragen zu lassen. Insofern ist der Dialog mit Ehepartnern, Eltern, Kindern, Geschwistern, Arbeitskollegen und Freunden unendlich wichtig, weil sie uns bereichern. Geben wir uns selbst und denen, die mit uns sind, einen Wert, indem wir sie ernst nehmen, annehmen, mitnehmen und mittun lassen.

Die Idee des Lebensunternehmers ist faszinierend, aber wir müssen selbst die Verantwortung übernehmen, die Initiative ergreifen und alle Möglichkeiten nutzen, Ideen haben, Ziele setzen und unser Leben bewusst planen, das heißt, eigenwillig im wahrsten Wortsinne zu sein und damit von der Fremdbestimmung zur Selbstbestimmung zu gelangen. Die Philosophie eines Unternehmers für das eigene Leben könnte sein:

- Ich bin ein Mensch und habe die Fähigkeit, mich selbst weiter zu entwickeln und mein Leben in die Hand zu nehmen.
- Ich bin in meinen Entscheidungen frei und bereit, deren Konsequenzen zu tragen.
- Ich begegne anderen Menschen mit Respekt und Wertschätzung, indem ich die Unterschiedlichkeiten und das Anderssein des anderen fördere und anerkenne.
- Ich verhalte mich aber anderen gegenüber immer so, dass ich sie in ihrer Entwicklung und Freiheit nicht behindere und für Ergänzung durch sie immer dankbar bin.

Ein Ausspruch von Victor Hugo hat mich vielfach inspiriert. Er lautet: „Die Zukunft hat viele Namen. Für die Schwachen ist sie das Unerreichbare, für die Furchtsamen ist sie das Unbekannte, für die Tapferen ist sie die Chance."

Nutzen Sie Ihre Chancen, Sie sind Ihnen von „oben" an die Hand gegeben.

Die Autoren

Dr. Siegfried Buchholz. Nach seinem Studium der Chemie hat er promoviert und war von 1961 bis 1993 in den Bereichen Forschung, Anwendungstechnik, Verkauf und General-Management für die BASF AG national und international tätig. Er war zuletzt u. a. Vice President der amerikanischen BASF Corporation und zuletzt Generaldirektor der BASF Österreich. Von 1993 bis 1996 war er Vorstandsmitglied und Vorstandsvorsitzender der CONSTANTIA AG. Seit 1996 nimmt er Aufgaben als Managementberater und -coach wahr.

Prof. Dr. Volker Diehl. Jahrgang 1938. 1978 gründete er die Deutsche Hodgkin Studiengruppe (DHSG), die inzwischen eine der größten Studiengruppen in der Krebsheilkunde ist. Seit 1983 leitet Diehl die Klinik I für Innere Medizin der Kölner Universität. Er ist Preisträger der Deutschen Krebsgesellschaft und Mitglied in verschiedenen Editorial Boards anerkannter wissenschaftlicher Zeitschriften. Seit 1995 ist Diehl Vorsitzender der Deutschen Gesellschaft für Hämatologie und Onkologie.

Paul Ch. Donders. Jahrgang 1957, verheiratet, drei Kinder, gebürtiger Niederländer. Architekt (FH) und Gründer sowie Geschäftsführer von Power Management Team (pmt) e.V. mit Sitz in Dortmund, Leiter der holländischen Zweigstelle in Hoornaar, Geschäftsführender Gesellschafter der Unternehmensberatung Power Management Consulting GmbH in Dortmund.

Friedbert Gay. Geschäftsführer der DISG-Training GmbH (Remchingen).

Helmut Großkopf. Jahrgang 1955, verheiratet, fünf Kinder. Studium der Betriebswirtschaft, Generalstabsausbildung bei der Bundeswehr. Geschäftsführer eines Franchising-Unternehmens. Seit 1998 selbstständiger Berater mit den Schwerpunkten Selbstorganisation, Rhetorik, Mitarbeiterführung und Unternehmensplanung. Beratung von Führungskräften über längere Phasen in beruflichen und privaten Situationen. Dozent für allgemeine Betriebswirtschaftslehre.

Michael Hübner. Jahrgang 1953, verheiratet, fünf Kinder. Theologische Ausbildung in der Studien- und Lebensgemeinschaft Tabor (Marburg). Dipl.-Religionspädagoge (FH), Kinder- und Jugendlichenpsychotherapeut (VDPP). Zunächst mehrere Jahre Prediger, dann Kinderevangelist und Familienreferent im Deutschen Gemeinschafts-Diakonieverband. Ausbildung zum Beratenden und Therapeutischen Seelsorger, jetzt Praxis für heilkundliche Psychotherapie und Studienleiter der TS-Seelsorgerseminare.

Eberhard Jung. Jahrgang 1955, verheiratet, zwei Töchter. Industriekaufmann, Studium der ev. Theologie. Berater und Trainer, langjährige Erfahrung im Einzel- und Gruppencoaching von Vorständen, Geschäftsführern und leitenden Führungskräften.

Michaela Kast. Jahrgang 1965, verheiratet. Dipl.-Betriebswirtin (FH), freie Mitarbeiterin im Power Management Team (pmt) e.V., Teilhaberin an der Power Management Consulting GmbH.

Dr. Jörg Knoblauch. Jahrgang 1949, verheiratet. Ingenieurstudium, Studium der Betriebswirtschaft in den USA (MBA). Leiter der Knoblauch Unternehmensgruppe: tempus (Zeitplanbuch-Verlag), drilbox (Werkzeugverpackungen), DISG (Persönlichkeitstraining). Lehrbeauftragter für Führungslehre an der FH Nürtingen. Vorsitzender des Instituts „Innovation im System Arbeit" (ISA), Vorstand der Deutschen Managementgesellschaft (DMG). Geschäftsführer der „Arbeitsgemeinschaft für Gemeindeaufbau" (AGGA), internationales Vorstandsmitglied „Christian Business Men's Committee" (CBMC).

Wolfram Kopfermann. Jahrgang 1938, verheiratet, zwei erwachsene Söhne. Studium der evangelischen Theologie und der Soziologie. Gründer und Leiter der Anskar-Kirche sowie Direktor des Anskar-Kollegs, einer Ausbildungsstätte für Pastoren und Hauptamtliche.

Volker Kreß. Jahrgang 1939, verheiratet, ein Sohn. Abitur und kaufmännische Lehre im elterlichen Betrieb. 1962 Theologiestudium an der Universität Leipzig, danach Pfarrer in Stollberg/Erzg. Von 1973 bis 1979 Landesjugendpfarrer, bis 1989 Superintendent in Bautzen. Bis 1994 Oberkirchenrat und Oberlandeskirchenrat im Ev.-Luth.

Landeskirchenamt Sachens. Seit 1994 Landesbischof der Ev.-Luth. Landeskirche Sachsens und 1997 Wahl zum stellvertretenden Ratsvorsitzenden der EKD.

Martin L. Landmesser. Jahrgang 1952, verheiratet, drei Töchter. Bankausbildung, Studium der Betriebswirtschaft, Ausbildung zum Management- und Verkaufstrainer, Direktor der Akademie Bayerischer Genossenschaften, 2. Vorsitzender von »Christen in der Wirtschaft«, 2. Vorsitzender des Evangelischen Bildungswerkes Neumarkt.

Thorsten Leiner. Jahrgang 1962, verheiratet, ein Kind. Diplom-Kaufmann, Inhaber der „A & O Consulting – Seminare und Managementberatung" und Dozent der IGNIS-Akademie für Christliche Psychologie in Kitzingen sowie Lehrbeauftragter der Universität Bayreuth. Seit 1997 freiberuflicher Trainer und Managementberater.

Mechthild Löhr. Jahrgang 1960, verheiratet, Studium der Politischen Wissenschaften, Philosophie und des Staatsrechts in Bonn. Magister Artium 1983, Mitinhaberin der Personal- und Unternehmensberatung Löhr & Cie. in Königstein/Taunus. Seit 1993 im Bundesvorstand des Bundes Katholischer Unternehmer (BKU). Mitglied im Bundesvorstand der Christdemokraten für das Leben (CDL).

Joachim Loh. Jahrgang 1942, verheiratet, drei Kinder. Der Diplom-Ingenieur ist seit dreißig Jahren Unternehmer. Inhaber einer Unternehmensgruppe – zu ihr gehören u. a. die Firmen Hailo und Meta – mit etwa tausend Mitarbeitern. Mitglied im Vorstand des Evangeliums-Rundfunk (Wetzlar) und Vorsitzender des Vorstands Missionshaus Bibelschule Wiedenest.

Horst Marquardt. Jahrgang 1929, verheiratet, vier erwachsene Kinder. Studium der Theologie, Pastor der Evangelisch-methodistischen Kirche (EmK) in Berlin, Wien und Wetzlar. Von 1960 bis 1993 Aufbau und Leitung des Evangeliums-Rundfunks (ERF) in Wetzlar, von 1994 bis 1997 Internationaler Direktor von Trans World Radio (TWR). Marquardt gründete 1972 den Informationsdienst der Evangelischen Allianz (idea) und 1980 die Konferenz Evangelikaler Publizisten (KEP).

Helmut Matthies. Jahrgang 1950, verheiratet, ein Sohn. Diakonie-wissenschaftliches Diplom, abgeschlossenes Theologiestudium. Seit 1978 Leiter der Evangelischen Nachrichtenagentur idea und Geschäftsführer des Christlichen Anzeigen-Verlages (Wetzlar).

Christa Meves. Jahrgang 1925, verheiratet, zwei Kinder. Studium der Germanistik, Geographie und Philosophie, danach zusätzliches Studium der Psychologie. Freipraktizierende Kinder- und Jugendthera-peutin. Erfolgreiche Buchautorin (über 100 Titel mit mehr als fünf Millionen aufgelegten Exemplaren). Mitherausgeberin des „Rheini-schen Merkur" seit 1978. Trägerin des Bundesverdienstkreuzes und zahlreicher weiterer Auszeichnungen.

Leo A. Nefiodow. Jahrgang 1939. Studium der Allgemeinen Nach-richtentechnik. Von 1964 bis 1974 in der Industrie tätig (Siemens AG, IBM Deutschland) und seit 1974 im GMD-Forschungszentrum Informationstechnik in St. Augustin bei Bonn. Nefiodow war Berater des Bundesministeriums für Forschung und Technologie, mehrerer Landesregierungen, internationaler Organisationen und privater Un-ternehmen. Er gilt als einer der angesehensten Vordenker der Infor-mationsgesellschaft.

Claus Philippin. Jahrgang 1952, verheiratet, zwei Kinder. Nach dem Betriebswirtschaftsstudium (Dipl.-Betriebswirt) zunächst viele Jahre geschäftsführender Gesellschafter eines mittelständischen Unterneh-mens, heute Gesellschafter in deutschen und ausländischen (Schwer-punkt Israel) Firmen sowie Unternehmensberater im Bereich Management Consulting und Management Coaching. Vice-Presi-dent der ICCC International Christian Chamber of Commerce, einem internationalen Verband christlicher Unternehmer und Führungs-kräfte, der in ca. 80 Nationen weltweit etabliert ist (siehe www.iccc.net), außerdem Präsident der ICCC Deutschland.

Petra Pientka. Jahrgang 1969, verheiratet, eine Tochter. Studium der Betriebswirtschaftslehre und der Theologie in England mit den Ab-schlüssen Bachelor of Arts und Master of Arts. Geschäftsführerin der Familien-Unternehmensgruppe Gebrüder Nolte an sieben Standor-ten in und um Iserlohn mit drei Kfz-Marken.

Prof. Dr. Hans Raffée. Jahrgang 1929, Vertreibung, Abitur. Nach Studium und Promotion persönlicher Assistent von Josef Neckermann (Versandhaus). 1969 Habilitation, Ruf an die Universität Mannheim für Allgemeine BWL und Marketing. Viele Beratungsprojekte in verschiedenen Branchen. 15 Jahre Mitglied im Verwaltungsrat der Stiftung Warentest. Mitglied der Evangelischen Landessynode Baden. Publikationen und Vorträge u. a. über Kirchenmarketing.

Dr. Ingo Resch. Jahrgang 1939, verheiratet, zwei erwachsene Töchter. Studium der Betriebs- und Volkswirtschaft. Verleger für technische Fachliteratur und Sachbücher auf den Gebieten der Wirtschaft, Politik und Gesellschaft aus christlicher Perspektive. Mitbegründer und Vorstand einer evangelischen Volks- und Realschule in München. Bundesverdienstkreuz.

Klaus-Dieter Rumpel. Jahrgang 1961, verheiratet, vier Kinder. Ausbildung zum Elektroniker, Studium der Elektrotechnik. Ausbilder und Trainer für internationale Kunden in der Luftfahrtbranche. Seit 1995 nebenberuflich tätig als Berater in der Personal- und Organisationsentwicklung. Mitglied im Beraterkreis „Christen im Personalservice" (CPS) des RMJ sowie im Gemeindehilfsbund (GHB).

Barbara Freifrau von Schnurbein. M.A. Jahrgang 1949, verheiratet, fünf Kinder. Von 1967 bis 1971 Studium der Slavistik und Anglistik in Köln und Freiburg. Seit 1980 Elternbeirätin, seit 1994 Vorstandsmitglied und von 1997 bis 2001 Vorsitzende der Landeselternvereinigung der Gymnasien in Bayern e. V. (LEV). 1999 gründete sie mit anderen das „FORUM Partnerschaft Elternhaus und Schule", um die Kommunikation und Zusammenarbeit von Eltern, Schule, Wirtschaft und Öffentlichkeit zu verbessern. Sie engagiert sich als Referentin für ganzheitliche Erziehung und Bildung nach christlichen Maßstäben.

Fritz Schroth. Jahrgang 1942, verheiratet, fünf Kinder. Koch und Bäckermeister sowie Theologe. Gründer (1970) und Leiter der Tagungsstätte Hohe Rhön. Stellvertretender Bundesvorsitzender des Rings Missionarischer Jugendbewegungen (RMJ), Mitglied der Bayerischen Lutherischen Landessynode sowie Vorsitzender von „Weltmission und Ökumene".

Volker Steinhoff. Jahrgang 1949, verheiratet, vier Söhne. Studium der Theologie an der Lutherischen Theologischen Hochschule in Oberursel und an der Universität Tübingen im Rahmen des Albrecht-Bengel-Hauses. Nach seinem Vikariat in Stuttgart war er als Pfarrer fünf Jahre in Leuzendorf (nahe Rotenburg/Tauber) tätig. Anschließend arbeitete er zwölf Jahre im Diakonissen-Mutterhaus Hebron in Marburg, davon acht Jahre als Direktor. Seit 1994 Bundespfarrer (Theologischer Leiter) im Deutschen Jugendverband „Entschieden für Christus" (EC). Seit 1997 im Vorstand des Evangelischen Gnadauer Gemeinschaftsverbandes.

Werner Then, Senator E. h. Verheiratet, fünf Kinder, Ausbildung zum Industriekaufmann, langjähriger Geschäftsführer der Randstad Zeitarbeit GmbH, 1969-1992 Präsident des Bundesverbandes Zeitarbeit (BZA). Then ist seit 1984 Lehrbeauftragter an den Fachhochschulen Nürtingen und Mainz und war von 1996 bis 1999 Vorsitzender des Bundes Katholischer Unternehmer e. V.

Klaus Dieter Trayser. Jahrgang 1939, verheiratet, fünf Kinder. Handelsschule, Lehre, Führungskraft und Vorstand in der Finanz- und Versicherungswirtschaft. Gründer und geschäftsführender Gesellschafter der Plansecur-Unternehmensgruppe und Errichter der Plansecur-Stiftung.

Akademie für christliche Führungskräfte

D ie Akademie für christliche Führungskräfte (ACF) hat den Kongress christlicher Führungskräfte mitinitiiert, um viele Verantwortungsträger zu erreichen.

Wir bieten Seminare zur Weiterbildung an, um Einzelne gezielt in ihrer Führungskompetenz zu fördern.

Eine christliche Gemeinde zu leiten, ist eine hohe Kunst. Diese Kunst zu beherrschen, bedeutet unermesslich viel. Daran hängen Leben und ewige Seligkeit.

Maschinenbauingenieure wissen, wie sie Maschinen bauen. Was es heißt, einer Maschinenfabrik vorzustehen, hat ihnen ihre Ausbildung nicht vermittelt. Wo aber kann der Ingenieur oder der Unternehmer, der Christ ist, etwas über eine Führung lernen, die seinem Glauben entspricht? Um ein Unternehmen zu führen, bedarf es genauer Kenntnis des biblischen Menschenbildes.

Die Leiter und Dozenten der ACF haben eine Vision: Sie möchten im Glauben brennend und in »weltlichen« Schöpfungsgeheimnissen kompetent sein. Ihren Studierenden – Gemeindeleitern, Unternehmern, politisch Verantwortlichen – möchten sie beides vermitteln. **ACF ist eine Brücke, auf der sich geistliche Visionen und weltliches Methodenwissen begegnen und gegenseitig befruchten.** Erfahrene Dozenten aus Wirtschaft und Theologie begleiten Sie.

Gottgegebene Leitungsgaben dürfen nicht unter ihren Möglichkeiten bleiben. Es gilt, sie zu entfalten, zur Ehre des Höchsten und zum Heil und Wohl von Menschen.

Die ACF bietet einen berufsbegleitenden **Studiengang »Christliche Leiterschaft und Management«** an, der, bei entsprechender Vorbildung, auch zum Master-Abschluss führen kann.

1. VORSITZENDER: Karl Schock, Unternehmer, Schorndorf
2. VORSITZENDER: Pfr. Klaus Eickhoff, Sierning (Österreich)
AKADEMIELEITER: Dr. Volker Kessler, Gummersbach

DAS AUSFÜHRLICHE STUDIENPROGRAMM FINDEN SIE UNTER www.acf.de ODER FORDERN SIE ES AN BEI:

Furtwänglerstr. 10, 51643 Gummersbach
Fon (02261) 80 72 27, Fax (02261) 80 72 28, e-mail: info@acf.de

ACF-STUDIENCENTER SCHWEIZ:
Dr. Fritz Peyer-Müller, Josefstrasse 206, 8005 Zürich
Fon 01 - 272 48 08, Fax - 271 63 60, e-mail: peyer@igw.cris.ch

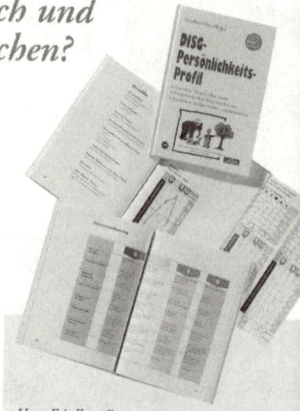
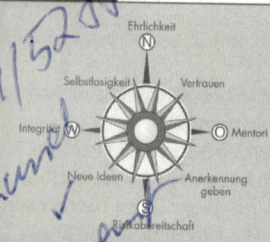

tempus. Zeitplansysteme

AUFBRUCH ZUR GELASSENHEIT ...

tempus-Zeitplansysteme
Postfach 14 20 20 • D-89529 Giengen

Tel. 0 18 05 / 25 01 10 • Fax 0 73 22 / 95 02 19
www.tempus.de

WORLD CALENDAR AWARDS

1995
1996
1997
1998
1999
2000

1996 SEHR GUT
Werner Roth
D-30419 Springe
Zeitplanbuchtest

Zufriedenheits 100% Garantie

Top Collection

Unsere Top-Collection:
Exklusive Meisterstücke aus Leder.
In deutschen Werkstätten handgefertigt,
in Design und Verarbeitung Spitzen-
klasse. Auf Wunsch mit Namensprägung.

impulse

»Das bestgeführte Klein-
unternehmen: tempus«

www.temp-methode.de

Fordern Sie heute noch
den kostenlosen 48seitigen
tempus-Katalog an oder
fragen Sie Ihren Buch- oder
Fachhändler.

Absender

Telefon

⊕idea
Spektrum

Mir
macht
keiner
was
vor.

Ich lese
ideaSpektrum!

Aktuelle Nachrichten und
Hintergrundberichte über
Kirchen, Gemeinden,
Mission, Diakonie,
Seelsorge, Theologie
und Zeitgeschehen

Das auflagenstärkste
evangelische
Wochenmagazin

Umfangreichster
Anzeigenmarkt der
überregionalen
evangelischen Presse

OPPORTUNITY INTERNATIONAL
DEUTSCHLAND

Der beste Weg
armen Kinder
zu helfen, ist
ihren Elter
Arbeit zu gebe

"Gib einem Menschen zu essen,
so hat er genug für einen Tag,
gib ihm Arbeit, dann hat er
genug für das ganze Leben"

Spendenkonten:

Deutschland:
OI-Konto: HypoVereinsbank Stuttgart
Kto-Nr. 1021567, BLZ 600 202 90

OI-Konto: BW-Bank Schorndorf
Kto-Nr. 1813160700, BLZ 602 200 30

Österreich:
OI-Konto: Oberbank Linz
Kto.-Nr. 611-8030/40, BLZ 15000

Schweiz:
OI-Konto: Coop-Bank Basel
Kto-Nr. 645'813.290000-9

Eine Initiative für die Ärmsten der Armen
Opportunity International Deutschland

Durch Kleinstkredite bekommen die Ärmsten der Armen die Chance, eine eigene Existenz aufzubauen. Nicht Almosen werden in ein Fass ohne Boden gegeben, sondern Hilfe zur Selbsthilfe wird durchgeführt.

Almosen machen abhängig. Kleinkredite kommen dagegen wieder zurück und stehen neuen Hilfsaufgaben zur Verfügung. Arbeit bringt zudem Würde und Selbstachtung zurück. Ein Kleingewerbe befreit am wirkungsvollsten aus der Armutsspirale. Wer diese Hilfe empfängt, ist selber gestärkt, wiederum anderen zu helfen.

1999 konnten über 276 886 kleine Unternehmen geschaffen und somit nahezu 1,3 Million Menschen aus der Armut befreit werden. Durchschnittlich waren 475 DM notwendig, um so ein Kleingewerbe zu ermöglichen.

Die Kreditrückzahlquote betrug 1999 über 95 Prozent. Zur Zeit wird durch OPPORTUNITY alle 3,5 Minuten rund um die Uhr eine Familie aus der Armutsspirale befreit.

OPPORTUNITY INTERNATIONAL
DEUTSCHLAND

D-73614 Schorndorf, Gmünder Straße 73
Telefon 0 7181/25 51 47, Telefax 0 7181/25 68 70
E-Mail: Extra-Opportunity@t-online.de
Internet: www.oid.org

Bitte senden Sie mir kostenlos mehr Informationen über OPPORTUNITY

Meine Adresse:

Nachname   Titel

Vorname, Mittelname   Alter

Straße, Nummer

PLZ   Ort

Tel.   Fax

E-Mail

Diese Daten werden von OI-Deutschland-intern für die EDV verwendet

Jörg Knoblauch/Horst Marquardt (Hrsg)

Fit für die Zukunft

Konzepte christlicher Führungskräfte

288 Seiten, Paperback
2. Auflage
ISBN 3-7655-1176-5

Wer fit für Zukunft sein will oder muss, der sollte heute bereits reagieren. Mehr als 1200 Führungskräfte aus Wirtschaft und Kirche haben beim ersten „Kongress christlicher Führungs- kräfte" einen Blick in die Zukunft gewagt – und ihre Konzepte entwickelt, weil sie auf die kommenden Veränderungen bereits heute reagieren wollen. Ein hilfreiches Buch für jeden, der seinen Betrieb oder seine Gemeinde auf die Zukunft vorbereiten will.

BRUNNEN VERLAG GIESSEN